Gerda Rogers · Peter Beck

Die Sternzeichen im Wassermann-Zeitalter

FRIEDRICH VDV

1. Auflage 2007

FRIEDRICH VDV Vereinigte Druckereien-und Verlags GmbH & CoKG
A-4020 Linz/Austria

Autor: Gerda Rogers
Co-Autor, Idee, Konzept: Peter Beck
Beratung: Matthias Könighofer
Produktion: FRIEDRICH VDV, Linz/Austria
Bilder: Gerda Rogers, Eve Nutz

Die Schreibweise orientiert sich an den Regeln der neuen Rechtschreibung.

ISBN-13: 978-3-902211-21-7
ISBN-10: 3-902211-21-0

Alles geht drunter und drüber

Die Sternzeichen im turbulenten Wassermann-Zeitalter, was für eine revolutionäre Geschichte! Wir alle, egal, welcher Generation wir angehören, stehen nicht nur am Anfang eines neuen Jahrtausends, sondern sind auch unmittelbare Zeugen und Betroffene einer ganz großen astrologischen Zeitenwende. Damit beginnt ein überaus spannendes neues Kapitel der menschlichen Kulturgeschichte, das bestimmt jede Menge Überraschungen für uns und unsere Nachkommen bereit hält. Darüber zu erzählen und ein bisschen zu philosophieren zu können, was da alles auf uns zukommt und zukommen könnte, ist natürlich eine tolle Herausforderung für mich, der ich mich gerne angenommen habe.

Wenn man sich nur ein bisschen umsieht, merkt man schnell, dass der Umbruch voll im Gange ist. Die alte Welt scheint in jeder Hinsicht aus den Fugen zu geraten, ja aus den Nähten zu platzen, kein Stein bleibt auf dem anderen. Beinahe täglich werde ich gefragt, was denn mit unserer Erde und den Menschen darauf los sei. Nichts funktioniert mehr so wie man es gewohnt war; die ganze Welt wird immer hektischer, kaum jemand findet einen beständigen Weg, alles scheint extrem kurzlebig und oft genug auch unzuverlässig geworden zu sein.

Da ist so viel in Bewegung geraten, so viel losgetreten worden, dass ich mich nur darüber wundern kann, wieso es über alle diese radikalen Veränderungen und Entwicklungen, die ja erst der Auftakt zu dem sind, was uns in den nächsten zweitausend Jahren erwartet, noch keine ausführliche Darstellung aus astrologischer Sicht gibt. Es war also höchst an der Zeit, die Gedanken die ich mir als Astrologin darüber mache, zu Papier zu bringen und auf diesem Weg weiter zu geben, was mir die Sterne zum Wassermann-Zeitalter verraten. Vor allem stellt sich da ja auch die Frage, was unter dieser neuen Zeitqualität auf die einzelnen Sternzeichen zukommt, wie sich dieses Zeitalter auf jeden von uns auswirkt. Und was wir konkret dazu beitragen, für uns selbst tun können, um uns in dieser besonders turbulenten Umbruchsphase wieder wohler und sicherer zu fühlen. Wie geht es unter den neuen Voraussetzungen mit der Partnerschaft, dem Beruf, dem persönlichen Erfolg, den Finanzen oder der Gesundheit weiter?

Es würde mich freuen, wenn die Antworten, die ich gefunden habe, dazu beitragen, dass Sie sich den großen Herausforderungen, mit denen wir jetzt konfrontiert sind, speziell bei den Themen Liebe, Erotik, Partnerschaft – da werden die meisten Probleme und Fragen an mich herangetragen – besser stellen können und in diesen unruhigen aber durchaus auch sehr lebenslustigen und originellen Zeiten zu sich selbst und Ihre Rolle in diesem noch reichlich „verrückten" Szenario finden können. Die Sterne geben zuverlässige Antworten auf unsere Fragen. Unternehmen Sie mit mir in diesem Buch eine Reise durch Ihr persönliches Leben am Beginn des Wassermann-Zeitalters! Sehen wir uns an, welche Überraschungen (typisch Wassermann!), welche Vorzüge, aber auch welche Widrigkeiten uns erwarten könnten und welche einfachen Lösungen es gibt, um unangenehme Aus- und Nebenwirkungen zu mildern oder sie von vornherein zu vermeiden.

Ich wünsche Ihnen, gemeinsam mit meinem Co-Autor Peter Beck, ein spannendes und vor allem aufschlussreiches Lesevergnügen und viel Erfolg im Wassermann-Zeitalter!

Ihre

Gerda Rogers

Das Wassermann-Zeitalter
So begann alles: Werte und Traditionen brechen auf

Die Geburt eines neuen Zeitalters

Der Eindruck oder vielmehr die Tatsache, dass man sich auf einst fest verankerte Werte nicht mehr verlassen kann, ist vielleicht das Einzige, worauf man sich noch verlassen kann. Mit dieser Infragestellung alles bisher Gültigen, der scheinbaren Aufhebung aller Regeln, sind wir schon beim vielleicht markantesten Merkmal des neuen astrologischen Zeitalters. Die Auswirkungen dieser neuen Zeitqualität werden nun immer deutlicher spürbar. Sie hat sich aber offenbar schon viel früher angekündigt als uns bewusst ist. Vielleicht hat sogar schon die Französische Revolution, die das Ende der Jahrtausende alten Feudalherrschaft, den Beginn der bürgerlichen Epoche und die Geburtsstunde der modernen Demokratien eingeläutet hat, die ersten Vorboten des Wassermann-Zeitalters voraus gesandt. Immerhin lautete die Parole dieser Revolution „Freiheit, Gleichheit, Brüderlichkeit". Genau diese Begriffe sind auch die Schlagworte, die die Astrologie dem Tierkreiszeichen Wassermann zuordnet. Der Wassermann ist der große Revolutionär, der am liebsten die ganze Welt umarmen möchte, der in der Utopie schwelgt, dass es allen Menschen gut gehen soll und dem jede Unterdrückung, jede Unfreiheit, somit aber auch jedes strenge Regelwerk ein Gräuel ist. Er gilt aber auch als sehr erfinderisch – vor allem auch in technischer Hinsicht, wie etwa der Wassermann Thomas Alva Edison (11.2.1847) – und damit auch als Wegbereiter zukunftsweisender Technologien. Nun hat die große Technische und Industrielle Revolution schon im neunzehnten Jahrhundert eingesetzt, und auch das könnte man als Vorgriff auf das eigentliche Wassermann-Zeitalter bewerten. Nebenbei erwähnt: In die Epoche rund um die Französische Revolution fällt auch das geniale Werk des typisch exzentrischen Wassermannes Mozart, dessen wegweisendes Schaffen uns bis heute und wahrscheinlich noch sehr weit in die Zukunft bewegt. Weil der Wassermann ein so großer Utopist und seiner Zeit immer so weit voraus ist, finde ich den Gedanken, dass sich gerade dieses astrologische Zeitalter schon so lange vor seinem eigentlichen Beginn angekündigt haben könnte, gar nicht verwunderlich.

Die astrologischen Zeitalter

In der Astrologie herrscht noch keine Einigkeit darüber, wann das Wassermann-Zeitalter exakt seinen Anfang genommen hat. Nur so viel ist klar: Diese Zeitenwende ist gerade im Gange und hat irgendwann in den letzten Jahren oder Jahrzehnten vor bzw. um unsere Jahrtausendwende eingesetzt. Da mir meine astrologische Praxis immer wieder zeigt, dass Übergangsphasen auch in persönlichen Schicksalen oft viel länger dauern, als in vielen astrologischen Lehrbüchern angegeben, denke ich, dass es erst recht bei einer derart enormen Umwälzung eine große Unschärfe und eine lange Übergangsphase gibt. Es ist ja – in kleinerem Rahmen – bei den Jahreszeiten nicht anders. Auch wenn der Frühlingsbeginn offiziell mit dem 20./21. März (wenn die Sonne in den Widder wandert) angegeben wird, so setzt er in den Naturerscheinungen oft schon viel früher oder auch später ein. Denken sie nur an die typischen Merkmale des Aprilwetters. Nun stehen wir aber an einer viel größeren Ablöse verschiedener Zeitqualitäten.

Die Astrologie geht bei dieser Einteilung in weltgeschichtliche Zeitalter von der Rückwärtsbewegung des Frühlingspunktes (im tropischen Tierkreis der Astrologie bei 0 Grad Widder) durch den gesamten Tierkreis aus. Diese resultiert daraus, dass die Erdachse nicht ständig in die gleiche Richtung weist, sondern sich in einer sehr langsamen Kreiselbewegung befindet, die für eine komplette Umdrehung rund 25.700 – 25.800 Jahre benötigt. Teilt man dieses sogenannte „platonische Jahr" durch zwölf (die Anzahl der Tierkreiszeichen), kommt man auf etwas mehr als 2100 Jahre, die der Frühlingspunkt für seine „Reise" durch ein bestimmtes Zeichen braucht. Die Qualitäten dieses Tierkreiszeichens drücken dann also rund 2100 Jahre lang der Zeitqualität auf der Erde ihren Stempel auf. So fällt zum Beispiel die Erfindung der Schrift in das Zwillinge-Zeitalter (ca. 6000 – 4000 v. Chr.). Informationsaustausch, Sprachkultur und somit auch alle schriftliche Kommunikation wird astrologisch dem Zwillinge-Prinzip zugeschrieben. Die erste Hochblüte der materiellen Verwertung menschlichen Schönheitssinns fällt in das Zeitalter des Venus-Zeichens Stier (ca. 4000-2000 v. Chr.). Da entstanden sowohl in Ägypten wie auch etwa in Kreta die ersten prächtigen Palastbauten zur Darstellung von materieller Macht und klar abgegrenzten Gebietsansprüchen. Eindeutige Hinweise auf die Qualitäten des Zeichens Stier. Und beide Kulturen waren auch eng mit Stierkulten verbunden (der Minotaurus auf Kreta, der Apis-Kult in Ägypten).

Das Widder-Zeitalter wiederum (2000 bis Christi Geburt) war augenfällig von großen Kriegen und Eroberungen geprägt. Von den Feldzügen Alexander des Großen über die Perser-Kriege bis zu den Punischen Kriegen und Eroberungen der Römer. Dem Widder wird der Kriegsgott Mars (griech. Ares) zugeordnet und es war ja wirklich ein martialisches Zeitalter. Und außerdem erlebte auch der Lammopferkult in dieser Zeit seine Hochblüte. Mit Christus schließlich vollzog sich die Hinwendung zur unmittelbaren spirituellen Beziehung Mensch-Gott, die sich später auch im Islam wiederholte. Die tiefste Menschlichkeit und deren spiritueller Ausdruck bis hin zu den großen mittelalterlichen Mystikern entsprechen genau den Qualitäten, die dem

Tierkreiszeichen Fische zugeordnet werden. Und die Fische waren auch das ursprüngliche Symbol des Christentums. Dieses Fische-Zeitalter geht nun zu Ende und wird für die nächsten zwei Jahrtausende vom Wassermann-Zeitalter abgelöst.

Die Wassermann-Revolte

Die großen technischen Erfindungen und Umwälzungen, die ja, wie schon erwähnt, im 19. Jahrhundert eingesetzt haben, sind im 20. Jahrhundert richtiggehend explodiert. Leider auch im wörtlichen Sinne, denn was die Kriege dieses Jahrhunderts an technischen Vernichtungsmöglichkeiten hervorgebracht haben – von den Kampffliegern bis zu den Atombomben – zeigt meiner Meinung nach auch gleich die negativen Ausprägungen der Wassermann-Qualitäten auf. Wenn die Rebellion gegen Althergebrachtes in Zerstörungswut ausartet, bleibt tatsächlich kein Stein mehr auf dem anderen. Das Positive, das der wassermännische Erfindungsgeist der Welt schenkt, ist aber aus unserem Leben genauso wenig wegzudenken. Die Raumfahrt mit all ihren Nebenprodukten für unseren Lebensalltag und der Computer nebst Internet sind da nur die hervorstechendsten Beispiele. Und schließlich lässt sich – egal wie man dazu steht – die Atomkraft auch friedlich nutzen.

Gesellschaftlich hat sich der große Umbruch, meiner Meinung nach am auffälligsten, in den in jeder Hinsicht revolutionären Sechzigerjahren vollzogen. Vom tabubrecherischen Minirock und der Antibabypille über die sexuell freizügige Hippie- und Kommunenkultur, die sich, begleitet von unerhört aufsässiger Rock- und Popmusik, gegen die traditionellen Formen des Zusammenlebens wie Ehe und Familie auflehnte. Bis hin zur Studentenrevolte, die gegen die herrschenden Autoritäten auf die Barrikaden ging, hat sich da das Wassermann-Zeitalter für uns alle unüberhörbar zu Wort gemeldet und seinen Herrschaftsanspruch angemeldet. Befreiung aus allen Fesseln der Konvention – das war der Anspruch, wie ihn in dieser radikalen Form nur der Wassermann erheben kann und das war meiner Meinung nach der eigentliche Startschuss zu seinem Zeitalter. Er wurde ja auch unüberhörbar in die Welt getragen – mit dem Hit bzw. der Textzeile aus dem Musical „Hair“: „This is the dawning of the Age of Aquarius“ („Das ist die Morgendämmerung des Wassermann-Zeitalters“). Diese Dämmerung wird uns satte 2000 Jahre immer wieder neue Revolten und Revolutionen auf den verschiedensten Gebieten und natürlich auch in sozialer Hinsicht bescheren, bevor diese bewegte astrologische Ära vom sicher sehr stabilen Steinbock-Zeitalter abgelöst wird.

Unter der Herrschaft des Uranus

Wenn wir uns mit dem Wassermann-Zeitalter beschäftigen, müssen wir unbedingt wissen, dass es vom Planeten Uranus regiert wird. Der Uranus ist der Herrscher des Wassermannes und somit auch der Regent der nächsten zwei Jahrtausende. Uranus wurde als erster jener Planeten, die jenseits von Saturn liegen, in der Neuzeit entdeckt. Das war am 13. März 1781 – also kurz vor der Französischen Revolution und am Beginn der Aufklärung. Allein diese drei Begriffe - Neuzeit, Revolution und Aufklärung - sagen schon einiges über die Bedeutung dieses Planeten für uns Astrologen aus. Und dass seine Entdeckung zu einer überraschenden Veränderung und Erweiterung unseres Weltbildes geführt hat, passt auch sehr gut zur Symbolik des Uranus. Immerhin ist er doppelt so weit von der Erde entfernt wie der Saturn, der damals noch die Grenzen unseres Sonnensystems markierte. Und nun war dieses Sonnensystem plötzlich doppelt so groß als man bisher dachte! Immerhin steht ja der Wassermann und somit auch sein Herrscher Uranus nicht nur für überraschende Erkenntnisse und Geistesblitze, er ist auch derjenige, der neue bisher ungeahnte Freiräume erschließt. Ja, Uranus steht für plötzliche, überraschende Veränderungen und die Sprengung alter Grenzen! Man kann damit natürlich auch Irrationalität, Unberechenbarkeit und Sprunghaftigkeit assoziieren. Sobald der Uranus astrologisch wirksam wird, gibt er immer Anstoß zur geistigen Umorientierung, stellt alles in Frage und ruft zur Rebellion gegen das Bestehende auf. So sehe ich auch in meiner Praxis immer wieder, dass der Uranus bei Trennungen und Scheidungen im Spiel ist. Er kommt mir wie ein Quirl vor, der alles durcheinander wirbelt und nichts am selben Platz belässt. Kaum hat sich etwas gesetzt und man gewöhnt sich daran, fährt er plötzlich energisch dazwischen und stellt alles auf den Kopf. Mit einem Mal ist alles ganz anders. Es sind große Lern- und Umstellungsprozesse, die uns da abverlangt werden.

Deshalb zeigt der Uranus im persönlichen Horoskop das revolutionäre Potenzial eines Menschen an. Je nachdem, in welchem Haus er steht, markiert er jenen Lebensbereich, in dem dieses revolutionäre Aufbegehren wirksam wird – also etwa in der Familie, in der Ehe, im Job, in den Freundschaften etc. In diesem angezeigten Bereich neigt der Mensch dann zu spontanen und unberechenbaren Verhaltensweisen, will da möglichst ungebunden und auch originell sein. Denn der Uranus bzw. das Wassermann-Prinzip stehen auch für den Wunsch, anders sein, anders handeln zu wollen als andere und durch Außergewöhnliches aufzufallen. Hat jemand eine schwierige Uranus-Stellung in seinem Horoskop, wird er sich wahrscheinlich allzu exzentrisch geben und zwanghaft originell sein wollen. Und er wird mit Vorliebe provozieren wollen.

Bleiben wir aber beim Positiven. Die Uranus-Energie verleiht auch die Begabung, große Zusammenhänge zu erfassen und somit auch Möglichkeiten zu erkennen, die sich anderen noch lange nicht offenbaren. Die großen Visionen, die Vorgriffe auf die Zukunft – das sind absolute Wassermann bzw. Uranus-Domänen. Egal, ob es sich um künstlerische, soziale oder technische Visionen und Utopien handelt. Natürlich hat man es als Utopist auch schwer, in der Alltagsrealität der Gegenwart zu bestehen. Einem selbst fehlt der Bezug dazu und von den anderen wird man oft als Spinner ab-

getan. Ein verkanntes Genie zu sein ist ein typisches Wassermann-Schicksal. Mozart ist in Armut gestorben und Schubert ebenso. Thomas Bernhard wurde immerhin sehr angefeindet, weil er mit seinen dramatischen Provokationen dem Theater neue Freiräume erschließen wollte. Aber was Wassermänner für künftige Entwicklungen wirklich leisten können, spüren wir am nachhaltigsten in den technischen Vorgriffen auf die Zukunft. Ohne Edisons Erfindungen wäre es bestimmt nicht so schnell zur Entfaltung all jener Technologien gekommen, die heute unser tägliches Leben bestimmen. Und nun, am Beginn des Wassermann-Zeitalters, befinden wir uns in einer neuen revolutionären hochtechnologischen Phase und selbst die ist im Grunde genommen erst der Anfang einer rasanten Entwicklung, deren Ende noch lange nicht abzusehen ist. Regelmäßig werden die letzten Erkenntnisse, Entdeckungen und Errungenschaften von Naturwissenschaftern und Technikern in Frage gestellt und in immer kürzeren Abständen revidiert. Dazu kommt der immer rasantere Wechsel der Moden. Was ich mir heute kaufe – von der Unterhaltungselektronik, über die Kleidung bis zum fahrbaren Untersatz ist in kürzester Zeit meist schon wieder total veraltet. Typisch Uranus, typisch Wassermann, was vor wenigen Monaten noch der Trend schlechthin war, ist plötzlich wieder vollkommen out und längst überholt.
Vergessen wir aber nicht, dass der Uranus auch für die große Freiheit steht. Und insofern setzt das Wassermann-Zeitalter diesem Zwang, mit ständig wechselnden Moden gehen zu müssen, auch etwas sehr Sinnvolles entgegen. Noch nie zuvor hat man so viele verschiedene Stilrichtungen gleichzeitig nebeneinander gesehen. Heute hat man somit auch schon die Freiheit, das zu tragen, wozu man Lust hat um sich damit seinen ganz eigenen originellen Stil zu kreieren, einschließlich einer Toleranz den Anderen gegenüber. Denn das Wassermann-Prinzip lehnt jeden Zwang ab.

Wenn es gegen eine Einengung geht, sind wir natürlich schnell bei den gesellschaftlichen Spielregeln, die weitgehend durch Gesetze bestimmt werden. Mit seinem Freiheitsdrang wehrt sich das Uranus-Prinzip natürlich gegen jegliche Einengung und

Vereinnahmung. Da regt sich der Drang, alle Fesseln zu sprengen die einen umgeben und damit auch ein Hang zum Zügellosen, der durchaus in Anarchie enden könnte. Neue Gesetze zu erlassen, wird für Politiker immer schwieriger. Würden sie etwas von Astrologie verstehen, wüssten sie natürlich, dass sie defacto gegen den Uranus regieren und alle Regelungen und Gesetze oft schon nach kürzester Zeit von den Wählern auf das Heftigste in Frage gestellt werden. Deshalb müssen Gesetze immer öfter überarbeitet und ihr Sinn mit viel PR-Geschick vermittelt werden.

Das Schönste an dieser Befreiungstendenz ist aber die Auflösung alter, verstaubter Tabus. Wir gewinnen immer mehr Wahlfreiheit, endlich das zu tun, was wir schon immer wollten und was in der Art vor einigen Jahrzehnten keineswegs so einfach möglich war. Jetzt ist die Zeit gekommen, in der man viele sinnlose Schranken niederreißen kann und es verhältnismäßig einfach ist, gute, zukunftsweisende Ideen zu verwirklichen. Und es ist ebenso einfach geworden, engagierte Mitstreiter für die Umsetzung neuer Ideen zu gewinnen. Noch nie war es so leicht, mit geringem Aufwand zu eindrucksvollen Ergebnissen zu kommen. Die Uranus-Power macht es möglich, auch als einzelne Stimme in der ganzen Welt gehört zu werden. Dazu braucht man gar nicht erst Einlass in die Welt der großen Medien zu finden - es genügt eine simple PC-Tastatur in Verbindung mit dem Internet. Beide, die weltumspannenden elektronischen Medien ebenso wie das WorldWideWeb sind unleugbar Kinder des Uranus.

Der Wassermann ist der geborene Missionar der Menschlichkeit. „Alle Menschen werden Brüder" könnte seine Hymne sein. Die Tendenz, Staatsgrenzen aufzulösen und uns alle näher zusammenrücken zu lassen, ist zweifellos auch der Regentschaft des Uranus zu verdanken. So ist auch die Europäische Union ein typisches Kind des Wassermann-Zeitalters und der Zeitpunkt ihrer Entstehung alles andere als ein Zufall. Wir wachsen zusammen und werden im Kleinen wie im Großen wahre Kosmopoliten. Räumliche Distanzen spielen kaum mehr eine Rolle. Wir müssen plötzlich lernen überall zu leben, sehr flexibel und entsprechend aufgeschlossen zu sein. Das kann natürlich auch vollkommen schief gehen, denn es verändert sich alles so rasch, dass uns überhaupt keine Zeit bleibt, in einem uns angemessen Tempo aufeinander zuzugehen. Alles ist im Wandel, uns wird keine Verschnaufpause vergönnt. Kein Wunder, dass wir manchmal in unseren alten Mustern hängen bleiben und ein bisschen mehr Zeit brauchen würden, um uns auf neue Situationen besser einzustellen.

Das Uranus-Zeitalter bringt eine enorme Beschleunigung in unser Leben. Trödeln gibts nicht und wer trödelt, könnte das Nachsehen haben. Das Wechselhafte dieser Zeitqualität veranlasst uns aber auch dazu, vieles einfach wieder zu verwerfen und von der gerade noch aktuellen Basis abzuspringen, um Neues zu suchen und auszuprobieren. Funktioniert etwas nicht mehr wie man es sich vorstellt, wird es einfach zur Seite geschoben und gegen etwas Anderes ausgetauscht. Das kann ein Job sein, ein Partner, Freunde oder irgendeine Lebenssituation. Nichts ist mehr verbindlich. Stottert der Motor, wird er nicht erst repariert, sondern gleich zur Gänze ausgetauscht. Funktioniert auch der nicht wunschgemäß, wird er wieder ersetzt.

Bei allen Vorzügen von Flexibilität und Geschwindigkeit gehen damit für viele auch große Probleme einher. Sensible Menschen oder Menschen die es gewohnt sind, in festen Traditionen zu leben, bleiben bei diesem hohen Tempo auf der Strecke. Diesen Menschen kann ich nur raten, sich so weit wie möglich anzupassen und sich zwischendurch immer wieder auf ihnen passende „Inseln" zurückzuziehen, um Atem zu holen. So ganz werden sie sich allerdings der Geschwindigkeit des Wassermann-Zeitalters nicht entziehen können, aber mit einigen Tricks und gut geplanten Pausen ist es möglich, das Tempo etwas zu reduzieren und trotzdem dabei nicht zu verlieren. Diese Zeitqualität hat jedem etwas zu bieten, man muss nur danach greifen und Dinge, die einem weniger gut tun einfach sausen zu lassen. Ehe man sich versieht, bieten sich sehr bald schon wieder die nächsten attraktiven Möglichkeiten an. Nur weil man vorübergehend die Geschwindigkeit etwas reduziert, verpasst man nicht gleich das Wesentliche. Man muss doch nicht von allen Angeboten, mit denen uns die moderne Welt lockt, Gebrauch machen. Gerade jetzt ist eine aktive, flexible und vor allem bewusste Selektion sehr zu empfehlen. Wenn ich mir gerade im individualistischen Wassermann-Zeitalter meine Wege selbst aussuche, ist es durchaus machbar einen hohen Grad an Zufriedenheit und Erfolg zu erzielen. Es fordert uns ja auch auf, uns von Zwängen zu befreien. Also weg von der Manipulation, hin zur wohltuenden Selbstbestimmung!

Der Ruf nach neuen Berufen

Das Wassermann-Zeitalter greift in jeden Bereich ein und bringt laufend Änderungen. Egal ob es die Technik ist, die Medizin, der Beruf oder die Partnerschaft. Alte Berufe lösen sich auf, neue entwickeln sich und selbst diese bleiben oft nicht lange bestehen oder ändern sich grundlegend innerhalb weniger Jahre – zum Beispiel aufgrund neuer Technologien. Wo gibt es zum Beispiel heute noch einen Schuster oder eine Schneiderei? Alle Berufe die durch die technische Revolution des Wassermann-Zeitalters berührt werden, haben kaum Bestand und überleben bestenfalls noch in kleinen Nischen. Wir leben in einer rücksichtslosen Wegwerfgesellschaft, es wird immer weniger repariert und wieder verwendet. Was nicht mehr taugt oder passabel aussieht, wird entsorgt. Auch das ist eine unmittelbare Analogie zum Wassermann, denn er hält sich ungern mit solch profanen Dingen auf. Entspricht etwas nicht mehr seinen Vorstellungen, wird es abgelegt und gegen etwas Neues ausgetauscht.

Manche handwerklichen Berufe verschwinden gänzlich, aber Sozialberufe rücken im Wassermann-Zeitalter immer stärker in den Vordergrund. Techniker, Naturwissenschafter und Ärzte sind stark im Kommen, Lehrer, Therapeuten und Künstler – das sind die gefragten und erfolgreichen Kinder des Wassermann-Zeitalters. Sattelfest in mehreren Berufen zu sein, das ist das Credo der Zukunft schlechthin. Nur wenn wir von vielen Bereichen eine Ahnung haben, können wir in Hinkunft mitreden und unmittelbar an den Rädern der Entwicklung aktiv drehen.

Das Wassermann-Zeitalter bringt uns allen täglich Abwechslung pur. Wer ungebremste Spontaneität liebt, wird sich jetzt gut aufgehoben fühlen, denn so abwechslungsreich war das Leben noch nie zuvor. - Die klassisch orientierten und konservativen Menschen unter uns werden sich mit den schnellen Veränderungen, die das Wassermann-Zeitalter mit sich bringt, sehr schwer tun. Es gibt keine Traditionen und Werte mehr, auf die man sich blind verlassen kann, alles bricht oft bis zur Unkenntlichkeit auf. Aber keine Angst, niemand ist dem ganzen Treiben hilflos ausgeliefert, auch wenn es anfangs so aussieht als würde man gegen seine Wesensart plötzlich zu Entscheidungen gezwungen werden. Wichtig ist, sich den Entwicklungen die das Wassermann-Zeitalter mit sich bringt, nicht gänzlich zu verweigern. Persönlicher Fortschritt in kleinen Schritten wäre zumindest für den Anfang eine gute Lösung um halbwegs mithalten zu können.

Eine Verweigerung, sich zumindest in Ansätzen der Entwicklungen dieser Zeit anzunehmen, wäre absolut falsch. Uranus fordert seinen Tribut, denn die großen Energieströme dieses Zeitalters drängen uns zu Entscheidungen, ob wir wollen oder nicht. Wir müssen uns dem gerade jetzt stellen und dürfen uns den Entwicklungen keinesfalls total verschließen. Suchen Sie sich aus diesem neuen, breiten Lebensspektrum Ihre, Ihnen entsprechenden Möglichkeiten heraus! Auch wenn an Entscheidungen kein Weg vorbeiführt, soll das nicht heißen, dass wir einem erbarmungslosen Diktat unterliegen. Bewahren Sie sich Ihre positive Lebenseinstellung und suchen Sie sich aus dem großen Angebot Ihre persönlichen Annehmlichkeiten! Pflegen Sie ruhig in Ihrem persönlichen Umfeld die Traditionen die Ihnen lieb sind. Denn auch Individualität steht unter dem Schutz des Uranus, solange sie die Entfaltung der großen Gemeinschaftsideen nicht behindert. In allen Großstädten dieser Welt gibt es nach wie vor da und dort kleine Werkstätten oder Gartenhäuschen mit liebenswerten Individualisten – und so wird es auch Ihnen möglich sein, Ihre Ihnen lieb gewordenen Traditionen weiterhin leben zu können.

Der Schnellere hat den Erfolg

Das Wassermann-Zeitalter prägt die Wirtschaft sensationell neu. Nicht die Glückskinder oder Tüchtigen haben den Erfolg sondern die, die in Hinkunft am schnellsten sind. Der Schnellere hat nicht nur die Nase vorne, sondern auch den Erfolg so gut wie in der Tasche. Neue Entwicklungen so schnell wie möglich zu erkennen und wirtschaftlich rasch sinnvoll umzusetzen ist das Gebot der Stunde. Das Wassermann-Zeitalter bringt

laufend neue Trends und revolutioniert die Wirtschaft in immer kleiner werdenden Abständen. Funktioniert ein Betrieb allerdings in Hinkunft nicht mehr, wird er in den Sand gesetzt. Das Wassermann-Prinzip kämpft nicht lange um den Erhalt eines Projekts, wie es zum Beispiel der Stier machen würde. Der Wassermann ist auch nicht so ein Dulder wie ein Fische-Geborener oder eine Jungfrau und auch nicht so ausdauernd wie der typische Steinbock. Daher wird er nicht zuwarten, ob sich die Gegebenheiten ändern. Er gibt Entwicklungen keine Zeit, denn er geht weiter und macht ganz einfach wieder etwas Neues. Was nicht funktioniert, wird einfach abgedreht und bereits am nächsten oder übernächsten Tag wird wieder ein neues Projekt gestartet. Das ist sozusagen ein Teil der Lebensphilosophie des Wassermann-Zeitalters: Was nicht funktioniert, taugt nichts und wird nicht weiter verfolgt. Oder: Jeder Tag bringt eine neue Chance.

Verlust der Werte in der Politik

Selbst in der altehrwürdigen Politik gehen traditionelle Werte verloren. Die Revolution frisst ihre Kinder und ihr Appetit ist nicht zu stillen. Der Planet Uranus ist ja der Paraderevoluzzer unter den astrologischen Herrschern und weiß wie man gehörig umrührt. Vermeintliche Verlierer werden hemmungslos ausgetauscht wie Schachfiguren und gegen neue, offensichtlich stärkere und bessere Figuren ersetzt. Kein Politiker kann sich heute eines langen politischen Daseins sicher sein. Passiert ein Fehler, bleiben keinerlei Sympathiewerte oder Errungenschaften aus der Vergangenheit. Man wird erbarmungslos vom Platz gefegt und eine andere politische Crew kommt zum Zug. Funktioniert diese nicht mehr, kommt die nächste und so weiter. Berechenbare Verbindlichkeiten auf die man als Politiker setzen könnte, gibt es nicht mehr. „Speed kills" diktierten die Politiker den Medien und es scheint ganz so als hätten sie die Zeichen der Zeit längst erkannt. Dass sich die von ihnen propagierte Geschwindigkeit allerdings eines Tages auch gegen sie wenden könnte, dürfte von Beginn an übersehen worden sein.

Die Jahrzehnte lange Treue von Wählern ist längst vorüber und sie wird auch in dieser Form nicht mehr wieder kommen. Hat ein Politiker die Gunst seiner ehemaligen Wähler verloren, lassen sie ihn fallen wie eine heiße Kartoffel und wenden sich einem anderen zu, heben ihn auf das Schild der Verantwortung, lassen ihn hoch leben und versuchen es mit ihm so lange, bis es wieder schief geht. – Das führt natürlich auch dazu, dass mancher aktive Politiker bereits in seiner Funktionsperiode die Weichen für ein wirtschaftlich abgesichertes Leben danach stellt und diesem mitunter wesentlich mehr Aufmerksamkeit widmet als seiner augenblicklichen politischen Funktion.

Partnerschaft, Liebe & Erotik im Wassermann-Zeitalter

Alles kommt ganz anders

Auf der Suche nach der richtigen Partnerschaft und die Wandlung der Frau im Wassermann-Zeitalter

Die Liebe ist wohl das Thema, das uns trotz dem aktuellen Freiheitswahn und aller Freude auf schier grenzenlose Möglichkeiten am meisten beschäftigen und mitunter auch sehr belasten kann. Es ist wirklich hochinteressant, denn man möchte frei sein und weiß im selben Moment mit der Freiheit sehr wenig anzufangen. Die Suche nach dem Partnerschaftsglück ist stärker denn je, auch wenn es dann vielleicht nicht lange hält. – Ganz Wassermann-Zeitalter eben, die Liebe wird unkonventionell gelebt, ist schnelllebig und austauschbar!

Typische Auswirkungen des Wassermann-Zeitalters sind die hohen Scheidungszahlen. In den Städten noch einmal um einiges höher als auf dem Land, zeigen sie uns, dass die traditionellen Werte so gut wie verloren sind. In Großstädten wird bereits jede zweite Ehe wieder geschieden. Es wird nicht mehr lange gefackelt, wenn es dem Partner nicht mehr passt, geht er von einem Tag auf den anderen seine eigenen Wege und lässt die Ehe hinter sich. Der Partner verkommt zum Unterhaltungsgegenstand und wenn es mit der Unterhaltung nicht mehr so recht funktioniert, wird eben neue Unterhaltung gesucht und dank Internet auch wahnsinnig leicht gefunden. Das Wassermann-Zeitalter stellt das gesamte Konstrukt Ehe absolut in Frage. Ist die klassische Ehe somit tatsächlich überholt? Die ehrliche Antwort lautet „Ja". Nichts ist mehr, wie es einmal war. Die Partnerschaft hat an Beständigkeit verloren und schafft in den meisten Fällen nur noch einen Bruchteil dessen, was früher möglich war.

Zum Unterschied von heute, war die Frau früher allerdings wirtschaftlich sehr oft von ihrem Mann abhängig und hätte sich nicht von ihm trennen können, auch wenn sie es wollte. Das konnte durchaus eine höhere Leidensfähigkeit innerhalb der Ehe erzeugen. Sehr oft blieb eine Frau nur deshalb noch bei ihrem Mann und in der längst nicht mehr funktionstüchtigen Ehe, weil sie keinen anderen Ausweg sah und ihm auf Gedeih und Verderb ausgeliefert war. Das ändert sich seit einigen Jahren absolut und das ist natürlich gut so. Das Wassermann-Zeitalter sorgt also für einen gewissen Gleichstand innerhalb der Ehen und vor allem für eine gerechte und längst fällige Aufwertung der Frau und das kann jede Ehe durchaus auch entsprechend verkürzen. Wenn es nicht mehr passt, wird oft nicht lange auf bessere Zeiten gewartet, sondern man trennt sich, nicht selten ohnehin im guten Einvernehmen und versucht es mit einem neuen Partner noch einmal.

Nicht umsonst ist das Wassermann-Zeitalter auch das Zeitalter der Frauen. Der Wassermann wirkt missionarisch, helfend, heilend, das alles sind auch bekannte Gesichter der Frau. Die Revolution offenbart sich somit bei vielen Frauen und läutet einen Fortschritt und eine klare Befreiung aus einer gewissen „Knechtschaft" und wirtschaftlichen Abhängigkeit ein. Die Frauen atmen auf, befreien sich von den Männern die ihnen nicht gut tun und bestimmen ihre Zukunft nach ihren eigenen Vorstellungen. Auf der anderen Seite ist diese Veränderung für viele Frauen eine enorme Belastung geworden. Das Wassermann-Zeitalter bringt ihnen große Freiheiten, deren Auswirkungen allerdings von vielen Männern erst einmal verarbeitet werden müssen, denn nicht selten bleiben jetzt die Männer auf der Strecke. Das Pendel der Zeit schlägt extrem in die Gegenrichtung und nimmt den Männern ihre eigene Emanzipation. Gleichzeitig verliert die Frau oft an Weiblichkeit. Je mehr so genannte Powerfrauen an der Macht sind, umso mehr wird die typische Weiblichkeit von der Bildfläche verschwinden. Und am Untergang der Weiblichkeit zerbrechen wiederum viele Frauen und nicht wenige ihrer Ehen, denn die Frau ist und bleibt die Mutter, sie ist die Beständigkeit der Zweisamkeit und der Familie, nie der Mann. Wärme und Geborgenheit liegen schon immer im Schoß der Frauen, das kommt doch absolut nicht von den Männern.

Man kann das durchaus altmodisch, traditionell sehen, Männer bringen das Geld nach Hause und versorgen materiell die Familie. Das sind zutiefst archaische Vorgänge die sozusagen in unseren Genen liegen. Schon in der Steinzeit gingen die Männer auf die Jagd und sicherten das Überleben der Familie. Selbst wenn die Frauen im Rudel noch so emanzipiert waren, sie waren letztendlich die, die die Beständigkeit und die so genannte Ur-Familie zusammenhalten konnten. Und wenn Frauen das nicht mehr geben können, dann zerbricht die Familie und nach ihr auch die Gesellschaft.

Diese Entwicklung trägt natürlich den Stempel des Uranus. Er hat einen androgynen Charakter, vereinigt also beide Geschlechter in sich (siehe zum Beispiel den weltweit einheitlichen Jeanslook) und ist sozusagen der „Single-Planet“ schlechthin. Wenn man das alles in sich hat, braucht man auch keinen mehr und kann sich deshalb die absolute persönliche Freiheit herausnehmen. Der Mensch des Wassermann-Zeitalters wünscht sich wechselnde Beziehungen, nach seinen individuellen und aktuellen Bedürfnissen und Strickmustern. Er will nicht nur den einen einzigen Partner sondern viele Partner und das oft sogar gleichzeitig. Der Uranus ist experimentierfreudig und will so viel wie möglich ausprobieren. Er ist kein monogames Wesen und fühlt sich in der klassischen Ehe wie ein Gefangener. Es ist doch noch nie von so vielen Menschen sexuell so unterschiedliches ausprobiert worden wie in der heutigen Zeit und das sind auch wieder ganz typisch wassermännische Züge. Der Wassermann braucht ständig neue Reize und muss alles einmal versucht haben. Dabei springt er von einem Partner zum nächsten, probiert aus, verharrt vielleicht eine Zeit lang dort, wo es ihm gut gefällt, um in der nächsten Sekunde auch schon wieder weiterzuspringen.

Internet: Kennen lernen leicht gemacht – Trennungen genau so

Diese extreme Lust auf neue Kontakte hat natürlich auch Vorteile. Noch nie war es so leicht andere Menschen kennen zu lernen. Konservative Werte verschieben sich zusehends, denn heute ist es auch für eine Frau, im Gegensatz zu früher, überhaupt kein Problem, sich einen Mann selbst auszusuchen und ihn anzusprechen, auch in der Öffentlichkeit. Ein annähernd sozialer Gleichstand unter den Geschlechtern bestimmt das öffentliche Liebeswerben.

Man sucht sich sozusagen aus, was man will und gerade für sich und seine Bedürfnisse braucht. Nahezu jeder Traum wird in die Tat umgesetzt und in der Realität ausgelebt. Zumindest in der neuen, sehr wassermännischen virtuellen Realität.

Das Internet macht es möglich, der Einsamkeit aus vergangenen Tagen ein für alle mal auf Wiedersehen zu sagen und von den eigenen vier Wänden aus innerhalb von Sekunden nach New York, Paris oder Buenos Aires zu springen, um mit Menschen in jeder dieser oder anderen Städte in Verbindung zu treten. Die Auswahl der Personen mit welchen ich weltweit in Kontakt treten kann, ist heute unermesslich geworden. Auf der einen Seite ist das Internet eine unheimliche Freude und ein großer Nutzen, auf der anderen Seite verliert man oft seinen eigenen Focus und weiß mit der Zeit selbst nicht mehr, was man eigentlich partnerschaftlich gesehen, vor kurzem noch wollte. Man will plötzlich alles und nichts und das auf einmal. Das Wassermann-Zeitalter steht dafür, dass man manchmal drei Dinge auf einmal macht. Der Fernseher läuft, die Stereoanlage sowieso und man ist gleichzeitig im Internet auf der Pirsch und chattet mit London.

Wie oft höre ich in meinen Beratungen Klagen über das Internet, von Männern übrigens in gleicher Anzahl wie von Frauen. Die große Sprachlosigkeit ist in den Ehen eingezogen und sämtliche partnerschaftliche Kommunikation wird vom Internet absorbiert. Jeder zieht sich zurück und lebt sich im WorldWideWeb aus. Das Internet wird sukzessive zum angenehmen Partnerersatz, den man problemlos und ohne Protest per Knopfdruck abdrehen kann, wenn es einmal nicht mehr passt. Man geht hinein ins Internet, findet mit ein paar Klicks wonach man sucht und es ist nicht einmal eine Beschränkung auf einen einzigen Chatpartner notwendig. Man kann sich öffnen und alles von sich preisgeben oder nach Belieben und Bedarf in eine andere Haut schlüpfen. Niemand sitzt vis à vis und beobachtet oder überprüft, ob die behaupteten Angaben auch tatsächlich der Realität standhalten.

Einer Selbstpräsentation wie sie einem am sympathischsten oder zielführendsten erscheint, ist im Internet Tür und Tor geöffnet. Man darf sich plötzlich darstellen wie es einem beliebt. Es ist nahezu wie Karneval, rund um die Uhr. Ich stelle mich vielleicht nicht mehr als Gerda Rogers sondern als Liz Taylor dar und versuche, mit fremden Reizen Unbekannte zu beeindrucken.

Da kommt auch das Originelle und äußerst Kreative des Wassermann-Zeitalters zum

Zug und man kann plötzlich irrationale Wunschgedanken im Internet hemmungslos und so oft man will bedenkenlos ausleben. In der Sekunde ist ein Treffen mit zum Beispiel auch drei Partnern ohne weiteres möglich. Gleichzeitig wird unter anderem das Unnahbare des Wassermanns ausgelebt. Denn ich bin zwar einerseits in Beziehungen, aber wenn ich den Kontakt mit einem Maus-Klick beende, habe ich wiederum keine partnerschaftliche Verbindung und daraus resultierende Verpflichtungen, ich bin wieder allein und kann machen was ich will. Das sind genau die Dinge, die der Wassermann anstrebt und somit das Wassermann-Zeitalter in aller Großzügigkeit für alle mit sich bringt. Einerseits auf den ersten Blick ein attraktiver Vorteil, der allerdings auch mit wesentlichen Nachteilen verbunden ist, denn gewisse partnerschaftliche Tiefen werden von Wassermannjahr zu Wassermannjahr, für die meisten unter uns, immer unerreichbarer.

Gefordert ist in Zukunft die große Freiheit, um ja nicht das Gefühl aufkommen zu lassen, über Gebühr gebunden zu sein. Eheringe sind im Wassermann-Zeitalter bei den meisten vollkommen fehl am Platz. Es muss alles unkonventionell und problemlos funktionieren und es darf auf keinen Fall zu kompliziert sein. Und wird es einmal zu kompliziert, müsste man damit beginnen, partnerschaftliche Probleme anzusprechen. Lieber kappt man heute von einer Sekunde auf die andere alle Kommunikationslinien und macht sich aus dem Staub, schlicht nach dem Motto: „Wozu Probleme lösen, der nächste Partner steht bereits ums Eck!"

Das heißt natürlich gleichzeitig, dass mit dem Internet nicht selten der Betrug in der Ehe beginnt. Das Internet wird zum großen Verführer und zur Plattform der unendlichen, außerehelichen Möglichkeiten und Begegnungen. Viele Frauen fühlen sich dadurch betrogen und erzählen mir oft, ihr Mann sei für sie nicht mehr ansprechbar und beinahe täglich bis weit in die Nacht hinein im Chat oder in irgendwelchen Kontaktforen. Die Freizeit wird von ihm mit neuen Partnerinnen im Internet verlebt und die Ehefrau ist nur noch da, damit die banalsten Dinge rundherum funktionieren, wie zum Beispiel der Haushalt oder die Versorgung der gemeinsamen Kinder. Persönliche Gespräche zwischen den Ehepartnern finden in diesen Beziehungen so gut wie nicht mehr statt oder sie sind von einer lähmenden Belanglosigkeit. Selbst die Erotik des Mannes funktioniert dann nur noch über den PC und verkommt zu einer befriedigenden Mischung aus Cybersex und Autoerotik. Wahlloser Cybersex mit Partnern auf der ganzen Welt über die Webcam und der Partner schläft nebenan im Ehebett, das ist das Spiegelbild vieler moderner Ehen im Wassermann-Zeitalter.

Das Internet und dessen negative Auswirkungen auf zahlreiche Ehen werden in nächster Zeit noch der Scheidungsgrund Nummer eins werden. Oft ist es nicht mehr die reale sondern vielmehr die virtuelle, kaum nachweisbare Geliebte, die sich kräftigst zwischen Ehepartner drängt und vieles zerstört. Das Internet macht vieles möglich, denn ein Verlassen der Wohnung ist nicht mehr nötig. Man holt sich den sexuellen, außerehelichen Kick unmittelbar ins „Arbeitszimmer" und vergnügt sich dort bis spät in die Nacht mit Geliebten aus der ganzen Welt.

Für das erfindungsreiche Wassermann-Zeitalter ist dies natürlich erst der primitive Anfang. Die Dynamik des Fortschritts wird auch hier für ungeahnte technische Sprünge sorgen. Später wird es nicht der PC oder die Webcam sein, sondern ein Hologramm in das man zur Gänze eintaucht. Über raffinierte Sensoren wird man den Partner auf dem anderen Ende der Welt sogar berühren können. Ein paar Jahrzehnte später werden es vielleicht nicht mehr Hologramme sein, die einem eine künstliche Welt vorgaukeln in der man sich frei bewegen kann, eines Tages wird man bereits so weit sein, dass man sich wahllos von einem Ort zum nächsten beamt, um seinen Geliebten oder seine Geliebte auch nur für wenige Minuten oder Stunden zu besuchen.

Die Möglichkeiten scheinen unendlich und der technische Fortschritt im Wassermann-Zeitalter wird mit Sicherheit rasant sein.

Unverbindlichkeit ist angesagt

Im Wassermann-Zeitalter geht alles mehr oder weniger unkonventionell in Sachen Beziehungen und Liebe einher. Man tastet sich ab, verwirft den Kontakt oder tritt sich mit eindeutigen Absichten in Windeseile näher. Es wird nicht mehr lange gefackelt oder unnütze Zeit vergeudet. Die elektronischen Medien werden dazu benutzt, rasch und unkompliziert neue Partner kennen zu lernen und genauso gut kann ich auch auf Knopfdruck via SMS sehr rasch wieder aus Beziehungen oder Liebschaften aussteigen, ganz ohne dramatische Trennungszeremonie. Es sind keine langen Reden mehr nötig, keine Post, kein Papier, kein Stempel, denn mittels Handy kann in wenigen Worten in kürzester Zeit und ohne dem Partner in die Augen sehen zu müssen, Schluss gemacht werden. Und wenn man es wünscht, kann man sich darüber hinaus jeder Kommunikation verweigern.

Die Gefahr ist allerdings groß, dass über all diesen modernen Technologien und dieser Geschwindigkeit, in welcher partnerschaftliche Entscheidungen getroffen werden, jede Krisenbewältigung von vorn herein absolut ausgeschlossen wird. Hier geschehen wahre Katastrophen. Wie oft schickt man spontan eine böse SMS weg und zwei, drei Tage später tut es einem entsetzlich Leid, aber es gibt kein Zurück mehr, denn die Botschaft ist abgesetzt und der Partner bereits unerreichbar über alle Berge. Auch das sind unmittelbare Auswirkungen des Wassermann-Zeitalters, denn es treibt uns in einem entsetzlichen Tempo voran und viele lassen sich davon zu gerne verleiten und spielen ungehemmt mit, oft ohne sich ihrer Handlungen im entscheidenden Moment wirklich bewusst zu sein. Partnerschaftliche Entscheidungen werden nicht mehr überlegt, es wird alles von einer Sekunde auf die andere beschlossen und man verweigert sich von vornherein jeder Diskussion und Reparaturbereitschaft. Dadurch werden viele Beziehungen ruiniert, die durchaus noch viel Potential hätten. Etwas mehr Diskussionsbereitschaft und Behutsamkeit im Umgang mit Beziehungen, würde im Wassermann-Zeitalter also in der Tat wirklich nicht schaden. Wir können es ja für uns persönlich fest vornehmen, dass wir doch ein Gespräch mehr führen und die Türen erst dann zuschlagen, wenn wir merken, dass es absolut sinnlos geworden ist, auf ein positives Zeichen des Partners zu warten. Im Wassermann-Zeitalter zu leben heißt ja nicht, seine eigene Persönlichkeit gegen die des Wassermanns auszutauschen. Entscheidend ist, wie wir mit dieser Zeitqualität umgehen und was wir daraus machen. Wir sind ihm ja nicht gnadenlos ausgeliefert, wir sind durchaus imstande, eigene, persönliche Akzente einzubringen.

Eines sei auf alle Fälle gesagt: Die Geschwindigkeit in welcher künftig Entscheidungen getroffen werden wird nicht noch weiter gesteigert, aber sie wird auch nicht mehr reduziert. Das deutlich erhöhte Tempolimit gilt im Großen und Ganzen für die nächsten zwei Jahrtausende.

Familiengründung bitte warten

Da im Wassermann-Zeitalter partnerschaftliche Unverbindlichkeiten exzessiv ausgelebt werden, verschiebt sich der durchschnittliche Zeitpunkt für Familiengründungen immer weiter nach hinten. Früher war es als absolut normal anzusehen zwischen achtzehn und fünfundzwanzig eine Familie zu gründen. War eine Frau mit fünfundzwanzig noch nicht in einer festen Beziehung, sprach man doch schon darüber, dass sie „übrig bleiben würde". Auf dem Land meinte man dazu sogar, „sie hätte die Überfuhr versäumt". Frauen die mit dreißig noch immer nicht verheiratet waren und kinderlos blieben, galten überhaupt schon als grenzwertige Sonderfälle und als absolut unvermittelbar. Das ist heute erfreulicherweise ganz anders, denn heute hat man alle Freiheiten dieser Welt und es etablieren sich ja selbst in den einsamsten Tälern liberale Ansätze des Miteinanders.

Während sich also der Zeitpunkt der Familiengründung sukzessive nach hinten verschiebt, verstärkt sich im gleichen Ausmaß der Fortpflanzungsstress. Denn zwischen achtzehn und fünfundzwanzig gibt es die größte Empfangsbereitschaft bei Frauen. Ab dreißig geht es mit der Fruchtbarkeit ständig bergab und mit Ende dreißig bleibt zahlreichen Frauen oft nur noch eine künstliche Befruchtung. Immer mehr Partnerschaften leben daher in einem laut tickenden Countdown und das stresst ordentlich.

Typisch ist auch das Argument vieler, sich doch um Himmelswillen noch nicht binden zu wollen. Man will vor einer endgültigen Bindung noch so viel wie nur möglich gelebt und erlebt haben. Dazu kommt natürlich auch die berufliche Ausbildung. In früheren Zeiten wurde dummerweise bei Mädchen an der Ausbildung gespart. Wichtig war es, einen guten Mann mit einem guten Beruf und etwas Geld zu finden um die Tochter solide zu verheiraten. Das galt in früheren Zeiten als Lebensgarantie. Auch das hat sich heute absolut aufgehoben. Heute ist eine gute Ausbildung das allerwichtigste. Davon abgesehen würden Partnerschaften ja nicht mehr lebenslang halten, die Ehe als Sozialversicherung gibt es nicht mehr. Die Formel „Bis, dass der Tod euch scheidet“ wird vom Wassermann endgültig aufgehoben. An die Stelle von lebenslangen Partnerschaften sind Lebensabschnittspartner oder wie ich es nenne, „nette Wegbegleiter“, nachgerückt. „Genuss auf Zeit“ ist die neue und durchaus verlockende Devise. Sie scheint ja auch außerordentlich gut zu funktionieren, wenn man Partnerschaften mehr oder weniger zwanglos lebt und sich im guten Einvernehmen trennt, wenn es einmal nicht mehr so richtig funktioniert. Beziehungsstress oder gar Streit müsste heute nicht mehr aufkommen. Aber ich gebe zu, das da noch eine gute Portion Wunschdenken dabei ist - wir müssen uns ja nur umsehen, es wird leider nach wie vor genug zwischen Partnern gestritten.

Die Unverbindlichkeit des Wassermann-Zeitalters spiegelt sich natürlich auch in den Familien wider. Waren Familien früher wahre Oasen des persönlichen Rückzuges und konnte man speziell in Krisenfällen felsenfest auf diesen Rückhalt zählen, ist dieses wichtige Regulativ in den letzten Jahrzehnten leider auch immer unbedeutender geworden. Die klassische Familie gibt es kaum noch. An ihre Stelle sind Alleinerzieher oder bunte Patchworkfamilien gerückt, deren Zusammenstellung mitunter permanent variiert und daher oft für deren Mitglieder unzureichend verlässlich ist. Der oft fehlende familiäre Background spielt natürlich in weiterer Folge in der Sozialisierung der Kinder eine nicht unbedeutende Rolle. Auf welche Werte soll in Zukunft noch gezählt werden, wenn schon im Elternhaus kaum noch welche vermittelt werden. Was allerdings nicht heißen soll, dass die Patchworkfamilien des Wassermann-Zeitalters nicht in der Lage wären, traditionelle Familienwerte zu ersetzen. Natürlich sind sie es, denn so wie es früher verlässlichere und weniger verlässliche Familien gab, wird es eben auch in Hinkunft geeignete und weniger geeignete neue Familienverbände geben. Sie müssen sich vielleicht nur noch auf die neuen Gegebenheiten des Wassermann-Zeitalters einspielen, um in Zeiten wie diesen dauerhaft zu bestehen und unseren Kindern den Rückhalt zu gewähren, den sie benötigen um behütet und vor allem sozial kompetent aufzuwachsen.

Lebensabschnittspartner dringend gesucht

Wie es eingangs bereits beschrieben wurde, ist eine lebenslange Paar-Beziehung in diesem neuen Zeitalter kaum noch möglich. Heute noch bis an das Ende der Tage mit ein und demselben Partner verbunden bleiben zu wollen, grenzt an pure Illusion – ein nahezu exotisches Wunschbild, das nur noch musealen Wert hat. Lebensabschnittspartnerschaften lösen die konventionelle Ehe ab und machen, eben typisch Wassermann-Zeitalter, das partnerschaftliche Leben wesentlich vielfältiger, bunter und vor allem auch viel aufregender. Heute gibt es nicht mehr einen Ehepartner, sondern im Schnitt so an die drei bis vier Lebensabschnittspartner mit denen es gilt, glücklich über die Runden der Beziehungsachterbahn zu kommen.

Doch nicht alle begrüßen diese Veränderung mit offenen Armen, denn sensible Menschen tun sich mit der Vorstellung doch sehr schwer, sich ständig an neue Partner gewöhnen zu müssen. Darüber hinaus sind sensible Personen auch wesentlich leidensfähiger und werden eher eine Partnerschaft aussitzen, als sie von sich aus zu beenden. Auch wenn die Beziehung aus ihrer Sicht schon länger nicht mehr passt, werden sie kaum einen Schlussstrich ziehen. Und werden sie einmal verlassen, schließen sie sich auf lange Zeit zu Hause ein und gehen resigniert davon aus, sowieso keinen geeigneten Partner mehr zu finden.

Die uranischen Menschen selbst – also die stark Wassermannbetonten - kommen ebenso wie die anderen Luftzeichen (Zwillinge und Waage) und die Feuerzeichen (Widder und Schütze) mit den Gegebenheiten des Wassermann-Zeitalters schon viel eher zurecht. Die Löwen zählen zwar auch zu den Feuerzeichen, stehen aber in unmittelbarer Opposition zum Wassermann und daher fällt Ihnen gerade in dieser Ära eine besondere Aufgabe zu: Weil Ihnen die wassermännische Gleichmacherei und Austauschbarkeit komplett gegen den Strich geht, sind Sie aufgerufen, Ihren Individualismus, mit dem sie die Masse immer wieder überragen und übertrumpfen wollen, in sinnvoller Weise in das wassermännische Kollektiv einzubringen. Ohne diese strahlenden Akzente des löwischen Wesens wird selbst die originellste Wassermanngesellschaft zum langweiligen Einheitsbrei. Es wird ihnen gar nicht so schwer fallen, denn auch sie lieben es ja, spielerisch immer wieder neue Partner zu erobern und sie gegebenenfalls genauso schnell wieder fallen zu lassen. Das trifft sich mit der wassermännischen Haltung: Der erotischen Neugierde werden Tür und Tor geöffnet, nichts bleibt unentdeckt. Unterstützt wird diese leichtlebige Einstellung von der medizinischen Revolution des Wassermann-Zeitalters.

Viele Männer beginnen zum Beispiel heute mit sechzig oder siebzig noch einmal so richtig aufzuleben. Dank Viagra und ähnlichen Potenzmitteln, ist das kein Problem und so werden die natürlichen, alten Grenzen weit nach oben verschoben oder überhaupt ganz außer Kraft gesetzt. Es ist ein typisches Zeichen des Wassermann-Zeitalters, dass es uns in allen Fragen des Lebens immer wieder ordentlich in Erstaunen zu setzen vermag. Kaum glauben wir schon alles zu wissen oder erlebt zu haben, öffnet sich die nächste Türe und erlaubt uns sensationelle Blicke auf spektakuläre Neuigkeiten, die man bis vor kurzem nicht für möglich gehalten hätte. Der Wassermann weiß eben immer zu überraschen!

Partnerschaft, Liebe & Erotik

Die Sternzeichen im Wassermann-Zeitalter

Wer mit wem wirklich gut harmoniert, lässt sich pauschal nicht verbindlich sagen. Das hängt primär vom individuellen Horoskop ab. Dabei kommt es vor allem auf die Position von Venus an, aber auch Mars, Jupiter und Saturn haben ein gewichtiges Wörtchen mitzureden.

Natürlich gibt es bemerkenswerte Übereinstimmungen zwischen Menschen gleichen Zeichens und es wird jedem plausibel sein, dass Feuerzeichen (Widder, Löwe, Schütze) prinzipiell auch sehr gut mit Luftzeichen (Zwillinge, Waage, Wassermann) und Erdzeichen (Stier, Jungfrau, Steinbock) mit Wasserzeichen (Krebs, Skorpion, Fische) harmonieren. Weil Feuer ja Luft braucht um überhaupt brennen zu können und die Erde erst durch Wasser fruchtbar wird. Aber wenn etwa die genannten Planeten in den Horoskopen zweier Menschen in starker Spannung zueinander stehen, dann hilft es wenig, dass sie Sternzeichen angehören, die an sich harmonieren. Dann wird es einfach mit einer dauerhaften Partnerschaft nicht klappen. Aber es ist immerhin schon eine gute Ausgangsposition, wenn man in den Grundzügen des Wesens, die von der Sonne angezeigt werden (im Sternzeichen Wassermann geboren zu sein heißt, dass zum Beispiel die Sonne zum Zeitpunkt der Geburt im Wassermann stand). Da hat man meist ähnliche Interessen, ähnliche Denkweisen, ähnliche Vorstellungen von einem gelungenen Leben. Eine wichtige Voraussetzung ist allerdings, dass man sich selbst leiden kann, denn es gibt ja gelegentlich Menschen die zu sich selbst ein äußerst zwiespältiges Verhältnis unterhalten (was sich in starken Spannungen und Interessenskonflikten im eigenen Horoskop zeigt) und schon allein deshalb kaum in der Lage sind, mit jemandem, der Ihnen sehr ähnlich ist, eine funktionierende Partnerschaft einzugehen. Diese Menschen brauchen viel eher einen Partner, dessen Horoskop diese Schwierigkeiten ausgleicht und der deshalb mit seinem Wesen zur Auflösung der Spannungen beiträgt. Ein Idealfall kann sogar ein genau gegenüberliegendes Sternzeichen sein – also ein oppositionelles, wie etwa Wassermann/Löwe - wenn es die beiden schaffen, sich in allem in der Mitte zu treffen um einander solchermaßen perfekt zu ergänzen.

Der Widder ♈

Der Widder ist ein typisch männliches Sternzeichen und daher haben es aus meiner Sicht Widder-Männer in unserer Gesellschaft um einiges leichter als Widder-Frauen. Diese starke Marsenergie, die einem selbstbewussten Macho gut zu Gesicht stehen mag, verleiht auch einer Widder-Frau einen männlichen und kämpferischen Charakter, der dem konventionellen Rollenbild der Frau in unserer Gesellschaft wenig entspricht. Das macht es wiederum für den Mann, der ihr begegnet, etwas schwierig, denn sie ist sehr tough und dieses starke Selbstbewusstsein verschreckt immer noch viele Männer. Daher ist die Widder-Lady auch sehr oft in Führungsebenen zu finden, weil sie ganz einfach über das nötige Ellbogenformat verfügt und den männlichen

Kollegen Paroli bieten kann. Das Wassermann-Zeitalter ist auch das Zeitalter der Emanzipation und bietet daher der zielstrebigen, kämpferischen Widder-Frau optimale Bedingungen. Es ist sozusagen ihr Zeitalter und für sie mit einem äußerst hohen Selbstverwirklichungspotential in alle Richtungen verbunden. Was die Widder-Frau jetzt beginnt, kann sie besser denn je verwirklichen, denn sie bekommt in diesem Zeitalter Rückenwind. Da kann sie sich auch ohne weiteres ihren Partner angeln und braucht nicht erst lange abzuwarten, bis sie von jemandem angesprochen wird. Der Widder-Frau kann die Anmache gar nicht unkonventionell genug sein. Umgekehrt läuft der klassische Widder-Macho im Zeitalter der Emanzipation Gefahr, sich mit seinem Gehabe lächerlich zu machen. Er wird sich wohl oder übel an die neuen Spielregeln gewöhnen müssen, wenn er seiner starken Triebnatur weiterhin erfolgreich dienen will.

Widder-Frauen gelten seit jeher als Amazonen, denn sie greifen frontal an und scheuen nicht davor zurück, Konflikte mit allen Mitteln auszutragen. Sie kämpft mit sehr direkten, aber fairen Mitteln, das muss man zu ihrer Ehrenrettung sagen, denn der Widder ist ein ausgesprochener Sportsgeist. Die Widder-Frau will auf eigenen Beinen stehen, sie hat immer wieder ihre Karriere im Auge und braucht einen Partner, der sie in ihrer Energie und Aktivität, in ihrem großen Tatendrang unterstützt und sie auf keinen Fall zurückhält. Ein Bremser wäre für sie absolut fatal, denn das würde auf Dauer sowieso nicht gut gehen. Sie würde ihm nicht nur im sprichwörtlichen Sinne die Augen auskratzen, sondern früher oder später die partnerschaftlichen Verbindungen kappen und sich auf und davon machen. Ein Mann, der sie nicht in ihrem Tatendrang unterstützt, der sie zurück hält und zu lähmen versucht, kann auf Dauer nur verlieren und würde sie nur ordentlich wütend machen. Die Widder-Frau braucht jemanden, der sie in allem unterstützt, der mit ihrem Tempo mithalten kann und auch Spaß daran hat, seine Ziele den ihren ein wenig unterzuordnen. Sie ist die Nummer EINS und das muss von Anfang an vollkommen klar sein.

Stellen Sie sich folgendes Szenario vor: Eine Widder-Frau angelt sich einen unentschlossenen, konfliktscheuen Waage-Mann. Er ist in dieser Partnerschaft ständig der Unterlegene, das ist von vornherein vollkommen klar. Die harmoniebedürftige Waage wird immer wieder die Konfrontation scheuen und die Widder-Frau wird in ihrer Streitbarkeit immer wieder frustriert. Ähnlich frustrierend könnte es auch mit einem hypersensiblen Krebs-Mann laufen, den die ruppige Art des Widders immer wieder verletzt und ihn nötigt, sich schmollend zurückzuziehen und darauf zu warten, dass sich die Widder-Frau bei ihm entschuldigt. Sich ständig bemüßigt zu fühlen, ein solches Männchen bei Laune zu halten und dadurch in der eigenen Dynamik permanent ausgebremst zu werden – damit wird sich die typische Widder-Frau nicht allzu lange aufhalten. Sie wird sich vom Wasserzeichen Krebs nie und nimmer das Feuer löschen lassen. Eine solche Partnerschaft kann – so nicht durch andere Horoskop-Kriterien begünstigt – zum gandenlosen Gemetzel werden und daher ist ihr von Beginn an keine lange Lebensdauer beschieden. Ich kann somit allen sehr sensiblen Männern nur in aller Eindringlichkeit raten, sich von typischen Widder-Amazonen fern zu halten.

Männern passt – im immer noch gültigen Rollenverständnis unserer heutigen Gesellschaft - das Widder-Prinzip wie angegossen. Der Widder ist ein Eroberer und Abenteurer, sehr sportlich, immer auf der Lauer, der Jagd, am Sprung. Widder lieben die Herausforderung und sind in Partnerschaften alles andere als Langweiler. Sie halten einen auf Trab und fordern einen nonstop, rund um die Uhr. Mit solcher Dynamik und einem derartigen Tempo braucht man natürlich auch als Mann eine Partnerin, die derartige Entschlossenheit zu schätzen weiß oder, noch besser, bereit ist da auch mitzuhalten. Will man sich auf einen Widder wirklich einlassen, sollten man idealer Weise selbst voller Energie und Tatendrang stecken, sonst wird man auf Dauer überfordert. Wenn man dieses enorme Tempo nicht selbst verinnerlicht hat oder es als partnerschaftliche Ergänzung dringend benötigt, ist es nicht unbedingt ratsam, sich auf einen Widder näher einzulassen.

Widder-Menschen sind auch ungeduldig. Ihrer Spontaneität und Sprunghaftigkeit kommt das Wassermann-Zeitalter absolut entgegen. Denn da ist für Abwechslung, Überraschungen, Kampf und Streit gesorgt. Wenn der Mars wieder einmal ordentlich hinein strömt, sodass etwas vorzeitig beendet oder abgebrochen wird, kann man immer wieder neu durchstarten. Alles muss schnell gehen, Stillstand wird kaum geduldet. Widder-Frauen lassen sich ohne mit der Wimper zu zucken scheiden, wenn für sie die Rahmenbedingungen der bestehenden Partnerschaft nicht mehr passen. Sie nehmen sich durchaus auch einmal nur einen Liebhaber auf Zeit, einen jüngeren Partner vielleicht, und probieren ihn mal sozusagen einfach aus. Single-Perioden sind für die Widder-Frau wichtige Versuchszeiten, in denen es gilt vieles zu testen, um dann eine Eroberung vielleicht wieder zu verwerfen oder ihr doch die Tür zum Herzen zu öffnen.

Ein anspruchsvolles Familienleben steht der Widder-Frau im Wassermann-Zeitalter eher im Weg, dafür ist sie in der Regel wenig geeignet, denn es gehört überhaupt nicht zu ihren Grundbedürfnissen, in einer herkömmlichen Familie gefangen zu sein. Sie braucht eher einen Partner für ein aktives Freizeitleben, für Reisen, Sport, Events und aufregende Erotik. Ein konservatives Familienleben würde sie nur aufhalten und auf Dauer fürchterlich unglücklich machen. Sie ist ganz und gar nicht das Heimchen am Herd, das geduldig wartet, bis der Mann nach Hause kommt um ihm den Abend nach dem langen Arbeitstag zu versüßen. Die Widder-Frau benötigt einen Partner, mit dem sie unterwegs sein kann und der ihr ein Tempo bietet, das ihren Bedürfnissen entspricht – und das ist enorm hoch.

In scheinbar vollem Widerspruch dazu findet man beim Widder sehr oft den ausgeprägten Wunsch, eine eigene Familie zu haben. Das kommt allerdings tatsächlich ausschließlich daher, dass er nicht allein sein möchte. Der Widder kann vieles, nur nicht allein zu Hause sitzen, denn da bekommt er klaustrophobische Zustände. Kommt der

Widder von der Arbeit heim, ist es für ihn schrecklich, niemanden vorzufinden. Er wird sich Abhilfe schaffen und sofort im Internet surfen oder mit Freunden telefonieren. Der Widder ist nicht gern allein und braucht als Partnerersatz viele Freunde und intensiven Kontakt nach draußen. Wenn Familie, dann nicht um der Familie willen, sondern um abends oder an den Wochenenden ja nicht allein zu sein. – In der Tat, ein etwas fataler Ansatz!

Der Widder-Mann übernimmt auch privat gerne die Führung und benötigt deshalb eine Frau, die bei allem mitmacht und ihn keinesfalls in seinen Aktivitäten bremst. Er geht zum Beispiel gerne Motorrad fahren und hätte daher am liebsten eine Frau, der dieses Hobby auch gefällt. Gerät er jedoch an die falsche Partnerin, die seinen ungebremsten Freizeitaktivitäten nichts abzugewinnen weiß, wird sie in Hinkunft nur noch allein zu Hause sitzen und kann in aller Ruhe dem sicheren Ende der Beziehung entgegensehen. Der Widder-Mann braucht seine Frau beinahe nur ergänzend, denn er allein ist ja der strahlende Held. Es gefällt ihm aber durchaus gut, wenn er eine aktive, engagierte Frau an seiner Seite hat, die in der Lage ist, sein hohes Tempo mitzuhalten. Schafft sie es nicht, ist der Widder-Mann auch schon wieder fort, mit zaghaften Frauen kann er nur wenig anfangen. Für die Widder-Frau und den Widder-Mann gibt es kaum Schlimmeres als zu Hause zu sitzen und nichts zu tun, denn in trauter Langeweile versauern sie nur. Sie werden unruhig, rennen in den eigenen vier Wänden im Kreis und fallen ihrem Partner damit ordentlich auf die Nerven. Sollte es einen Hund im Haus geben, schnappen sie sich ihn und drehen noch eine schnelle Runde, um wieder ihren Ausgleich zu finden. So sind die Widder, sie benötigen Bewegung und Spannung im partnerschaftlichen Leben.

Mit diesen Partnern klappt es auch im Wassermann-Zeitalter nicht

Schwierig wird es mit einem Krebs, denn der schätzt eher das Häusliche und will diese extreme Dynamik ganz und gar nicht, die der Widder im Wassermann-Zeitalter noch stärker als sonst ständig von ihm fordert Mit einer typischen Waage wird es auch nicht so toll klappen, das hohe Tempo macht auch sie sehr nervös, vor allem aber sind ihrem Harmoniebedürfnis die Kampf- und Konfliktbereitschaft des Widders in der Seele zuwider. Im Normalfall würde sie eine Partnerschaft mit ihm nicht lange aushalten. Wenn der Partner des Widders ein aktiver Steinbock ist, geht es vielleicht auf Zeit gut, aber nicht sehr lange. Dramatisch wird es auch bei den Fischen, die können bei einem Widder ordentlich unter die Räder kommen. Fische sind für einen Widder viel zu sensibel und feinsinnig – da muss es schon sehr gut zusammenpassende individuelle Konstellationen geben, dass das auf Dauer gut geht.

Der optimale Widder-Partner im Wassermann-Zeitalter

Zum typischen Widder passen zunächst einmal die beiden anderen Feuerzeichen optimal: Löwe und Schütze - beide spielen ja auch gerne den Helden, sind am liebsten auf Tour und brauchen jede Menge Dynamik in ihrem Leben. Sie gehen miteinander auf Reisen, tauchen, sind mit der Jacht unterwegs oder fahren Motorrad. Zwillinge und Wassermänner sind ebenfalls sehr rege und äußerst reiselustig, sie bieten dem Widder ein Tempo, das dem seinen ebenbürtig ist. Langweilig wird den beiden nie, sie haben immer etwas zu tun und sind die idealen Partner für einen Widder. Es kann aber auch ganz gut mit einer Jungfrau klappen, aber sie muss unbedingt sportliche Ambitionen haben und doch einige Planeten oder den Aszendenten in Bereichen stehen haben, die den Widder-Qualitäten entsprechen, sonst klappt es überhaupt nicht. Wenn die astrologischen Rahmenbedingungen zwischen den beiden nicht passen, ist die Jungfrau als allzu vernunftbetonter, oft pingeliger und dem Alltagstrott verschriebener Partner letztendlich doch nicht geeignet, also Vorsicht!

Einen Widder muss man als Partner auf Trab halten und sein Lebensfeuer muss so richtig lodern. Das kostet Kraft, vor allem wenn einem dieses Tempo nicht entspricht und man es in Wirklichkeit in seinem Leben viel ruhiger angehen möchte. Ist man aber in der Lage, das Tempo des Widders zu halten, dann kann in der Partnerschaft nur noch wenig schief gehen. Wenn das Feuer allerdings nicht so recht in Gang kommt, verliert der Widder die Lust und sucht sich auf der Stelle einen neuen Partner. Mit Langeweile und Fantasielosigkeit ist der Widder nicht zu halten.

So verführt man den Widder

Einem Widder-Mann kann man als Frau imponieren, indem man ihm Dinge erzählt wie zum Beispiel, was für einen Berg man gerade bestiegen hat und welche Abenteuer es in diesem Zusammenhang zu bestehen galt oder welch tolle Reise man gerade in Planung hat. Und wenn sie ihn mit dem Motorrad beim Rendezvous überrascht, dann sagt er mit Sicherheit: „Die ist es. Mit ihr kann ich was anfangen.". Je mehr Abenteuer aus ihren Augen blitzt umso besser. Großes Make-up und High Heels braucht der Widder nicht, das ist nicht unbedingt seine Welt. Sie punktet bei ihm mit kessen engen Jeans und einer guten Figur. An und für sich sehr einfach, oder?

Einer Widder-Frau erzählt man am besten von absolvierten erfolgreichen Geschäftsreisen oder von solchen, die man gerade plant. Die Widder-Frau steht auf interessante Typen, die in größeren geschäftlichen und privaten Dimensionen unterwegs sind. Mit Kleinkrämern weiß sie auf Dauer nichts anzufangen. Wenn er sie im flotten Sportwagen abholt und sie zu einem wunderbaren Abendessen einlädt, punktet er und kann sich seiner Sache fürs Erste schon einmal ziemlich sicher sein.

Widder mögen sportliche Partner. Legen Sie also ihr Date nicht zu divenhaft an. Mit dem Widder kann man im Eilzugstempo Pferde stehlen, also signalisieren Sie ihm, dass sie dazu bereit sind. Um einen Widder auf Dauer zu gewinnen, muss man auf alle Fälle Tempo machen und darf kein Langweiler sein.

Prominente Widder

Herbert Grönemeyer, Heiner Lauterbach, Omar Sharif, Victoria Beckham, Mariah Carey, Alec Baldwin, Celine Dion, Sarah Jessica Parker, Jackie Chan, Adrien Brody, Eddie Murphy, Bernd Eichinger, Dennis Quaid, Timothy Dalton, Giacomo Casanova, Stephan Eberharter, Michaela Dorfmeister, Milan Kundera

Der Stier

Der Stier gehört zu den sehr familiären Sternzeichen. Er ist traditionsbewusst, erdig, verlässlich und für seine Umwelt angenehm beständig. Auf Stiere kann man bauen, denn sie sind konstant und insofern berechenbar und äußerst zuverlässig. Von einem Stier wird man in der Regel nie enttäuscht. Er baut sich gerne eine sichere Existenz auf, baut Häuser, gründet eine Familie, er denkt an morgen und ist seinen Entschlüssen auch längerfristig verbunden, denn hat er einmal einen Entschluss gefasst, bleibt er dabei und ändert nicht von einem Tag auf den anderen seine Meinung. Voraussetzung dafür ist, dass die Rahmenbedingungen passen und er nicht von außen zu einer Kursänderung gezwungen wird. Der Stier ist also alles andere als ein Luftikus. Er steht mit beiden Beinen so richtig fest und unerschütterlich auf der Erde. Ihm sind Geld und Sicherheit wichtig und er steht zu seiner Familie, wie es so schön heißt „in guten wie in schlechten Zeiten". Da kann kommen was will, seine Familie oder enge Freunde lässt er so schnell nicht im Stich. Stiere sind allerdings auch Phlegmatiker, denen nichts so unangenehm ist, wie Veränderung. Sie sind ausgesprochene Gewohnheitstiere, die so lange wie möglich an ihrer vertrauten Umgebung und ihren Lebensgewohnheiten festhalten. Und das sind leider nicht gerade gute Voraussetzungen für das schnelllebige Wassermann-Zeitalter, das die ständige Veränderung ganz groß auf seine Fahnen schreibt. Der Kampf um die heiligen Reviere des Stieres wird zweifellos härter.

Stier-Frauen sind hervorragende Ehefrauen und Mütter, und sie können in der Familie ihre persönliche Erfüllung finden. Wenn Sie einen Partner suchen, der Ihnen lange erhalten bleibt und auf den Sie sich verlassen können, dann ist der Stier gerade richtig. Stiere sind auch in Krisenzeiten äußerst beständig und springen nicht sofort ab, wenn es einmal schwieriger wird. Sie halten eisern durch, bleiben unbeirrt an Ort und Stelle und können partnerschaftliche Krisen sehr gut durchstehen, weil sie dem Boden unter ihren Hufen verhaftet sind. Ein Stier weiß, wie er partnerschaftliche Probleme anzupacken hat und lässt sich dadurch nicht so einfach außer Tritt bringen. Außerdem lebt der Stier durchaus auch in einer materiellen Welt. Er denkt schon über sein Tun sehr genau nach und wirft für einen Flirt oder ein erotisches Abenteuer sicher nicht gleich alles über Bord, um womöglich anderntags wieder neu beginnen zu müssen, weil er von seinem Partner vor die Türe gesetzt wurde. Der Stier denkt schon etwas weiter als nur bis zur nächsten Bettkante.

Ein klein wenig erotische Neugierde ist ihm allerdings nicht abzusprechen. Da die Venus seine Herrscherin ist, ist er auch ein ausgesprochener Genussmensch. Er versucht natürlich, alle schönen Dinge dieser Welt zu genießen, auszukosten und dazu gehört auch ein bisschen Erotik und das gewisse Prickeln. Das heißt, es könnte durchaus einmal passieren, dass er sich auf ein heimliches Abenteuer einlässt, aber wenn er von seinem Partner zu Hause überzeugt ist, bleibt er sehr gerne bei ihm und büchst wegen einer kleinen Romanze nicht gleich aus.

In Bezug auf Partnerschaft und Erotik, bringt das Wassermann-Zeitalter natürlich denkbar schlechte Voraussetzungen für Stier-Menschen. Denn auf der einen Seite ist er mit der permanenten erotischen Verführung konfrontiert, die zudem eine Reaktionsgeschwindigkeit von ihm fordert, die ganz und gar nicht seinem natürlichen Tempo entspricht. Auf der anderen Seite tut er sich außerordentlich schwer damit, sein Sicherheitsbedürfnis außer Acht zu lassen. Zu sturer Beharrlichkeit neigt er sowieso und somit wird er kaum bereit sein, den Boden unter seinen Füßen zu verlassen. Er wird aber zur Kenntnis nehmen müssen, dass man ihm den immer wieder wegzieht. Wer sich den Turbulenzen des Wassermann-Zeitalters nicht anpassen kann – und der Stier lässt sich da kaum mitreißen – könnte das Nachsehen haben. Gilt es einen neuen Partner zu finden, bleibt der Stier oft auf der Strecke, denn mit seiner Unbeweglichkeit ist es alles andere als leicht für ihn, sich von lieb gewonnenen, alten Gewohnheiten loszusagen. Dafür wird seine Umwelt nur selten Verständnis haben. Heute sind flexible, schnelllebige, weitgehend entwurzelte Menschen gefragt - allerdings nicht ausschließlich und das ist die Chance des Stiers, denn gerade in derart unbeständigen Zeiten könnte ein beständiger Partner zur gesuchten Rarität werden. Gleichsam als menschliche Juwele, auf die man sich verlassen kann und für die morgen noch immer das gilt, was sie gestern versprochen haben. Von welchen Sternzeichen der Stier besonders geschätzt wird, dazu kommen wir etwas später.

Sicher werden im Wassermann-Zeitalter mehr Stier-Menschen geschieden als früher, aber das wird wahrscheinlich weniger von ihnen ausgehen - meist werden sie von ihren Partnern zu diesem Schritt im wahrsten Sinne des Wortes genötigt. In der Regel stehen sie allerdings, wenn man sie lässt, Beziehungskrisen durch und rennen nicht fort. Der Stier kann Krisen so richtig aussitzen. Wenn es einmal nicht so läuft, dann geht der Stier in sein Stammlokal, trinkt gemütlich ein Glas, hört Musik und lässt in aller Ruhe das stürmische Wassermann-Zeitalter an sich vorüberziehen. Das wäre ganz typisch für den Stier - rundherum brodelt es und er hält inne und genießt!

Der Stier findet für kurze Zeit auch mit sich allein durchaus sein Auskommen. Er ruht ja förmlich in sich. Geht es um das Kennen lernen von neuen Menschen oder um die Suche nach einem neuen Partner, dann zieht der Stier das wirkliche Leben dem Internet bei weitem vor. Mit dem modernen Cyberspace fängt er nicht viel an, denn er will neue Kontakte von der ersten Sekunde an vor sich haben und sie nicht erst mühsam über eine Tastatur kennen lernen. Er hat einfach keinen Sinn für die künstlich, gekünstelte Welt eines „www.lovepub", er braucht das reale Pub. Ist der Stier einmal auf der Pirsch nach einem neuen Partner, spielt die Erotik keine unwesentliche Rolle. Im Gegensatz zum Widder, der auch für einen One Night Stand und für gesellschaftliche Oberflächlichkeiten zu haben ist, erwartet der Stier aber schon sehr bald Gefühlstiefe und absolute Verbindlichkeiten von seiner Eroberung. Der Stier lehnt im Zwischenmenschlichen sozusagen Fast Food ab und möchte ein ordentliches, qualitativ hochwertiges Dinner. Er will eine verbindliche Beziehung mit jemandem, der mit ihm nicht irgendwelche Spielchen spielt, sondern von Anfang an offen und ehrlich ist, denn der Stier will wissen woran er ist.

Mit diesen Partnern klappt es auch im Wassermann-Zeitalter nicht

Normalerweise passen der typische Wassermann und der typische Stier gar nicht zusammen. Der Wassermann ist dem Stier viel zu unruhig und geht zu wenig auf ihn ein. Der Stier möchte von der Arbeit nach Hause kommen und die Familie vorfinden und sich mit ihr einen schönen Abend machen. Das bietet ein klassischer Wassermann kaum, denn er ist ja viel lieber unterwegs und will sich amüsieren. Ähnliches gilt für den typischen Schützen, der noch dazu ein notorischer Grenzüberschreiter ist (natürlich nicht absichtlich), während der Stier ganz besonders auf seine Grenzen achtet. Mit dem Löwen kann es ebenso dramatisch werden, denn der Löwe ist ein Lebemensch, der wirtschaftliche Großzügigkeit braucht und die bekommt er beim typischen Stier überhaupt nicht. Der Stier ist eher sparsam und es passt ihm natürlich nicht, wenn der Löwe das Geld mit beiden Händen zum Fenster hinaus wirft. Das würde den Stier auf Dauer verrückt machen.

Der optimale Stier-Partner im Wassermann-Zeitalter

Der Steinbock passt hervorragend zum Stier. Dem Steinbock imponieren die Ideale des Stiers, denn die beiden bauen sich wirtschaftlich etwas auf und sind sehr beständige Sternzeichen, fern jedem Übermut. Sie können sich zu Recht sehr gut auf einander verlassen. Auch der Krebs vermag es, dem Stier die Sicherheit, Zuverlässigkeit und Geborgenheit zu schenken, die er für ein glückliches, harmonisches Leben benötigt. Diese Qualitäten weiß der Stier natürlich auch an der pflichtbewussten und fleißigen Jungfrau zu schätzen. Auch Waage und Fische liegen dem Stier. Der Stier kann den Fischen die von ihnen benötigte Sicherheit geben, denn Fische-Menschen sind immer wieder sehr rasch verunsichert. Da ist ein ruhiger, starker Partner wie der Stier mehr als nur angenehm, es ist eine Verbindung die entspannt genießen lässt. Mit der Waage wiederum verbindet den Stier die Freude am Genuss schlechthin und am Musischen – beide stehen ja unter der Regentschaft der Venus.

So verführt man den Stier

Der Stier-Mann schätzt die Venus-Frau außerordentlich. Sie darf Formen haben, kann ruhig erotisch und sehr vollbusig sein, ein richtiges Rasseweib eben. Es bedarf keiner großen Künste um einen Stier-Mann erfolgreich zu verführen. Gutes Essen, ein exquisites Glas Wein, romantische Musik und etwas Kerzenschein lullen ihn so richtig ein. Als Dessert gibt es ein raffiniertes Unterwäsche-Outfit seiner Verehrerin, das macht ihn so richtig heiß und lässt ihn in purer Sinnlichkeit dahinschmelzen.

Stier-Frauen lieben gute Düfte über alles. Ein klassischer Duft in einem wundervollen Flakon, als Aufmerksamkeit zum Date mitgebracht, kann enorm punkten. Und natürlich sollte der Bewerber selbst auch sehr gut riechen. Ein Wochenend-Trip in ein elegantes Wellness-Hotel, inklusive Herz-, Geist- und Körperservice (Massage ist für den Stier ganz wichtig!) ist ein zuverlässiger Tipp, um Stier-Frauen auf Dauer zu gewinnen. Als Verehrer müssen Sie aufmerksam sein und die Erotik muss ebenso passen, dann läuft das Date wie geschmiert und es kann nichts mehr daneben gehen. Stier-Frauen wollen so richtig klassisch erobert werden.

Prominente Stiere

Andre Agassi, Verona Pooth, Bing Crosby, Jack Nicholson, Uma Thurman, George Clooney, Michelle Pfeiffer, Cosma Shiva Hagen, Al Pacino, Barbra Streisand, Jessica Alba, Enrique Iglesias, Senta Berger, Reinhard Mey, Pierce Brosnan, Laetitia Casta, Penelope Cruz, Sigmund Freud, Kaiserin Maria Theresia, Karol Wojtyla (Papst Johannes Paul II)

Die Zwillinge ♊

Zwillinge sind Luftzeichen und Merkur betonte Zeichen. Für die Zwillinge ist das Wassermann-Zeitalter willkommener als alles andere auf dieser Welt. Es ist sozusagen ihre Party! Endlich können sie das tun, was sie schon immer tun wollten. Koffer packen, hinaus in die weite Welt düsen, um eine Reise nach der anderen zu absolvieren. Das lieben die Zwillinge, denn es gibt kaum ein anderes Sternzeichen, das reisefreudiger wäre. Haben die Zwillinge vorübergehend keine Möglichkeit zu reisen, sind sie trotzdem kaum zu Hause anzutreffen und immer auf Achse. Stubenhocker sind Zwillinge keinesfalls. Sie wollen unbedingt hinaus, um täglich viele Menschen kennen zu lernen.

Zwillinge flirten wahnsinnig gerne und sind extrem neugierig. Am liebsten würden sie auf drei Festen zur gleichen Zeit tanzen und manchmal schaffen sie zumindest zwei. Die schnelle Kommunikation und große Kontaktfreude im Wassermann-Zeitalter kommt den Zwillingen natürlich sehr entgegen. Als wäre die Zeit für sie gemacht! Es gibt keine Schranken, keine Grenzen, einmal sind die Zwillinge hier, dann wieder dort. Sie sind wie Blätter im Wirbelwind und können dadurch am Ende ihrer Tage oft feststellen, wirklich alles, absolut alles erlebt zu haben. Die anderen werden noch zaudern, während die Zwillinge in der Zwischenzeit alles erlebt und längst abgehakt haben.

Zwillinge scheinen für das Wassermann-Zeitalter also wie geschaffen. Sie sind, neben den Wassermännern selbst, die wahren Kinder dieses Zeitalters. Sie können sich unglaublich gut in verschiedenste Kulturkreise einfühlen und haben generell keinerlei Kommunikationsschwierigkeiten. Wenn es sein muss, sprechen sie einfach mit Händen und Füßen und wiederholen sich dabei so lange, bis sie von ihrem Gesprächspartner endlich verstanden werden.

Zwillinge lieben es, jemanden zur Seite zu haben, denn sie brauchen nicht nur geistige Anregung sondern auch partnerschaftliche Strukturen. Sie sind allerdings, wie schon erwähnt, wahnsinnig neugierig und flirten liebend gerne. Sobald Routine in den Alltag einkehrt und der Partner etwas langweilig wird, an intellektuellen Reizen nichts mehr zu bieten hat, werden die Zwillinge der Beziehung überdrüssig und sich genau so rasch wieder abseilen wie sie auf der Bildfläche aufgetaucht sind. Zwillinge sind generell das scheidungsfreudigste Sternzeichen von allen. Klappt es in einer Beziehung nicht mehr, meinen Zwillinge förmlich zu ersticken, sie bekommen keine Luft mehr und müssen gehen, sonst kommen sie um. Nicht zufällig werden den Zwillingen auch die oberen Atemwege anatomisch zugeordnet - bei ihnen manifestiert sich die Psychosomatik vor allem über Hals und Lunge.

Junge Zwillinge meinen überhaupt sehr oft, ein wildes Zusammenleben ohne Ehering würde vollkommen ausreichen. Sie benötigen die Sicherheiten einer Heirat ganz und gar nicht und wollen mehr Unabhängigkeit als jedes andere Sternzeichen. So kommen Patchworkfamilien Zwillingen sehr entgegen und sind ihnen alles andere als ein gesellschaftliches Problem. Generell schaffen sie es auch, mit mehreren Partnern gleichzeitig zu leben und haben nicht selten neben dem Ehepartner auch eine Freundin oder einen Freund. Das passiert übrigens nicht selten mit der Zustimmung der Partner, denn sie wissen, dass sie ihren Zwillinge-Gefährten sonst kaum halten könnten. Ob es vernünftig ist, sich darauf einzulassen, ist natürlich eine andere Sache.

Zwillinge wollen in der Partnerschaft rege Kommunikation. Sie schreiben zum Beispiel sehr gerne und auch das Internet ist für sie wie geschaffen. Es ermöglicht ihnen Kontakte am laufenden Band und das auch noch weltweit und ganz unkompliziert.

Wie beim Stier gibt es auch bei den Zwillingen keinen wesentlichen Unterschied zwischen männlichen und weiblichen Sternzeichen. Mann wie Frau sind sehr aufgeweckte, lustige Menschen und allem gegenüber neugierig und aufgeschlossen. Mit einem Zwillinge-Geborenen wird es in der Partnerschaft nie langweilig.

Mit diesen Partnern klappt es auch im Wassermann-Zeitalter nicht

Die verkniffene Jungfrau passt überhaupt nicht zu den Zwillingen, sie würde an deren Seite auch total verrückt werden, denn Zwillinge-Menschen sind ihr einfach zu sehr Wirbelwind und würden sie permanent mit ihren Aktivitäten überfordern. Auch bei Steinbock und Zwillingen ist die Scheidungsrate sehr hoch. Auch die Fische bremsen die Zwillinge zu sehr. Die Zwillinge selbst würden es sowieso keine Woche bei Fischen aushalten und sehr bald zur großen beiderseitigen Erleichterung flüchten.

Der optimale Zwillinge-Partner im Wassermann-Zeitalter

Obwohl der Schütze eigentlich in Opposition zu den Zwillingen steht, sehe ich in der Praxis immer wieder, dass die beiden bestens miteinander auskommen. Der Schütze lehnt wie die Zwillinge alle Zwänge ab und ist mindestens genauso reiselustig. Die beiden fordern einander in ihrer Aktivität und spornen einander so richtig an. Auch Widder und Löwe passen sehr gut zu den Zwillingen und natürlich die beiden anderen, dem Element Luft zugeordneten Zeichen Wassermann und Waage. Optimal sind alle lebensfreudigen und unkonventionellen Menschen, denn mit ihnen kann nicht viel schief gehen. Zwillinge benötigen einen Partner, mit dem sie so richtig Gas geben können, der aufgeschlossen und weltoffen ist.

So verführt man den Zwilling

Zwillinge reisen sehr gern. Wenn Sie Ihren Zwillinge-Mann also mit einer Reise überraschen, dann punkten Sie von Anfang an enorm und haben ihn so gut wie in der Tasche. Erzählen Sie überhaupt viel von ihren Reisen, das wird ihn sehr interessieren und ihn Ihnen gegenüber öffnen und so richtig neugierig machen. Machen Sie ihm unbedingt klar, dass Sie auch vor den wildesten Reiseabenteuern nicht zurückschrecken, dann sind Sie tatsächlich hochinteressant für die Zwillinge. Sie wollen auf alle Fälle eine Frau, die sich etwas traut!
Zwillinge lieben geistreiche Gespräche. Bereiten Sie sich schon mal im Geiste ein paar Bücher vor, die Sie in letzter Zeit gelesen haben, um im späteren Gespräch sattelfest zu sein. Wenn es Ihnen gelingt in ein paar wesentlichen Punkten zu brillieren, können Sie enorm punkten.
Legen Sie Ihre Eroberungsstrategie keinesfalls zu traditionell und konservativ an.

Wenn Sie glauben, einen Zwillinge-Mann mit Omas Erfahrungsschätzen beeindrucken zu können, werden Sie Schiffbruch erleiden, denn das ist überhaupt nicht seine Welt. Zwillinge wollen es unkonventionell und durchaus etwas schräg, sie haben eine Schwäche für originelle Gesprächspartner.

Wiegen Sie Ihren Zwillinge-Mann in Sicherheit, indem Sie ihm ruhig sagen, dass Sie sich sehr gut vorstellen können, einmal eine Familie zu haben, aber noch nicht jetzt, sondern erst viel später. Zwillinge dürfen sich nicht unter Druck gesetzt fühlen und wenn Sie ihnen von Beginn an diesen Druck nehmen, haben Sie fürs Erste schon mal gewonnen. Frauen, die sich mit einem Zwillinge-Mann gleich auf die Familienplanung stürzen wollen, haben ihn noch in derselben Sekunde verloren. Zwillinge möchten zunächst alle Freiheiten ausleben, die Beziehung in allen Facetten so richtig auszukosten und da würden Kinder nur stören. Sie können die ständige Neugier der Zwillinge und deren Lust auf Abwechslung auch kulinarisch nützen. Zum Beispiel mit einer Einladung in ein originelles Spezialitäten-Lokal, oder tischen Sie eine exotische Reistafel auf! Der Zwillinge-Mann wird Ihnen nach so einem Mahl zu Füßen liegen und nicht mehr von Ihnen lassen wollen. Die Zwillinge-Frau sehnt sich nach einem absolut lustigen Typ. Sie braucht jemanden, bei dem sie das Gefühl hat, da ist etwas los, der ist flott und versteht Spaß. Sie müssen ihr unbedingt ein gut durchdachtes Programm bieten, wenn Sie bei ihr punkten wollen. Planen Sie mit ihr zum Beispiel eine Reise, das kommt natürlich besonders gut an. Sind Sie mit einer Zwillinge-Frau verabredet, ziehen Sie am besten ein flottes und schickes Outfit an und brillieren Sie mit Ihrem Wissen. Je abwechslungsreicher und geistreicher Sie zu unterhalten verstehen, desto besser. Und seien Sie selbst ein sehr aufmerksamer und interessierter Zuhörer! Auch mit kaufmännischem Talent machen Sie Eindruck, hüten Sie sich aber unbedingt davor, von einer sparsamen und bescheidenen Partnerin zu schwärmen, sonst ist die Zwillinge-Frau dahin. Sie möchte Großzügigkeit und Unternehmungslust und keinen Knauser, der schon bei den ersten Treffen enge Grenzen setzt.

Prominente Zwillinge

Johnny Depp, James Belushi, Kathleen Turner, Veronica Ferres, Natalie Portman, Frank Oz, Nicole Kidman, Rupert Everett, Morgan Freeman, Angelina Jolie, Clint Eastwood, Naomi Campbell, Paul McCartney, Brooke Shields, Kylie Minogue, Alanis Morissette, Christopher Lee, Marilyn Monroe, Thomas Mann

Der Krebs ♋

Das Wassermann-Zeitalter könnte für einen typischen Krebs zu einem Drama werden! Denn der Krebs wird vom Mond regiert. Der Mond repräsentiert die Seele und das Feinfühlige, die Emotion, die Stimmungsschwankungen, das Gefühl. Der Krebs-Mensch sucht, ganz wie das Tier in der Natur, Schutz vor der immer wieder als feindlich empfundenen Umwelt. Etwa in seinem Heim oder indem er sich anderen gegenüber sehr introvertiert gibt. Oft versucht er einfach, sich noch mehr in seinen Panzer zurückzuziehen und sieht nur gelegentlich sehr skeptisch nach draußen. Krebs-Menschen finden den optimalen Schutz im Schoß der Familie und in ihrem eigenen Nest. Eine Wohnung bringt dem Krebs die Geborgenheit, die die liebevoll eingerichteten eigenen vier Wände atmen. Diese Geborgenheit sucht er instinktiv, weil er sie dringend für sein Wohlbefinden und die ersehnte emotionale Sicherheit benötigt. Der Krebs braucht ein klar definiertes Rückzugsgebiet, in dem er im Bedarfsfall sofort Schutz findet. Wenn er keine Familie hat, dann müssen sein engster Freundeskreis und eben die eigenen vier Wände herhalten. Hier kann er seine Seele baumeln lassen und muss nicht vor unberechenbaren Alltagsgefahren auf der Hut sein. Hier fährt er auch seine eigene Geschwindigkeit und lässt das Wassermann-Zeitalter und seinen Zeitraffer links vor. In seinem Nest, seiner Wohnung also, holt sich der Krebs jenen Frieden, den seine zart besaitete Seele unbedingt benötigt. Hier fühlt er sich, ergänzt mit dem richtigen Partner, rundum wohl, es ist sozusagen sein Himmel auf Erden.

Es gibt große Unterschiede zwischen Krebs-Frauen und Krebs-Männern. Es vereint sie nur eines: Beide können nur sehr schwer allein leben. Zum perfekten Glück benötigen sie dringend einen Partner. Bei Krebs-Männern kann die Gefahr bestehen, dass sie sich zu sehr in eine freiwillige Isolation begeben, sich zu sehr in ihr Nest verkriechen und von ihrer Umwelt abschotten. Das heißt, sie möchten zwar eine Person um sich haben, werden sie aber nicht kennen lernen, weil sie ewig und ein bisschen darüber hinaus zuhause hocken. Einen Krebs-Mann muss man aus seinem Revier locken um an ihn heranzukommen.
Bei Krebs-Frauen ist die aktive Suche nach einem geeigneten Partner hingegen ganz stark ausgeprägt. Selbst bei eben erst erlebten Enttäuschungen neigen Krebs-Frauen trotz ihres Seelenleides dazu, sich sehr bald nach einem neuen Partner umzusehen. Sie wollen unbedingt jemanden an ihrer Seite und lassen daher sehr bald die negativen Erlebnisse aus einer vorangegangenen zerbrochenen Partnerschaft hinter sich, um sich nach einem neuen, für sie tauglichen Partner, umzusehen. Krebs-Männer hingegen haben große Angst vor der nächsten Enttäuschung und ziehen daher sehr oft die bereits erwähnte freiwillige Isolation einem neuen partnerschaftlichen Versuchsballon vor. Wie in der Tierwelt wagen sie sich nur sehr zaghaft aus Ihrem sicheren Versteck. Wenn dann jemand kommt, der an ihnen Interesse findet und nach ihnen tastet, ergreifen sie sofort panisch die Flucht. Ganz wie in der Natur machen sie einen Schritt nach vor und mindestens drei Schritte zurück. Das kann man vor allem bei einem Krebs-Mann hervorragend beobachten. Hat er erst einmal schlechte Erfahrungen gemacht, lassen ihn diese nicht mehr los und vor lauter Angst, dass er neue Enttäuschungen erleben könnte, lässt er es lieber von Anfang an. Etwas mehr Mut und Draufgängertum könnte dem männlichen Krebs speziell im Wassermann-Zeitalter ganz und gar nicht schaden, sonst bleibt er allein und das will er schon gar nicht.

Der Krebs ist ein ausgesprochener Beziehungsmensch von einer Gefühlstiefe, die andere kaum jemals erreichen können. Dadurch kann er aber auch umgekehrt in nahezu unendliche Abgründe stürzen. Er neigt auch dazu, sich allzu sehr an Traditionen und Gewohnheiten zu klammern und kann sich von diesen nur sehr schwer losreißen. Dem Krebs stehen sehr oft seine eigenen Gefühle im Weg und das ist im heutigen Wassermann-Zeitalter mitunter ein fürchterliches Problem. In einer Zeit, in der Partner - wenn es einmal nicht mehr so richtig klappt – einfach ausgetauscht werden, findet sich der Krebs nicht ohne weiteres zurecht. Nicht selten benötigt er am Ende der Beziehung einen Psychotherapeuten um sich von ihm wieder auf Schiene bringen zu lassen.

Viele Krebs-Männer nehmen sich gerne ältere Frauen, denn sie erwarten sich von einer Frau Geborgenheit und Sicherheit. Im Grunde genommen suchen sie die Mutter. Bei Krebs-Frauen ist es gerade umgekehrt, sie bevorzugen eindeutig jüngere Männer und leben bei ihnen ihre Mütterlichkeit aus. Sie lieben es außerdem, ihren Partner nach allen Regeln der Kunst zu umsorgen. Will man so richtig verwöhnt werden, dann ist man bei einer Krebs-Frau gut aufgehoben.

Der Krebs hatte es in den letzten Jahrhunderten wesentlich leichter als heute. Damals gab es noch Großfamilien, Traditionen auf die er bauen konnte und die ihm Rückhalt gaben. Sein Heim war der zuverlässige Mittelpunkt seines Lebens. Hier konnte der Krebs richtig Wurzeln schlagen, er fühlte sich so rundum wohl und er genoss das Gefühl, dass ihm nichts passieren konnte.

Der Mond als das ihn beherrschende Gestirn macht den Krebs gewissermaßen zur Mutter des Tierkreises. Daher will er auch unbedingt eine Familie, er benötigt sie für sein Wohlbefinden und sein inneres Gleichgewicht. Je traditioneller die Familienstruktur, desto besser. Vater, Mutter, Kinder und womöglich die eigenen Eltern nebenan in der unmittelbaren Nachbarschaft, es kann ihm familiär gesehen nicht eng genug sein. Wo anderen die Luft zum Atmen fehlen würde, blüht der Krebs erst so richtig auf. Je mehr Familie, desto wohler fühlt er sich. Krebse sind todunglücklich, wenn Beziehungen kaputt gehen und sie von einem Tag auf den anderen ohne Partner alleine zu Hause sitzen. Am liebsten würden sie sich in ihre Schale zurückziehen, diese ganz fest zupfropfen und erst wieder zum Vorschein kommen, wenn alles verdaut ist – und das kann lange dauern.

Sehr interessant ist auch, dass Menschen, in deren Horoskop die Venus im Krebs steht, sehr erotisch, gefühlsmäßig sehr engagiert und sexuell stark betont sind.

Durch ihren starken Sexualtrieb fallen viele Krebse in die Kategorie Fremdgänger. Obwohl sie die Familie nie aufs Spiel setzen oder gar verlassen wollen, können sie sehr untreu werden. Wenn sie einen Partner bekommen, der ihnen nicht jene sexuelle Sättigung gibt, die sie benötigen um sich rundum wohl zu fühlen, dann kann man ziemlich sicher sein, dass sie sich diese fehlende Komponente auswärts suchen. Aber nur diese, mehr nicht, denn sie wollen ja schließlich ihre Familie behalten. Das führt natürlich zu einer unglaublichen Zerrissenheit ihrer Gefühle und zu enormen psychischen Belastungen. Einerseits holen sie sich von außen, was sie in ihrer Beziehung nicht bekommen und andererseits möchten sie die Familie keinesfalls aufs Spiel setzen. Für ein Sternzeichen, das alten Traditionen verbunden ist, nicht übel, aber entsetzlich anstrengend. Sie können ein perfekt inszeniertes Doppelleben zwischen Familie und Geliebter oder Geliebtem führen. Und sollte der Krebs jemals behaupten, sich von seiner Familie in Bälde trennen zu wollen, so ist dem keinesfalls Glauben zu schenken, denn in Wahrheit steht ihm seine Familie, wie wir wissen, näher als alles andere. Stellt er solche Behauptungen auf, geht es ihm einzig und allein darum, sein amouröses Abenteuer bei Laune zu halten.

Der Krebs und das Wassermann-Zeitalter stehen zu einander wie Tag und Nacht. Das passt nicht wirklich zusammen und der Krebs hat somit ein Zeitalter vor sich, das ihn so richtig fordert. Es ist nicht wirklich seine Welt, er ist mit dieser schnelllebigen, unzuverlässigen und unberechenbaren Zeitqualität des Wassermann-Zeitalters einfach von Grund auf immer etwas überfordert. Einzig und allein in Beziehungsfragen arbeitet das Wassermann-Zeitalter dem Krebs ordentlich in die Hände, denn es erleichtert ihm die Seitensprünge, die er gelegentlich braucht, um seinen starken Trieben Herr zu werden. Tut er das nicht, wird ihn seine eigene Unruhe über kurz oder lang innerlich zerreißen, vor allem wenn er in seiner Beziehung nicht bekommt, was er so dringend braucht. Also lieber in kleinen Dosen den erotischen Verlockungen des Wassermann-Zeitalters nachgeben, als daran emotional zu scheitern! Sexuelle Selbstbeherrschung wäre zwar auch ein geeignetes Mittel und eine gangbare Möglichkeit, aber auf längere Sicht gesehen für den typischen Krebs ein Ding der Unmöglichkeit.

Ich bekomme immer wieder in meinen Beratungen die Bestätigung: Sobald der Krebs seine Romanze ausgelebt hat, geht es ihm wesentlich besser und er hat wieder die nötige Kraft und innere Ruhe, um sich auf seine Familie zu konzentrieren. So etwas hält allerdings nicht jeder Partner aus. Wer will schon in mehr oder weniger regelmäßigen Abständen kurzfristig aufs Abstellgleis gestellt werden, um einer offensichtlich schnittigeren Garnitur Platz zu machen.

Mit diesen Partnern klappt es auch im Wassermann-Zeitalter nicht

Ein Schütze passt wie die Faust aufs Auge, also meiner Erfahrung gemäß überhaupt nicht zum Krebs. Er braucht einen festen Platz, eine Höhle, während der Schütze hinaus in die Welt und Spaß will. Der Wassermann ist auch viel zu unruhig und rastlos, das würde im Normalfall auch nicht sehr lange gut gehen. Auch Zwillinge sind schwierig für einen Krebs, sie sind wie der Wassermann viel zu unternehmungslustig. Auch ein ordentliches Heim interessiert den Zwilling nicht besonders, denn er hat ganz andere Prioritäten als der Krebs. Einen Widder kann ich dem Krebs auch nicht empfehlen, denn der fährt über den Krebs drüber, dass die Funken nur so fliegen. Der Steinbock ist zwar in der Lage, dem Krebs die ersehnte Sicherheit zu geben, aber mehr nicht und das wird wohl auf Dauer etwas zu wenig sein. Steinböcke sind dem Krebs viel zu rational und gefühlskalt. Sie haben ihrerseits nichts für die sentimentale Ader der Krebse übrig. Außerdem würden Sie sich durch sein Klammern in Ihrer Eigenständigkeit viel zu sehr eingeengt fühlen.

Der optimale Krebs-Partner im Wassermann-Zeitalter

Die optimale Erfüllung seiner emotionalen Sehnsüchte und erotischen Bedürfnisse kann der Krebs bei den Fischen finden. Fische sind die idealen Mitreisenden durch die Traumwelten des Krebses. Auch der Skorpion kann den Krebs mit sexueller Erfüllung und einer mehr als gleichwertigen Gefühlstiefe und Innigkeit beglücken. Der Skorpion gibt ja, was dem Krebs besonders gut gefällt, in emotionaler Hinsicht das Motto aus: „Alles oder nichts!". Also Sicherheit pur. Die beiden passen wunderbar zusammen und lassen gemeinsam so richtig die Post abgehen. Auch der Stier ist ein erotisch betontes Sternzeichen. Er kann dem Krebs neben genießerischer Sinnlichkeit auch einen zusätzlichen, ihm nicht unwichtigen Aspekt bieten, nämlich Sicherheit. Seine Standfestigkeit, Ausdauer und Loyalität sind für den Krebs überaus beruhigend. Eine Beziehung zwischen den beiden kann wunderbar erfüllt und von langer Dauer sein.

So verführt man den Krebs

Präsentieren Sie sich einem Krebs-Mann so, dass er Sie sich gut als Mutter seiner Kinder vorstellen kann. Kommen Sie zum ersten Date nicht als Vamp, das hat Zeit bis später, wenn Sie ihn erst einmal an der Angel haben. Je mehr Sie ihn beim ersten Treffen seiner Mutter ähneln umso besser. Geben Sie sich ruhig etwas konservativ und traditionell in Ihren Ansichten. Den Krebs-Mann begeistern und gewinnen Sie mit Visionen wie einem Häuschen mit einigen Kindern und einem schönen Grundstück an einem See. Da können Sie punkten, denn genau das sind seine Vorstellungen von einer gemeinsamen Zukunft. Klimpern Sie ruhig ein wenig auf der Familien- und Kindertastatur. Es wird nicht lange dauern und er liegt Ihnen in den Armen und will noch viel mehr. Zeigen Sie außerdem Interesse an seiner Familie, diese ist ihm außerordentlich wichtig und gehört von Ihnen unbedingt von der ersten Stunde an akzeptiert. Wenn man sich mit einem Krebs einlässt ist man automatisch auch mit seiner Familie verheiratet. Sagen Sie ihm, dass Sie eine ausgeprägte Sammelleidenschaft haben, denn Krebse sind emsige Sammler und lieben es jeden Tand nachhause zu tragen.

Haben Sie ein Date mit einer Krebs-Frau, kramen Sie in Ihrer traditionsbewussten und konservativen Lade, denn das imponiert ihr ungemein. Auch der Krebs-Frau liegt die Familiengründung sehr am Herzen, ihr dürfen Sie sich nicht verweigern. Ihr Beruf und Ihr Einkommen sind einer typischen Krebs-Frau auch nicht gerade unwichtig. Sprechen Sie ruhig über Ihre Karriere und über Ihre diesbezüglichen Pläne. Suchen Sie sich unbedingt für Ihr erstes Date ein nettes und gemütliches Lokal aus. Halten Sie sich zurück und versuchen Sie nicht gleich am ersten Abend in ihrer Wohnung zu landen, denn wenn Sie zu sehr Gas geben, entwischt Ihnen Ihre Krebs-Dame sofort wieder. Fallen Sie also nicht mit der Tür ins Haus und geben Sie sich für den Beginn ruhig etwas gesittet. Sobald Ihre Eroberung Feuer gefangen hat, übernimmt sie sowieso die Initiative und lässt Sie nicht mehr fort.

Prominente Krebse

Klaus Maria Brandauer, Franka Potente, Otto Waalkes, Ringo Starr, Campino, Jennifer Lopez, Tom Hanks, Meryl Streep, Pamela Anderson, Liv Tyler, Harrison Ford,

Tom Cruise, Diane Kruger, Tobey Maguire, Sylvester Stallone, Hermann Hesse, Dalai Lama, George W. Bush

Der Löwe

Der Löwe ist der große Charmeur, der Don Juan und Draufgänger. Ein Löwe möchte bei jedermann immer gut ankommen. Er steht gerne im Mittelpunkt und lässt sich am liebsten Tag und Nacht anhimmeln. Wenn der Löwe ein Lokal betritt, kommt er nicht, sondern erscheint. Das ist durchaus mit der Tierwelt zu vergleichen, denn wenn in der Natur ein herrschaftlicher Löwe die Bildfläche betritt, dann erscheint er ebenso und schreitet langsam und majestätisch durch die Savanne.

Der Löwe hat keine besonderen Probleme mit dem Wassermann-Zeitalter, ganz im Gegenteil. Er versteht es ausgezeichnet, sich aus dem Fundus dieses Weltzeitalters seine eigenen Vorteile herauszusuchen. Und was er daraus nicht brauchen kann, dem wird er sich geschickt zu entziehen versuchen – auch wenn ihm das nicht immer leicht fallen wird.

Trotz aller persönlicher Eitelkeit ist der Löwe ein ausgeprägter Familienmensch. Er kann und will nicht alleine leben, denn er lebt gerne im Rudel und braucht es für sein Wohlgefühl. Auch hier hält der Vergleich mit der Tierwelt wunderbar, denn auch die Löwen in der freien Natur sind ja Rudelwesen und suchen nur sehr selten die Einsamkeit. Und wehe ein Familienmitglied verlässt gegen den Willen des Löwen die Familie - ein kräftiger Prankenhieb folgt sofort. Dafür sorgt der Löwe bestmöglich für seine Familie und steht zu seinen Lieben. Am liebsten hätte er eine Großfamilie.

Was der Löwe unbedingt braucht, beinahe wie ein tägliches Brot, sind Anerkennung und Bewunderung und die benötigt er auch innerhalb seiner Partnerschaft. Der Löwe möchte darüber hinaus zumindest ein Dankeschön hören, wenn er für die Familie sorgt und es ihr gut gehen lässt. Nichts macht ihn wütender als Familienmitglieder, die in aller Selbstverständlichkeit vor sich hinleben und sich nicht im Entferntesten darüber Gedanken machen, woher das alles kommt. Er mag es überhaupt nicht, wenn seine Ressourcen permanent in Anspruch genommen werden, ohne dass ihm dafür gedankt wird. Das gilt für die Partnerschaft, wie für die Familie. Der Löwe braucht Anerkennung und aufmerksamer, ehrlicher Dank ist ein wesentlicher, ihm sehr wichtig erscheinender Teil davon. Er liebt einen gepflegten Lebensstil auf hohem Niveau, denn er ist sehr stilbewusst. Er möchte glänzen und seiner Umwelt zeigen, dass er sich etwas leisten kann und er ist dabei alles andere als kleinlich. Geht es dem Löwen gut, geht es auch seiner Familie bzw. seinem Partner gut – zumindest materiell.

Der Löwe-Mann liebt es, seine Frau zu verwöhnen und er schätzt es, von seiner Umwelt als generös wahrgenommen zu werden. Nicht selten endet ein gemeinsamer Ausflug beim Juwelier ums Eck. An einem schönen Mädchen kann er auch nur schwer vorbeisehen. Schönheit liebt der Löwe in allen Belangen. Wobei ihm die konkrete Erotik nicht als das Wichtigste erscheint, viel mehr lebt er auch hier von der Bewunderung, die er entgegenbringt und im Gegenzug auch erntet. Der Löwe kann schon eifersüchtig sein, aber er zeigt es nach Möglichkeit nicht. Es wäre eher untypisch für ihn, wenn er richtig klassische Eifersuchtsszenen hinlegen würde. Der Löwe nimmt zur Kenntnis, gibt sein messerscharfes Statement dazu ab und geht erhobenen Hauptes von der Bühne. Auf eine unmittelbare Auseinandersetzung lässt er sich nicht ein, das ist ihm zu minder und würde ihm, aus seiner Sicht, nur den Ruf ruinieren. Viel lieber straft er Fehlverhalten durch tagelange Ignoranz, mit einem kurzen, aber klar formulierten Mail im Anschluss. Der Löwe ist kein derber Keulenschwinger, sondern ein stilsicherer Florettfechter. Da sitzt eben jeder Stich und tut im Anschluss mitunter höllisch weh.

Die Löwe-Frau möchte ebenso von ihrer Umwelt, von ihren Freunden und Kollegen bewundert werden. Sie betritt zum Beispiel ein Lokal und lässt insgeheim ihren Blick schweifen, um zu prüfen, ob sie auch genügend Bewunderung und Anerkennung erntet. Ist sie allein unterwegs, wird sie sich ganz genau merken, wer ihr interessierte Blicke zuwirft, um etwas später mit diesem Menschen auch ins Gespräch zu kommen. Sie lässt sich gerne auf ein Abenteuer ein und passt damit wunderbar in das aufgeschlossene, tabulose Wassermann-Zeitalter. Wenn es ihr zu langsam geht, nimmt sie durchaus auch den Erstkontakt auf und zeigt ihrem Flirt zielstrebig, was sie sich vom heutigen Abend erwartet. Die klassische Löwe-Frau sitzt nie länger als ein paar Minuten allein in einem Lokal, sie zieht geschickt die Fäden und wird innerhalb kürzester Zeit mindestens ein Opfer umgarnen.

Bewunderung allein genügt allerdings bei beiden nicht. Löwe-Frau und Löwe-Mann loten ihre Grenzen am jeweiligen Abend schon gerne mal aus, denn sie flirten für ihr Leben gerne und haben natürlich auch nichts gegen gepflegten, guten Sex einzuwenden. Beide präsentieren sich in den schillerndsten Farben und können das nicht nur draußen, sondern ebenso gut über das Internet ausleben.

Der Löwe kann sich mit dem schnelllebigen Tempo und den verrückten Loopings des Wassermann-Zeitalters wunderbar anfreunden und findet durchaus großen Gefallen daran. Er ist unverkennbar ein Feuerzeichen. Einmal gibt es einen Vulkanausbruch, dass es nur so donnert und bebt, dann brennt er ab und mit einem Mal herrscht wieder Friede. Dieser kann aber trügerisch sein. Schon nach einer kurzen Ruhepause kann es zum nächsten Ausbruch kommen, der alle in Furcht und Schrecken versetzt. Für den Löwen sind das typische Abläufe, die ausgezeichnet ins Wassermann-Zeitalter passen. Der Löwe hat genügend Kraft, Energie, Ausdauer und Phantasie, um sich im Wassermann-Zeitalter so richtig zu spielen. Und mit dem richtigen Partner zur Seite macht ihm das alles natürlich gleich noch viel mehr Spaß.

Mit diesen Partnern klappt es nicht im Wassermann-Zeitalter

Ein Skorpion kann den Löwen zwar erotisch faszinieren, aber das kontrollierende Wesen des Skorpions kann er nicht besonders gut leiden. Der Löwe will sich selbst beherrschen, aber nicht von anderen kontrolliert werden. Das macht ihn nervös und mit der Zeit ziemlich böse. Auch mit Fischen gibt es Probleme. Sie sind zu unsicher für den Löwen und werden ihm auch nicht sein außerordentliches Bedürfnis nach Bewunderung erfüllen können. Die zurückhaltende, bescheidene Jungfrau kommt mit dem protzigen und eruptiven Wesen des Löwen auch nicht zurecht. Die Jungfrau will lieber jemanden, der am Teppich bleibt und keinen Angeber, mit dem sie vielleicht immer mithalten muss. Ähnlich wird das auch ein bodenständiger Stier empfinden, der angesichts der Spendierhosen des Löwen immer wieder um seine materielle Sicherheit bangt. Die unkonventionellen Wassermänner wiederum finden das selbstgefällige, prunksüchtige Auftreten des Löwen eher lächerlich und drehen ihm eher eine lange Nase, statt ihm Bewunderung zu zollen. Der Wassermann stellt ja alle Autoritäten in Frage und gerade der Löwe legt größten Wert darauf als Autorität zu gelten. Kein Zufall, dass bei der schon sehr wassermännischen Französischen Revolution die Köpfe der Majestäten gerollt sind.

Der optimale Löwe-Partner im Wassermann-Zeitalter

Besonders gut zum Löwen passt der Widder. Er schätzt wie der Löwe das Gesellschaftsleben, aber auch dessen Mut und Entschlossenheit, der er sich gerne anschließt. Er hat ein ebenso feuriges und kämpferisches Temperament. Auch der Schütze gehört zum Element Feuer und harmoniert daher ebenfalls sehr gut mit dem Löwen. Die Waage liebt den Löwen, denn sie liebt auch alles Schöne und möchte nicht minder bewundert werden. Dadurch passen die beiden ganz gut zusammen - sie himmeln sich gegenseitig an und lassen einander hochleben und sich von anderen verehren. Mit den Zwillingen kann es auch klappen. Zwillinge lieben auch das Schickimickileben im Zeitraffer. Zwillinge sind die passende Ergänzung zum Löwen und können mit ihm durchaus gut mithalten.

So verführt man den Löwen

Haben Sie demnächst ein Date mit einem Löwe-Mann, dann gilt es, alle Register einer Miss World zu ziehen. Donnern Sie sich so richtig auf! Der Löwe gibt gerne an und sucht repräsentative, schöne Frauen, die auch anderen Männern sofort auffallen. Ziehen Sie auf alle Fälle ein schickes Markenoutfit an. Greifen Sie vor dem Date noch etwas tiefer in die Tasche und kaufen Sie sich ein paar unwiderstehliche, nobel wirkende Accessoires. Damit punkten Sie bei Ihrem Löwen ungemein, darauf fährt er so richtig ab. Geben Sie sich an diesem Abend als perfekte Mischung aus Vamp mit Stil und selbstbewusster Klassefrau. Mit erstklassigen Manieren und sicherem Auftreten wickeln Sie den Löwen spielend um Ihren Finger. Sie können dann ziemlich sicher sein, dass er noch am selben Abend anbeißt. Einem derart durchgestylten Auftritt kann er nicht widerstehen, da wird er auf der Stelle schwach und Sie haben gewonnen.

Die Löwe-Frau kostet einiges Geld und muss bereits mit dem richtigen Auto zum Date abgeholt werden. Garantiert sieht sie auch mit großem Interesse auf die Uhr, die Sie tragen. Da ist es beinahe besser, keine zu tragen, als schnöde Massenware ohne Wert. Sie punkten bei ihr mit einem tollen Lokal und einem exquisiten mehrgängigen Menü bei Kerzenschein und dezenter, klassischer Musik im Hintergrund. Und bringen Sie unbedingt einen exquisiten, üppigen Blumenstrauß mit, denn damit beeindrucken Sie Ihre Angebetete auf der Stelle. Von einer Übernachtung im Wohnwagen ist übrigens dringend abzuraten, denn abenteuerlichem Campingurlaub kann sie überhaupt nichts abgewinnen. Die Löwe-Frau bevorzugt große Hotelzimmer und entsprechenden Komfort. Am besten liegen Sie mit ihr in einer netten Suite, die auch optisch nichts zu wünschen übrig lässt. Wenn Sie ihre Löwe-Frau zu Beginn bereits mit einem Trip nach Venedig überraschen und dort in einem wunderbaren Hotel absteigen, dann kann nicht mehr viel daneben gehen, damit imponieren Sie ihr garantiert. Eine Löwe-Frau braucht Eleganz, Großzügigkeit und Bewunderung. Wenn Sie ihr all das vermitteln, haben Sie schon gewonnen.

Prominente Löwen

Madonna, Heike Makatsch, Hannelore Elsner, Harald Schmidt, Sophia Loren, Audrey Tautou, Steve Martin, Robert Stadlober, Halle Berry, Wesley Snipes, Ben Affleck, Sandra Bullock, Wim Wenders, Pierre Richard, Arnold Schwarzenegger, Moritz Bleibtreu, Iris Berben, Dustin Hoffman, Patrick Swayze, Robert Redford, Christian Slater, Geri Halliwell, Hilary Swank, Charlize Theron, Kevin Spacey, Sean Penn, Antonio Banderas, Kaiser Franz Joseph I, Mick Jagger, Renate Götschl

Die Jungfrau

Das hohe Tempo und die Kapriolen des Wassermann-Zeitalters sind nicht gerade Voraussetzungen, unter denen sich die nüchterne, erdige und planende Jungfrau zu Hause fühlt. Zum Glück ist sie eine sehr anpassungsfähige Pragmatikerin, die sich letztlich überall zurechtfindet. An sich sind Jungfrauen sehr vorsichtig, zurückhaltend, prüfend und wollen vor allem immer genau wissen, woran sie sind. Das sind Anlagen die dem unberechenbaren Wassermann-Zeitalter eher zuwiderlaufen und daher ein wenig kontraproduktiv erscheinen. Die Jungfrau liebt es, Entscheidungen und Situationen in aller Ruhe zu analysieren und jedes Für und Wider ganz genau abzuwägen. Allerdings lässt ihr der Wassermann nicht immer genug Zeit dafür, denn es muss alles viel rascher gehen, als wir es bis vor kurzem noch gewohnt waren. Wird zulange geprüft, schnappt uns das Angebot ein Schnellerer vor der Nase weg. Natürlich passiert das auch bei der Partnersuche, denn sind wir zu langsam, ist das Objekt der Begierde bereits wieder über alle Berge. Jetzt heißt es „Komm zur Sache Schätzchen, jetzt oder nie, mach mal Tempo!".

Die Jungfrau muss jetzt lernen, das Hinterfragende und Prüfende etwas generöser zu behandeln. Sie sollte unbedingt die Prüfungsphasen drastisch kürzen und ein klein wenig risikofreudiger werden. Das Potenzial hat sie durchaus und sie wird es lernen. Wichtig ist, dass sie diesen Umstand verinnerlicht und Schritt für Schritt an Geschwindigkeit in ihren Entscheidungen zulegt, dann rückt sie auch im Wassermann-Zeitalter allmählich auf die Gewinnerseite und wird auch den neuen partnerschaftlichen Anforderungen gerecht.

Jungfrau-Frauen haben ein starkes Prestigedenken und suchen sich ihren Partner sehr gerne nach vernünftigen Gesichtspunkten aus. Wer bietet das Beste und wo ist sie gut versorgt. Was kann sie durch die anvisierte Verbindung erreichen? Das sind Fragen, die sie bei der Partnersuche beschäftigen und die sie dabei nicht aus den Augen verlieren. Jungfrau-Frauen lieben erfolgreiche Männer und sehen ihren eigenen Status durch diese stetig steigen. Wirtschaftliche Absicherung ist ihnen sehr wichtig, ja, es ist ihnen das eigentliche Salz in der Suppe. Eine Partnerschaft mit einem Mann, dem die berufliche Karriere und der damit verbundene Verdienst unwichtig erscheinen, steht von Anfang an auf äußerst wackeligen Beinen und wird eher von kurzer Dauer sein. Für die Jungfrau-Frau verpufft der Eros der Partnerschaft von einer Sekunde auf die andere, wenn sie realisiert, dass sie an ihren persönlichen Zielen vorbeischrammt. Erfolg ist ihr absolut wichtig, auch bei ihrem Partner!

Jungfrau-Frauen legen auf die großzügig angelegten sexuellen Auswüchse des Wassermann-Zeitalters keinen gesteigerten Wert. Auf One Night Stands können sie sehr gut verzichten, denn ihnen steht der Sinn bestimmt nicht nach Fastfood-Erotik. In meinen Beratungen höre ich sehr oft von Jungfrau-Frauen den Wunsch nach einer beständigen Beziehung, Drei-Monats-Kümmerlinge sind dabei absolut unerwünscht. Die Jungfrau möchte einen Mann zum Heiraten, da muss alles passen und wenn er von sich aus seinen Bankauszug auf den Tisch legt und der auch noch attraktiv ist, dann läuft es für sie wie geschmiert. Selbst im Wassermann-Zeitalter möchte die Jungfrau-Frau traditionell mit allem Drum und Dran heiraten, um nach außen hin für jedermann gut sichtbar zu signalisieren: „Jetzt gehört dieser Mann ausschließlich mir, Hände weg, sonst gibts Ärger!".

Jungfrauen sind, die Frauen wie die Männer, sehr beständige Partner. Da geht selten etwas schief und die Verbindung hält sehr lange. Haben sie erst einmal den richtigen Partner gefunden, sehen sie überhaupt keinen Grund, in fremden Revieren zu wildern. Wenn allerdings die Partnerschaft nicht mehr passt, wird durchaus fremdgegangen und das ganz ohne Rücksicht auf eventuelle Verluste. Da ist sie wieder ganz und gar Pragmatikerin, die einen Weg findet, um das zu bekommen, was sie braucht.

Zur Erotik fällt der typischen Jungfrau-Frau nicht sonderlich viel ein, denn dafür ist sie zuwenig experimentierfreudig. Sie lebt ihren Sex eher als „business as usual" aus. Die erotische Raffinesse findet eher im Kopf, in der Fantasie statt, als dass sie von ihr ausgelebt wird. Da müsste sie schon die Venus in einem experimentierfreudigen Sternzeichen stehen haben, damit sich auf diesem Gebiet etwas mehr bei ihr regt. Ein lustiger Aszendent würde sie auch diesbezüglich in Schwung bringen. Die klassische Jungfrau-Frau hat mit der erotischen Leichtigkeit und der Experimentierfreudigkeit des Wassermann-Zeitalters nichts am Hut und das bewahrt sie vermutlich auch ganz gut vor leichtsinnigen Seitensprüngen. Da es ihr nicht wichtig erscheint, muss sie auch nicht fremdgehen um Neues auszuprobieren.

Bei Jungfrau-Männern ist es ein wenig anders, sie besitzen ein gesundes Maß an ausgeprägter sexueller Experimentierfreude. Sie sind in ihren Beziehungen auch große Fremdgänger. Jungfrau-Männer genießen es, die Liebe auch einmal absolut unverbindlich auszuleben, ganz nach dem Motto: „Wozu heiraten, wenn ich die Liebe auch so bekommen kann." Jungfrau-Männer schätzen auch durchaus käufliche Liebe und nutzen problemlos das Service von Prostituierten. Sie lieben daran das Unverbindliche und Zwanglose. Es fällt ihnen auch überhaupt nicht schwer, sich ein Date über das Internet auszumachen, um ein schnelles Abenteuer zu landen. Das läuft sehr rational ab und ist beinahe wie ein Supermarkteinkauf angelegt. Der Jungfrau-Mann ist auch bisexuellen Abenteuern nicht abgeneigt, denn das eigene Geschlecht fasziniert ihn durchaus. Er probiert gerne vieles aus, um sich danach ein Urteil zu bilden und wenn ihm etwas gefällt, bleibt er auch dabei.

Die Jungfrau-Frau ist partnerschaftlich gesehen wesentlich traditioneller, konservativer und treuer eingestellt als der Mann. Den Jungfrau-Mann muss man gelegentlich beinhart kontrollieren, um ihm die Möglichkeit zu nehmen, einem Hörner aufzusetzen. Andererseits, funktioniert die Beziehung gut und findet er darin seine Erfüllung, hat auch er keine Veranlassung fremd zu gehen um von den Früchten fremder Gärten zu naschen.

Mit diesen Partnern klappt es nicht im Wassermann-Zeitalter

Zwillinge finden die Jungfrau viel zu kleinkariert, das wird mit den beiden von vornherein nicht gut funktionieren. Dafür leben die Zwillinge auch ein viel zu hohes Tempo, von dem der Jungfrau nur übel wird. Der typische Schütze kann mit der Jungfrau auch überhaupt nichts anfangen, denn sie ist ihm viel zu verklemmt. Umgekehrt kann die praktische Jungfrau mit der ständigen Sinnsuche des Schützen auch nichts anfangen. Zwillinge und Schütze sind ihr viel zu unruhig, nicht kontrollier- oder fassbar, also viel zu sehr Kinder des Wassermann-Zeitalters. Solche Partner machen die Jungfrau nur konfus. Und ein Schütze lässt sich natürlich auch von einer Jungfrau nicht gerne kontrollieren. Schwierig wird es auch mit einem Wassermann, er ist ebenso viel zu unbeständig und wirtschaftlich überdies der Jungfrau viel zu instabil. Das gäbe entsetzliches Streitpotenzial. Mit Fischen klappt es im Normalfall auch nicht. Den Fischen ist die Jungfrau viel zu nüchtern. Sie möchten ja träumen und das funktioniert mit der Jungfrau nicht besonders gut. Von einer Jungfrau erhält der Fisch viel zu wenige romantische Impulse, er würde bald unglücklich werden und seelisch verdursten und verhungern.

Der optimale Jungfrau-Partner im Wassermann-Zeitalter

Der Steinbock ist ein absolut ideales Sternzeichen für die Jungfrau. Denn der Steinbock ist wie die Jungfrau eher der Vernunftmensch, von den Emotionen her noch etwas nüchterner und er möchte sich auch wirtschaftlich etwas schaffen, ganz wie die Jungfrau. Die beiden könnten sich, gesteuert über die trockene Ratio, ordentlich was aufbauen. Der Stier passt auch wunderbar, weil ebenso traditionsverbunden, wenig sprunghaft und wirtschaftlich denkend. Der Krebs gibt auch einen sehr brauchbaren Partner für die Jungfrau ab. Der Krebs bringt das Häusliche, Gemütliche ein und das schätzt die Jungfrau sehr. Auch die Waage kann sehr gut mit der Jungfrau, denn sie ist mit ihrem Harmoniebedürfnis eher ein ruhiges und anpassungsfähiges Sternzeichen. Da kann nicht viel schief gehen zwischen den beiden.

So verführt man die Jungfrau

Dem Jungfrau-Mann müssen Sie unbedingt das Gefühl geben, absolut keine Zicke zu sein und sich auch durchaus für ein erotisches Abenteuer mit ihm bereit zeigen. Locken Sie ihn aus der Reserve, dann springt er sofort an und lässt Sie nicht mehr los. Präsentieren Sie sich ihm gegenüber von der seriösen Seite und signalisieren Sie ihm im Gespräch ein gewisses Maß an Beständigkeit. Er soll aufgrund dieser Signale bereits von Beginn an auf Sie zählen können. Das macht Sie interessant und damit knacken Sie ihn noch am ersten Tag!

Die Jungfrau-Frau verführen Sie mit gutem Benehmen, Stil und Prestige, denn darauf legt sie großen Wert. Seien Sie ruhig etwas großzügiger beim Trinkgeld! Sie werden diesbezüglich sehr genau von ihr beobachtet werden. Damit checkt sie innerhalb von Sekunden ab, ob Sie knausern oder großzügig sind. Nehmen Sie sich in Ihrer Selbstdarstellung etwas zurück und verlieren Sie sich nicht in endlosen Ego-Monologen, das kommt überhaupt nicht gut an. Viel besser ist es, wenn Sie die Jungfrau-Frau sprechen lassen. Stellen Sie ihr gezielte Fragen und signalisieren Sie Interesse. Über Beruf und Karrierechancen sollten Sie auf alle Fälle mit ihr sprechen. Jemand der im Beruf nicht viel weiterzubringen scheint, interessiert sie nicht besonders. Sagen Sie ruhig, Sie hätten beruflich noch einiges in Aussicht und sind diesbezüglich voller Karrierepläne. Das kommt wunderbar an und ist ihr wahnsinnig wichtig. Sollte es bereits am ersten Abend zu einer Annäherung kommen, dann flirten Sie dabei zurückhaltend aber raffiniert. Plumpes und aufdringliches Flirten stößt die Jungfrau-Frau eher ab und macht sie misstrauisch.

Prominente Jungfrauen

Pink, Cameron Diaz, Claudia Schiffer, Salma Hayek, Hugh Grant, Richard Gere, Guy Ritchie, Bill Murray, Whitney Houston, Michael Jackson, Freddy Mercury, Leonard Bernstein, Romy Schneider, Sean Connery, Jeremy Irons, Mario Adorf, Johann Wolfgang von Goethe

Die Waage ♎

Die schöngeistige Waage ist unverkennbar ein von der Venus geprägtes Sternzeichen. Der Waage kommt auf der einen Seite das Wassermann-Zeitalter und die damit verbundene Begegnungsfreude sehr entgegen, auf der anderen Seite hat sie aber mit dem Überangebot ein Problem: Sie kann keine Entscheidungen treffen. Sie schiebt Entscheidungsfindungen hin und her, trifft erst Entscheidungen, verwirft sie dann doch wieder und entscheidet heute so und morgen anders. So gesehen ist das unstete Wassermann-Zeitalter einfach ideal, denn jetzt kann man mit seinen Entscheidungen nach Lust und Laune herumspringen und es wird kaum jemand etwas Negatives daran finden. Das entspricht doch durchaus dem Zeitgeist: Entscheidungen werden von einer Stunde auf die andere in Frage gestellt und revidiert. Was gestern noch gegolten hat, gilt heute schon lange nicht mehr.

Waage-Menschen haben extreme Bindungsängste. Sie möchten von ihren Verehrern nicht festgelegt werden und wollen sich vieles offen lassen. Es benötigt eben doch ein wenig Zeit, bis sie sich darüber im Klaren sind, was sie von der Person, die sie soeben kennen lernten, eigentlich wollen. Sie sind ja von der Venus zum Flirten bestimmt und lieben es, sich immer wieder neu zu verlieben und sich dann auf ihren emotionalen Wogen treiben zu lassen. Das könnte ewig für sie so weiter gehen, denn sie sind die unermüdlichen Tester der Liebe. Sie legen sich nicht fest und probieren gerne alles Mögliche aus und ziehen sich auch immer wieder schnell zurück, wenn ihnen irgendetwas nicht in Ordnung erscheint. Die Waage passt in keine Schiene oder Schablone, es scheint ganz so, als wäre sie ein Kind des Wassermann-Zeitalters und der Unberechenbarkeit des Uranus. Die Grundeigenschaften der Waage werden allerdings durch die neue Zeitqualität so sehr verstärkt, dass sie noch schwieriger zu fassen ist, so sehr schwillt ihre Unverbindlichkeit gegenüber ihrer Umwelt an. Andererseits will das die Waage so haben, wir sollten es daher auch nicht negativ werten und es einfach als einen Teil von ihr anerkennen. Nebenbei bemerkt, wir werden die Waage sowieso nicht ändern können, also bleibt uns nichts anderes übrig, als uns mit ihren augenblicklichen Uranus-Untugenden abzufinden.

Auch wenn sie lange Zeit benötigt, um sich festzulegen, lebt die Waage irrsinnig gerne in einer Partnerschaft. So richtig wohl fühlt sie sich letztlich nur an der Seite eines Partners, aber sie möchte dadurch nicht unter Druck geraten und geht deshalb Streit in der Partnerschaft immer aus dem Weg. Sie ist eher für Kompromisse und kann es überhaupt nicht leiden, wenn sie kaltschnäuzig vom Partner links liegen gelassen wird. Im Grunde möchte sie entscheiden wie es weiter geht, auch wenn sie zur Entscheidungsfindung manchmal etwas mehr Zeit benötigt. Sie hat auf alle Fälle enorme Probleme damit, in der Partnerschaft vor vollendete Tatsachen gestellt zu werden.

Die Waage möchte einerseits große Freiräume und braucht andererseits im Hintergrund die Sicherheit des Partners, denn sie möchte auf ihn zurückgreifen können, wann immer sie es will und braucht. Ist es ihr danach, sich an einer starken Schulter anzulehnen um für Momente inne zu halten, dann hat der Partner bereit zu sein. Möchte sie etwas Auszeit und Distanz, hat der Partner auch das zu akzeptieren und noch besser ist es, wenn er es spürt und von sich aus automatisch das Richtige macht. Er sollte von sich aus kommen, wenn er gebraucht wird und sich etwas entfernen, wenn es der Waage zu eng wird. Absolut kein leichtes Unterfangen, aber das ist eben der Weg, den die Waage zu gehen wünscht. Eine Waage kann auch kaum Entscheidungen treffen, wenn es um Trennungen oder um neue Partner geht. Sie wird immer zwischen den beiden Partnern herumtanzen, zwischen dem alten und dem neuen. Schluss machen müssen immer die Partner, denn die Waage kann das nicht für sich übernehmen, auch wenn sie es will, sie schafft es einfach nicht. Die Waage lässt prinzipiell entscheiden! Sie kann nicht abschließen und wird immer durch andere zu Entscheidungen gezwungen. Ich sehe es auch immer wieder, wenn ein Waage-Mann sich in einer Affäre befindet, weiß er nie was er tun und für welche der beiden Frauen er sich entscheiden soll. Diese Entscheidung müssen ihm die Frauen abnehmen, von ihm kommt da überhaupt nichts, die Story würde ewig so weiterlaufen und unvollendet in der Luft hängen. Es ist also ganz davon abhängig, welcher Frau es zu dumm wird und welche zuerst das amouröse Schlachtfeld verlässt. Im Wassermann-Zeitalter wird die Waage also hin und hergeschüttelt, pendelt zwischen potentiellen Entscheidungsmöglichkeiten und weiß nicht weiter, also lässt sie die anderen für sich entscheiden. Damit gibt sie zwar ein ordentliches Stück an Eigenständigkeit ab, aber für sie scheint es so allemal zu funktionieren.

Gefühle und Erotik sind für die Waage sehr wichtig, sie ist ja ein Venuszeichen und braucht das absolut für ihr persönliches Wohlgefühl. Eine Zeit ohne Affäre oder Partnerschaft ist für die Waage so gut wie verlorene Zeit. Das sind Defizite, die sie nur sehr schwer ertragen kann. Die Erotik und das emotionale Drumherum einer Liebelei ist sozusagen der Treibstoff ihres Motors – und fehlt das alles eine Zeit lang, dann tritt sie auf der Stelle und kommt nicht mehr weiter.

Es gibt übrigens einen gewaltigen Unterschied zwischen Waage-Frauen und Waage-Männern. Waage-Männer sind nicht kämpferisch, sie sind absolute Softies und Frauen lieben männliche Waagen. Sie sehen immer gut aus, verfügen über sehr viel Charme und man mag sie einfach, denn sie sind alles andere als forsch und wissen mit dem Herz einer Frau umzugehen. Waage-Männer sind meist sehr beliebt, man hat das Gefühl sie sind leicht zu handhaben, was allerdings so nicht stimmt. Sie haben schon auch ihre Macken. Wenn Waage-Männer in der Ehe Entscheidungen zu treffen haben, ziehen sie sich zurück und lassen das viel lieber ihre Frau entscheiden. Sie brauchen daher starke Frauen, die auch in der Lage sind, ihnen die Entscheidungen abzunehmen. Das Schlimmste wären also zwei Waagen, denn sie würden alle offenen Fragen so lange vor sich hinschieben, bis sie sich von allein erledigt haben. Waage-Männer können ziemlich unbeholfen wirken, möchten am liebsten nichts verändern und wiegen sich möglichst bequem durchs Leben. Das wirkt dann auf den ersten Blick etwas zögerlich und dieser Eindruck hält durchaus auch noch dem zweiten Blick stand, denn sie sind es ja tatsächlich. Traditionen sind den Waage-Männern lieb und teuer, weil berechenbar und angenehm. Das Wassermann-Zeitalter knabbert allerdings so nach und nach einiges davon an und zwingt selbst die Waage zum Handeln. Und um nicht ganz im Abseits stehen zu müssen, tut sie das schließlich auch. Der Waage-Mann entzieht sich innerfamiliär allen Konflikten. Gibt es diese zum Beispiel mit den Kindern, muss sich auch darum die Frau kümmern, da mischt sich der Waage-Mann nicht gern ein. Er würde sich in solchen Momenten am liebsten unsichtbar machen und erst dann wieder auftauchen, wenn der Konflikt bereinigt ist. Natürlich sind sie dadurch bei den Kindern sehr beliebt, denn die Rolle des Krokodils obliegt immer der Mutter.

Waage-Männer gehen Diskussionen liebend gern aus dem Weg, aber wer schätzt das schon, wenn man mit dem Partner über Probleme nicht sprechen kann? Gewisse Dinge müssen einfach von Zeit zu Zeit angesprochen und besprochen werden. Waage-Männer entziehen sich dem und verweigern jegliche Diskussion. Viele Frauen nervt das mit der Zeit enorm und sie sind irgendwann nicht mehr bereit das endlose Spiel der Gesprächsverweigerung mitzumachen. Waage-Männer wirken wie schon erwähnt generell sehr weich. Auch die Waage-Frauen entsprechen diesem Typus, bei ihnen fällt das allerdings nicht so sehr auf, denn Frauen sollen ja von vornherein – klischeebedingt - weich wirken.

Die Waage-Frau kommt bedeutend besser weg, als ihr männliches Pendant. Sie ist lieblich, romantisch, manchmal ein wenig hilflos und überlässt Entscheidungen gern dem Mann. Sie hasst es zu streiten und geht Diskussionen aus dem Weg. Ganz wie der Waage-Mann. Aber das passt vielleicht auch eher zu einer Frau als zu einem Mann – als Frau darf ich das jetzt einmal so in den Raum stellen. Die Waage-Frau ist außerdem ein total anpassungsfähiges Wesen, denn sie verfügt über sehr viel Feingefühl.

Waagen lassen sich im Wassermann-Zeitalter treiben und ergreifen viel zu selten die Initiative um jemanden kennen zu lernen. Ein Resultat ihrer eigenen Zögerlichkeit ist, dass sie nicht selten übrig bleiben. Unter den Singles gibt es auffällig viele Waagen. Sie sind eben typische Opfer ihrer eigenen Entscheidungsschwäche, denn wenn der Waage-Mann nach einer Frau angelt und sie merkt, er kann sich nicht entscheiden, ist sie schon wieder fort und sucht sich jemand anderen, der dynamischer rüber kommt und gerade zu Beginn so richtig entflammt.

Im Wassermann-Zeitalter fehlt einfach die Geduld und Ausdauer um auf die Entscheidungen der Waagen lange zu warten. Viele sind bereits wieder ganz woanders, bis eine Waage bereit ist sich zu deklarieren. Also hier etwas mehr Tempo einzubringen ist mit Sicherheit kein Nachteil und könnte mit einfachsten Mitteln verhindern immer den Kürzeren zu ziehen.

Waage-Menschen wollen jüngere Partner und können selbst nicht alt werden. Eine einzelne Falte wird oft schon zur Lebenskrise und löst mitunter gewaltige Depressionen aus. Daher sind Waagen auch verlässliche Kunden von Schönheitschirurgen und der Kosmetikindustrie. Waage-Männer wollen wunderschöne Frauen um sich haben, am liebsten gleich eine Miss World. Waage-Frauen leisten sich mit fünfzig durchaus einen Fünfundzwanzigjährigen und haben auch überhaupt kein Problem, mit ihm mitzuhalten. Der Waage ist die Jugend enorm wichtig und gäbe es ein Mittelchen, sich diese ewig zu erhalten, hätte es die Waage bestimmt und wäre bereit, dafür auch Unsummen auszugeben.

Waagen kommen mit der Geschwindigkeit und Rasanz, mit der so exzentrischen Welt des Wassermannes weniger gut zurecht. Sie hätten es viel lieber geordneter und ruhiger, mit einem Wort etwas berechenbarer. Das Wassermann-Zeitalter ist in dieser Hinsicht nicht ihre Bühne, da fühlen sie sich ein bisschen fehl am Platz und sie müssen sich sehr bemühen, ihre Nischen zu finden und auszubauen, um halbwegs über die Runden zu kommen.

Mit diesen Partnern klappt es nicht im Wassermann-Zeitalter

Der Steinbock passt nicht zur Waage. Er verträgt es überhaupt nicht, wenn sein Partner keine Entscheidungen treffen kann, da verliert er die Geduld und wird etwas unangenehm. Auch der Widder kommt mit der Unentschlossenheit der Waage ganz und gar nicht zurecht. Dieser ist ein Marschierer und schnell entschlossen, er will nicht ewig auf Antworten warten müssen. Die Waage würde dem Widder immer nur nachlaufen und die Hälfte seiner Geschichten nicht mitbekommen, denn der Widder ist bei seinem Tempo schon längst über alle Berge. Sein sportliches Naturell entspricht der eher bequemen Waage auch nicht unbedingt. Mit dem Krebs gibt es Chaos pur, er geht einen Schritt vor und drei zurück. Können Sie sich vorstellen wie das die Waage irritiert? Sie findet ja schon unter geordneten Umständen kaum zu Entscheidungen, wie ist das dann erst in dieser Verbindung? Der Skorpion schließlich muss allen Dingen auf den Grund gehen, während die Waage die schöne Oberfläche liebt und ganz und gar nicht wissen will, wie es darunter aussieht. Das unermüdliche Nachforschen des Skorpions würde sie nicht lange aushalten.

Der optimale Waage-Partner im Wassermann-Zeitalter

Mit den Zwillingen kann die Waage sehr gut. Sie sind mitreißend und haben auch das nötige Verständnis für die Waage. Es gibt ja auch für die Zwillinge immer mehrere Möglichkeiten von Entscheidungen. Der Wassermann ist – wie Zwillinge und Waage – ein unbeschwertes Luftzeichen und daher gibt es auch da eine natürliche Nähe. Der Witz und die Originalität des Wassermanns sprechen die Waagen sehr an. Auch mit Schützen klappt es ganz gut, denn die beiden werden viel unterwegs sein, die schönen Seiten des Lebens genießen, jede Menge Kontakte knüpfen und sich mit Problemen nicht lange aufhalten. Vor allem aber, weil der Schütze bei Entscheidungen nicht lange fackelt und diese der Waage ganz nonchalant abnimmt. Der Löwe empfindet es sogar als schmeichelhafte Selbstbestätigung, wenn er die Entscheidungen treffen und der Waage somit unter die Arme greifen kann. Da beide einen Sinn für alles Schöne haben, können sie miteinander das Dolce Vita so richtig genießen – inklusive prickelnder Erotik. Mit dem Stier wird es auch ganz gut funktionieren, denn der Stier gibt der Waage die Sicherheit von der sie immer träumt, auf ihn kann sie sich wunderbar verlassen. Beide sind Venus-Zeichen und können sich miteinander somit wunderbar den sinnlichen Genüssen verschreiben.

So verführt man die Waage

Ein Waage-Mann ist wahnsinnig leicht zu verführen, wenn man weiß, wie es funktioniert. Geben Sie ihm etwas Romantik und Kerzenschein, seien Sie sehr liebevoll, durchaus etwas kokett und im Gespräch absolut offen. Wenn Sie mit ihm ein Glas Champagner oder Sekt genießen und gezielt „good vibrations" einfließen lassen, liegt Ihnen ein Waage-Mann auf der Stelle zu Füßen. Ziehen Sie alle Ihre weiblichen Register und spielen Sie diese voll aus, denn der Waage-Mann liebt das Feminine. Maskuline, burschikos wirkende Frauen lassen ihn nur flüchten, das würde nie funktionieren. Wenn Sie einen Waage-Mann bei sich zu Hause zum Essen einladen, vergessen Sie auf gar keinen Fall auf ein raffiniertes Dessert. Waagen sind sehr naschhaft und daher kann man meist mit Süßigkeiten ordentlich punkten. Ein durchdachtes Menü mit einem grandiosen Finale, vielleicht in Form eines Mousse au Chocolat mit frischen Erdbeeren, macht den Waage Mann so richtig schwach. Schöne Dessous sind dann noch das unwiderstehliche Tüpfelchen auf dem „i".

Die Waage-Frau verführt man mit schönen, klassischen Geschenken. Selbstverständlich kommt auch ein wunderschöner Blumenstrauß bestens bei ihr an. Sie blüht in angenehmer Atmosphäre so richtig auf und wenn Sie ihr im Gespräch genügend Aufmerksamkeit widmen, kommen Sie bei ihr zügig voran. Achten Sie bei einem Date mit einer Waage-Frau unbedingt auf Ihre Garderobe, denn diese wird von ihr mit größter Aufmerksamkeit bedacht. Sie liebt es sehr ordentlich, Ihr Stil darf durchaus sportlich sein, aber nicht schlampig. Wenn Sie es schaffen, sie beim ersten oder zweiten Date mit einer Einladung zu einem Konzert zu überraschen, na ja, dann haben Sie sicher gewonnen! Alles Schöngeistige, Musische und vor allem die Musik selbst, haben es ihr angetan. Deshalb sollten Sie auch ein guter Tänzer sein, denn damit erobern Sie definitiv ihr Herz.

Prominente Waagen

Udo Jürgens, Alfred Dorfer, Sophia Loren, Christopher Reeve, John Lennon, Eminem, Matt Damon, Susan Sarandon, Catherine Zeta-Jones, Will Smith, Michael Douglas, Gwyneth Paltrow, Kate Winslet, Sigourney Weaver, Hugh Jackman, Wladimir Putin.

Der Skorpion

Der Skorpion ist im Wassermann-Zeitalter etwas gespalten. Denn auf der einen Seite ist er sehr besitzergreifend und eifersüchtig, was ja in diesem freiheitsliebenden Zeitalter gar nicht geschätzt wird. Auf der anderen Seite ist der Skorpion ein sehr erotisch orientiertes und neugieriges Sternzeichen, das alles noch Unentdeckte erforschen muss. Er geht sehr gerne hinaus, lernt die Welt kennen und daher liebt er auch andere, fremdartige Kulturkreise. Er scheint sich mühelos darin zu bewegen und dabei funkt es auch gelegentlich. Er liebt exotische Menschen, nähert sich ihnen mit großer Neugier und nimmt sie auch gerne zum Partner. Skorpione wollen einfach alles ausprobieren, haben daher oft eine Neigung zur Bi- oder Homosexualität. Sie sind einfach von allem Neuen fasziniert und naschen ihnen unbekannte Früchte, wann immer es die Situation erlaubt. Der Skorpion lotet alles aus und daher bietet ihm das Wassermann-Zeitalter eine durchaus geeignete Plattform für seinen Forschungsdrang.

Vor allem seiner erotischen Neugierde kommt diese schnelllebige, sexuell großzügige und extrem aufgeschlossene Zeit sehr entgegen. Obwohl bindungsfähig wie kein Zweiter, ist der Skorpion durchaus auch zum unkomplizierten One Night Stand bereit und holt sich dazu passende Partner, auch übers Internet, in sein Bett. Es muss nicht einmal ein Partner sein, zu dem er bei Anbruch des Tages noch steht. Oft geht es ihm ausschließlich um die Erfüllung von unausgelebten Träumen für diesen einen einzigen Moment. Er holt sich genau das, wonach ihm in diesem Augenblick ist und hat es schon am nächsten Morgen in seiner Liste gestrichen.

Als Partner ist der Skorpion manchmal sehr unangenehm besitzergreifend und eifersüchtig. Er will über so gut wie alle Schritte seines Partners unterrichtet sein und wird dann noch ein Auge darauf werfen und prüfen, ob die Angaben wirklich stimmen. Er kann kompromisslos und vernichtend sein, wenn er die Beziehung nicht mehr will.

Das Prinzip des Skorpions ist „Stirb und werde!". Er geht immer aufs Ganze, bis alles völlig ausgelotet ist. Dann erst kann er etwas loslassen, dafür aber endgültig, um sich wie Phönix aus der Asche zu einem ganz neuen Anfang zu erheben. Er hat fixe Ideen und Vorstellungen. Wenn diese nicht erfüllt werden, kann er alles fallen lassen, was eben noch wichtig war. Will er seine Partnerschaft nicht mehr, dann sticht er mit seinem Stachel zu, vernichtet Leben und geht weiter. Der Skorpion hat zum Beispiel den ganzen Tag wundervolle Pläne. Kurz darauf gibt es eine Kleinigkeit, die ihm einen Strich durch die Rechnung macht und seine eben noch entwickelten Pläne interessieren ihn nicht mehr. Plötzlich er ist fort.

Der Skorpion ist ein sehr extremer Partner. Er sucht sich laufend die unterschiedlichsten Stimulationen und experimentiert durchaus auch mit Drogen, Alkohol, Tabletten und manchmal mit allem auf einmal. Mit solchen Räuschen versucht er, in alle Höhen und Tiefen vorzudringen und das Leben zur Gänze auszukosten. Um das zu erreichen, geht er dafür bis an die äußersten Grenzen des eben noch Machbaren und lässt die Vernunft weit hinter sich. Das Wassermann-Zeitalter unterstützt ihn in seiner exzentrischen Lebensführung ideal, denn in diesem Zeitalter gibt es ja keine Grenzen und Tabus. Wenn der Skorpion es möchte, kann er in einer einzigen Nacht alles ausprobieren was er tagsüber zum Plan gemacht hat.

Skorpion-Frauen und Skorpion-Männer sind beide in einer Partnerschaft sehr gefährlich, denn sie können lieben, sie können leiden und sie können mit aller Gewalt vernichten. Eine Skorpion-Frau, die liebt und von ihrem Partner verletzt wird, vergisst nie was ihr angetan wurde. Sie geht auf einen gnadenlosen Rachefeldzug gegen ihren Partner und wird ihm tausendfach heimzahlen, was er ihr angetan hat. Sie wird nicht eher ein neues Leben beginnen, bis sie erreicht hat, was sie wollte, nämlich die totale Genugtuung. Eine Skorpion-Frau lässt sich von ihrem Partner nicht verletzen und wenn das doch passiert, ist sie unerbittlich und zahlt ihm alles heim, mit Zinsen und Zinseszinsen.

Ich kann immer wieder beobachten, dass Verletzungen bei Skorpionen so starke Wunden hinterlassen, dass jeder Partner, der nachkommt, diese zu spüren bekommt. Der Skorpion kann Erlittenes nicht vergessen und trägt es immer mit sich. Ich sage in meinen Beratungen immer, man soll einen Skorpion ja nicht verletzen oder belügen. Es ist klüger, ihm gleich die Wahrheit zu sagen, denn der Skorpion hat eine unglaublich detektivische und intuitive Ader. Er spürt alles und wenn ein Partner ein Geheimnis mit sich trägt, dann kommt ihm der Skorpion mit Sicherheit dahinter. Einen Skorpion kann man in keiner Weise hintergehen und daher ist es für den Skorpion-Partner auch nahezu unmöglich, fremdzugehen ohne entdeckt zu werden. Es ist vernünftiger, von sich aus die Partnerschaft aufzugeben, als abzuwarten bis man erwischt wird. Wenn der Skorpion entdeckt, dass er betrogen wurde, dann ist es definitiv aus. Er vernichtet die Beziehung und alles rundherum. Das macht er in seinem extremen Zerstörungstrieb eiskalt und gezielt. Da ist es vernünftiger ihm gleich die Wahrheit zu beichten. Aber er wird auch das nie wieder vergessen und die Beziehung langsam austrocknen lassen, denn in ihr wird er nicht mehr glücklich. Wie man es auch anstellen mag - ist der Skorpion einmal von seinem Partner betrogen worden, bedeutet es früher oder später das sichere Ende der Beziehung.

Der Skorpion hat oft starke masochistische Anlagen, durchaus auch in sexueller Hinsicht. Er kann sich etwa von einem dominanten Partner in seiner Beziehung quälen lassen. Es scheint beinahe so, als könnte er nur dann lieben, wenn er auch gequält wird. Ein typischer Grenzgänger ist er eben mit einer selbstzerstörerischen Ader. Wenn der Skorpion liebt, tut er für seinen Partner alles und das geht hin bis zur Selbstaufgabe.

Mit diesen Partnern klappt es nicht im Wassermann-Zeitalter

Der Wassermann, der sich alle Freiheiten nimmt, die er braucht, passt überhaupt nicht zum Skorpion. Er kommt mit der beinharten, unerbittlichen Kontrolle des Skorpions nicht klar, daher flüchtet er vor so einem Geiselnehmer und Inquisitor sehr rasch. Er will sich nach Lust und Laune bewegen können und nicht den Launen eines Kontrollfreaks ausgesetzt sein. Mit dem Schützen, der ebenfalls eine ganz lange Leine braucht, geht auch so gut wie gar nichts, denn die beiden würden sich auf Dauer fürchterlich bekämpfen und übrig bliebe eine völlig zerrüttete Beziehung. Mit dem Stier gibt es zwar kurzfristig eine erotische Allianz, aber diese Beziehung wird langfristig nicht funktionieren. Der Stier zieht klare Grenzen und verträgt es überhaupt nicht, wenn man in seinem persönlichen Revier herumstochert. Und ein selbstbewusster und selbstbestimmter Löwe lässt sich ebenfalls weder Kontrolle, noch Vorschriften gefallen. Da käme es – bei aller erotischen Faszination - zu einem Machtkampf sondergleichen.

Der optimale Skorpion-Partner im Wassermann-Zeitalter

Mit dem Steinbock funktioniert es bestens. Der Steinbock ist auch sehr leidensfähig und so könnten die beiden diesbezüglich in einen unmittelbaren Wettstreit treten. Erotisch funktioniert es mit den Fischen sehr gut, denn der Skorpion kann den Fisch in traumhafte neptunische Gefühlstiefen entführen. Dank seiner Bindungsfähigkeit schafft es der Skorpion auch, das Sicherheitsbedürfnis des Krebs abzudecken. Und der wiederum genießt es, mit Haut und Haaren gemocht zu werden. Wenn sein Partner die Kontrolle für ihn übernimmt, ist es ihm umso lieber. Aus dieser Sicht passt es zwischen den beiden sehr gut, auch über längere Zeiträume.

So verführt man den Skorpion

Um sich einen Skorpion-Mann zu angeln, ziehen Sie am besten alle erotischen Register, die Sie für einen Abend so auf Lager haben. Sex ist ihm äußerst wichtig. Schlüpfen Sie in Ihr verführerischstes Outfit und spielen Sie auf der Klaviatur der Erotik so raffiniert, wie sie es nur können. Kommen Sie auf gar keinen Fall als graue unscheinbare Maus oder zurückhaltendes Hausmütterchen zur Verabredung. Beide Varianten würden ihn erschrecken und erfolgreich in die Flucht schlagen. Der Skorpion-Mann erwartet sich zu seinem Date alles andere als eine Biederfrau.

High-Heels, Leder und perfektes Make-up lassen Sie von Beginn an ordentlich punkten. Beim Skorpion-Mann können Sie hemmungslos zur Sache kommen und sagen, woran Sie soeben denken, denn er liebt es deutlich und ist alles andere als ein Zauderer. Trotzdem ist es empfehlenswert, ihm von Anfang an auch das Gefühl zu vermitteln, der Einzige zu sein, dass Sie Ihren persönlichen Fokus wirklich nur auf ihn gerichtet haben und er Ihr Interesse unwiderstehlich geweckt hat. Das schätzt er ungemein, wird sofort in die Beschützerrolle schlüpfen und Sie aus seiner Umklammerung der Begierde nicht mehr auslassen.

Um einer Skorpion-Frau zu gefallen, geben Sie ihr das intensive Gefühl ganz für sie da zu sein, denn sie ist unheimlich besitzergreifend. Signalisieren Sie ihr also eindeutiges Interesse, sonst ist sie rasch wieder fort und versucht ihr Glück woanders. Dabei sollen Sie allerdings auch wieder nicht zu verbindlich sein, Sie müssen unbedingt gefühlvoll pokern und sie gleichzeitig etwas in Unsicherheit wiegen. Es ist eine gefährliche Gratwanderung: Sind Sie zu verbindlich, entziehen Sie der Skorpion-Frau ihre eigentliche Kompetenz (sie will ja Sie vereinnahmen). Sind Sie ihr gegenüber aber zu unverbindlich, dann vermisst sie Ihre kompromisslose Hingabe. Klingt etwas kompliziert, ist aber im Grunde nicht so. Es ist die goldene Mitte, auf die es ankommt. Eine

Skorpion-Frau gewinnt man ganz sicher, wenn man dieses Spiel des Anlockens und gleichzeitigen Sich-Abgrenzens perfekt beherrscht. Zeigen Sie ihr, dass Sie sie begehren, aber laufen Sie ihr nicht hemmungslos nach. Gerade in der ersten Phase empfiehlt es sich im Umgang mit einer Skorpion-Frau ein klein wenig der eigenen Ratio und strategischem Geschick zu vertrauen, das führt garantiert zum Erfolg. Und planen Sie mit ihrer Skorpion-Frau gleich in den ersten Monaten ein Wohlfühlwochenende ein, sie wird Sie dafür lieben!

Prominente Skorpione

Gerti Senger, Bryan Adams, Björk, Ethan Hawke, Sophie Marceau, Meg Ryan, Whoopi Goldberg, Julia Roberts, Leonardo DiCaprio, Demi Moore, Alexandra Maria Lara, Meg Ryan, Jodie Foster, Martin Scorsese, Winona Ryder, Pablo Picasso, Keith Richards

Der Schütze

Das Wassermann-Zeitalter passt wie angegossen zum Schützen. Wie ein exquisiter Maßanzug! Endlich so zu leben wie es ihm gefällt, scheint nun endgültig möglich. Schützen leben am liebsten Kurzbeziehungen von maximal zwei Jahren. Das klingt vielleicht etwas übertrieben, Erfahrungen aus meiner Praxis bestätigen diesen Eindruck allerdings immer wieder. Nach spätestens zwei Jahren wird es für die Schützen kritisch und dann möchten sie sich am liebsten sofort aus der Partnerschaft abseilen. Nach dieser Phase der ersten Verliebtheit, tauchen meist die ersten Probleme auf – was eigentlich ganz normal ist – aber Beziehungsprobleme zu lösen, ist so überhaupt nicht ihr Ding. Es grenzt schon an ein Wunder, wenn man es schafft, den Schützen vor den Traualtar zu bringen, um ihm den Ehering anzustecken. Ein Schütze schafft es nur dann in einer Beziehung zu leben und darin sein Glück zu finden, wenn damit absolut keine Zwänge verbunden sind. Versucht man den Schützen auf Linie zu bringen, bewirkt der Druck, dass er vielleicht schon am nächsten Tag ausbricht und nicht mehr zurückkommt. Er geht fort um „schnell mal Zigaretten zu kaufen" und wird nicht wieder gesehen. Das ist absolut typisch für den Schützen, aus einer Beziehung zu verschwinden, ohne dem Partner die Möglichkeit einer Auseinandersetzung zu geben. So wissen die verlassenen Schütze-Partner oft nicht einmal, wieso die Beziehung den Bach hinunter gegangen ist und was dem anderen an der gemeinsam verbrachten Zeit so sehr missfallen hat.

Das Wassermann-Zeitalter ist daher für den Schützen wie geschaffen. Es ist extrem schnelllebig, es ist immer etwas los. Zwischenmenschliche Tiefen werden so gut es geht vermieden oder es wird einem zumindest leicht gemacht an „Liebe" heranzukommen, ohne sich in emotionale Tiefen begeben zu müssen. Noch nie war es so leicht, die sozialen Ressourcen einer Zeit für alle individuellen Bedürfnisse so unmittelbar zu instrumentalisieren wie jetzt im Wassermann-Zeitalter.

Der Schütze heiratet, wie bereits beschrieben, nicht sehr gerne und lebt viel lieber in Beziehungen ohne Ehering. Es scheint ganz so, als bekäme er in einer Ehe klaustrophobe Zustände und das nur auf Grund des Eheversprechens. Kinder sind allerdings für ihn kein Problem, auch wenn er manchmal damit ein wenig überfordert scheint. Mit Kindern lebt er nach dem unkomplizierten Motto: „Man bekommt sie schon irgendwie groß."

Der Schütze ist in Sachen Affären ein wahrer Luftikus, denn er ist auch nicht abgeneigt, sich zwei Verabredungen am selben Tag auszumachen. Hat er gerade Lust und Laune auf neue Bekanntschaften, gibt er Gas und scheut keinen Aufwand - ein Date am Nachmittag und noch eines am Abend bereiten ihm keinerlei Probleme.

Der Schütze ist also der ideale Seitensprung für Verheiratete, die auf der Suche nach einem unverbindlichen Abenteuer sind und dieses über einen längeren Zeitraum führen möchten. Der Schütze ist glücklich darüber, dass man gebunden ist und er wird nie irgendwelche Ansprüche auf mehr erheben. Der Schütze will ja auch keine Verantwortung übernehmen und eine Liebelei mit jemandem der aus seiner Beziehung nicht aussteigen möchte, kommt ihm mehr als entgegen, macht ihn enorm sicher und selbstbewusst. Lockere Verhältnisse dieser Art können beim Schützen ewig dauern. Er findet darin, was er sucht, nämlich Liebe und Aufmerksamkeit ohne größere Verpflichtungen, die ihm eventuell die Luft zum Atmen nehmen könnten.

Jetzt ist für den Schützen reger Partnerwechsel angesagt und Dank der neuen Voraussetzungen auch leichter möglich denn je. Rein ins Internet und auf die Spielwiese der erotischen Begegnungen! Tausende Möglichkeiten um potentielle Partner effektiv kennen zu lernen! Erotik mit tiefergehenden Gefühlen ist dem Schützen dabei überhaupt nicht wichtig, denn so viel möchte er in oberflächliche Begegnungen sowieso nicht investieren. Zurzeit ist er sich selbst am nächsten und möchte daher am liebsten vollkommen ungebunden sein. Oberflächliche Spielereien sind ihm sehr willkommen, aber Verbindlichkeiten sind verpönt, denn festnageln lassen möchte er sich keinesfalls. Wenn es tatsächlich einmal zu einer Partnerschaft kommt, dann am besten in getrennten Wohnungen und mit großzügigen gegenseitigen Freiheiten. Der Schütze ist daher auch der geeignete Partner für Fernbeziehungen. Er kommt an und weiß, dass er in wenigen Tagen bereits wieder zurück fährt. Das liegt ihm sehr und so funktioniert es für ihn und mit ihm sehr gut und die Beziehung kann auf diese Weise ewig dauern. Der Partner darf darüber hinaus aber nur nicht mehr erwarten. Eine Zusammenführung der Wohnsitze würde nicht funktionieren und erbärmlich scheitern. Der Schütze will in Wirklichkeit keine Alltagsbeziehung und schätzt eher so eine Art unaufdringliche Urlaubsbeziehung, daher kommt die Fernbeziehung seinen Vorstellungen am nächsten. Ein paar Tage partnerschaftlicher Nähe hält er schon ohne weiteres durch, aber mehr keinesfalls. Sobald er merkt, dass sein Partner klammert und eine richtig enge Beziehung von ihm verlangt, ist der Schütze auch schon wieder dahin und wird jeglichen Kontakt von einer Stunde auf die nächste abbrechen – kommentarlos, denn der Schütze möchte sich nicht erklären müssen.

Es ist also alles andere als einfach mit ihm. Der Schütze ist so schnelllebig, dass gezeugte Wunschkinder zum Zeitpunkt der Geburt schon lange nicht mehr erwünscht sind. Er ist ein Luftikus und einfach nicht zu halten. Dabei ist der Schütze ein heiterer, netter Mensch und als Freund absolut unterhaltsam und ideal. Er ist großzügig, voller Elan und man kann viel mit ihm unternehmen. Wenn es aber ernsthafter werden soll, dann ist es mit ihm sofort schwierig und er will auf der Stelle ausbüchsen.

Ich beobachte immer wieder, dass die Schütze-Frau von einer Familie und Kindern träumt, während sie in Wirklichkeit diese klassische Rolle als Mutter und Ehefrau gar nicht einnehmen kann, wie es zum Beispiel ein Krebs oder Stier mühelos schafft. Schütze-Frauen sind dem Partner und den gemeinsamen Kindern gegenüber eher ungeduldig. Sie brauchen einen äußerst flexiblen und verständnisvollen Partner und unkomplizierte Kinder, dann geht es gut. Der Partner muss von vornherein diesen Zwiespalt akzeptieren, in welchem sich seine Frau befindet. Einerseits hegt sie den großen Wunsch nach Geborgenheit, Familie und eigenem Nachwuchs. Andererseits hat sie großes Verlangen nach Unabhängigkeit und ausgelebter Eigendynamik. Es kann durchaus auch der Wunsch einer Schütze-Frau aufsteigen, immer wieder ein paar Tage ohne Familie zu verbringen. Wie sie das allerdings ihrem Partner beibringt, ist eine andere Sache. Ideal wäre vielleicht auch ein Beruf, der sie während der Woche von zu Hause fern hält, sodass das Familienleben ausschließlich am Wochenende stattfindet. Unter solchen Voraussetzungen könnte es durchaus ganz gut funktionieren.

Mit diesen Partnern klappt es nicht im Wassermann-Zeitalter

Mit dem Steinbock klappt es überhaupt nicht, denn der Steinbock erwartet von seinem Partner viel mehr Zuverlässigkeit und Verbindlichkeit. Mit dem Stier, dem Krebs, der Jungfrau, dem Skorpion und den Fischen kann es über kurz oder lang auch nur scheitern. Auch diese Zeichen wissen mit der Unverbindlichkeit, Unberechenbarkeit und Unkontrollierbarkeit des Schützen gar nichts anzufangen. Wer Beständigkeit, Verbindlichkeit und eher traditionelle Werte sucht, ist beim Schützen schlecht aufgehoben.

Der optimale Schütze-Partner im Wassermann-Zeitalter

Wassermann, Zwillinge und Widder sind Partner, die ziemlich gut passen und die über das entsprechende Maß an Lebensfreude, Flexibilität, Toleranz und Spontaneität verfügen, um mit dem Schützen auch über längere Zeit zu harmonieren. Alle drei sind in der Lage die Purzelbäume des Schützen nachzuvollziehen und zumindest zeitweise auch mitzumachen. Teilweise passt es auch mit dem Löwen. Bei ihm muss sich der Schütze allerdings schon wieder etwas zurückhalten. Wenn der Löwe nicht genügend Beachtung und Respekt bekommt, wird er sich seinerseits vom Schützen lossagen. Schließlich braucht die löwische Majestät verlässliche Untertanen.

So verführt man den Schützen

Am besten läuft es mit einem Schütze-Mann, wenn Sie ihm von Anfang an ein Höchstmaß an Freiheiten zugestehen, ihm versichern, nie heiraten zu wollen und auf eigene Kinder wenig Wert zu legen. Lassen Sie ihm gegenüber alles offen und legen

Sie sich mit ihm nicht fest, bleiben Sie absolut unverbindlich und lassen Sie ihn einfach kommen, wann es ihm beliebt. Wenn Sie einen Schritt zurück machen, kommt Ihnen der Schütze mindestens zwei entgegen. Sie punkten ungemein mit unverbindlichen Verabschiedungen wie: „Wir hören uns nächste Woche wieder irgendwann einmal!" Das macht Sie ihm gegenüber unheimlich interessant, denn Unverbindlichkeiten lassen ihn geradezu aufhorchen. Die Strategie des Unverbindlichen geht beim Schütze-Mann voll auf, da wird er neugierig. Bleiben Sie also in der Phase des Datings konsequent dabei und Sie haben ihn so gut wie in der Tasche.

Sagen Sie ihm, er sei der Typ, mit dem Sie die Welt kennen lernen möchten. Mit Reisezielen wie Australien, Kanada, der Sahara oder mit Motorradreisen durch die Toskana lassen Sie den Schütze-Mann aufhorchen. Aber klammern Sie ja nicht und erwarten Sie nicht sofort Verbindlichkeiten, das schlägt ihn bestimmt in die Flucht. Der Schütze ist wie ein scheues Eichkätzchen. Sie müssen ihn erst anlocken und dann ist es noch nicht sicher, ob er bleibt oder nicht doch wieder das Weite sucht.

Die Schütze-Frau braucht einen unkonventionellen und abenteuerlustigen Mann. Mit Urlauben in einer entlegenen Hütte am Meer oder auf einer Farm in Australien gewinnen Sie ihr Interesse spontan. Die Schütze-Frau ist im Verhalten ähnlich wie der Schütze-Mann. Lassen Sie verbindliche Wünsche und Visionen einfach sein, denn das würde ihr die Lust am Date sofort nehmen. Und lassen Sie auf alle Fälle Ihre Familie aus dem Spiel, damit wäre die Schütze-Frau ebenso überfordert. Sie ist in Erwartung eines prickelnden und aufregenden Dates mit Ihnen zusammengekommen und hat keine Lust auf Ihren Clan. Mit Ihrem Freundeskreis wird sie sich allerdings sehr rasch und gerne vertraut machen, da sie an neuen Freundschaften allemal interessiert ist.

Prominente Schützen

Hermann Maier, Alfons Haider, Jazz Gitti, Till Schweiger, Britney Spears, Christina Aguilera, Brad Pitt, Milla Jovovich, Ben Stiller, John Malkovich, Bette Midler, Samuel L. Jackson, Steven Spielberg, Katie Holmes, Kiefer Sutherland, Kim Basinger, Ludwig van Beethoven

Der Steinbock ♑

Der Steinbock hat es mit den extremen Auswüchsen des Wassermann-Zeitalters nicht gerade einfach. Mit seinen saturnischen, starren Ansichten und seinen traditionellen Verhaftungen steht er in diesem Zeitalter vor ganz schwierigen Herausforderungen. Einerseits ist der Steinbock ein sehr großer Realist und passt sich dem Zeitgeistigen und dem Tempo an, so weit es ihm möglich und den praktischen Erfordernissen angemessen erscheint. Andererseits darf es für ihn nicht zu turbulent und kompliziert werden, sonst verweigert er sich dem Trend. Der Steinbock strebt Beständigkeit und solide Verhältnisse an, bekommt er diese von seinem Partner nicht, heiratet er ihn erst gar nicht. Er kann nämlich auch ganz gut alleine leben und hier kommt ihm das Wassermann-Zeitalter sehr entgegen - nicht umsonst ist das Wassermannzeitalter auch das Zeitalter der Singles. Man kann ohne Partner leben, ohne von der Umwelt schief angesehen zu werden. Allein zu leben stört den Steinbock ganz und gar nicht, schließlich sieht man sein Vorbild aus der Natur auf Tierdarstellungen ja auch immer allein am Gipfel des Berges. Da kommt er hervorragend auch ohne Partner hin. Auf sich selbst zu verlassen ist für den Steinbock kein Problem, sondern durchaus angenehm. Er braucht niemanden zur Unterhaltung und fühlt sich trotzdem nur selten einsam.

Der Steinbock geht aus eigenem Antrieb kaum hinaus um fremde Menschen anzusprechen. Insofern kommt ihm das Internet mit all seinen Vorteilen wie gerufen. Er nützt die Technik, um seine Gesprächspartner rigoros auszusortieren. Er kontaktiert übers Internet so lange, bis er weiß, ob die fragliche Person seinen Bedürfnissen entspricht oder nicht. Der Steinbock ist der saturnische Prüfer, er nimmt keinen Kontakt einfach an, ohne ihn genau hinterfragt zu haben. Ist er sich dann seiner Sache sicher, vertieft er die Angelegenheit. Diese Manie des Prüfens nimmt ihm allerdings auch die Leichtigkeit, um Partnerschaften unbeschwert auszuleben. Er setzt sich außerdem ständig unter Leistungsdruck und ist ein verantwortungsvoller Betreuer, eine regelrechte Helfernatur, die sich den übernommenen Aufgaben bis zur Selbstaufgabe unterordnet.

Der Steinbock ist mit seinem Sicherheitsbedürfnis, mit dem er vor allem gerne auf Altbewährtes zurückgreift, ein sehr traditionsbewusstes Sternzeichen. Daher kommt er zum Beispiel mit dem Fremdgehen des Partners und anderen beunruhigenden Auswüchsen des Wassermann-Zeitalters sehr schwer zurecht. Der Steinbock legt großen Wert auf Familientradition und überlässt möglichst nichts dem Zufall. Er plant die Gründung und Weiterentwicklung seiner Familie sehr genau, er will Stabilität und Geborgenheit. Der Steinbock ist seinem Umfeld gegenüber auch sehr verantwortungsbewusst, und will deshalb, dass es seiner Familie immer so gut wie möglich geht.

Der Steinbock hat in seiner Partnerschaft allerdings ein kleines Problem. Er ist kein Romantiker und kann Gefühle nicht besonders gut vermitteln. Diesbezüglich ist er eher wortkarg und unbeholfen. Er kann seinem Partner nicht die Sterne vom Himmel holen und über romantische Träume quasseln. Will man von ihm Liebeserklärungen hören, wird man die Ohren vergebens spitzen. Eine derartige Erwartung sollte man ganz rasch wieder vergessen, diese kann der Steinbock nicht erfüllen. Er zeigt dem Partner seine Liebe vielmehr durch Verlässlichkeit und durch seine Taten. Der Steinbock ist kein Verbalromantiker sondern einer, der eben einmal rasch den Einkauf macht und gleichzeitig die Kinder von der Schule abholt. Er verliert nichts aus dem

Auge und ist ein absolut zuverlässiger Partner, dem man nicht erst sagen muss, was zu erledigen wäre. Er sieht es von selbst!

Die Steinbock-Frau ist partnerschaftlich gesehen wesentlich beständiger als der Steinbock-Mann. Letzterer ist ganz gerne Single, denn er braucht keine Frau für den Haushalt, das schafft er auch allein. Der Steinbock-Mann kann sehr gut kochen, ist praktisch veranlagt und wirtschaftlich äußerst orientiert. Wenn er sich zu einer Beziehung entschließt, dann muss es für ihn schon von allen Seiten betrachtet gut funktionieren. Aus reiner Gefühlsduselei wird er sich darauf nicht einlassen, daran mangelt es ihm sowieso, wie ich bereits erwähnte. Nein, da spricht vor allem die Ratio ein gewichtiges Wörtchen mit. Dass sich der Steinbock-Mann Hals über Kopf verliebt und dabei die Vernunft über Bord wirft, ist so gut wie auszuschließen. Er steht immer mit beiden Beinen fest auf der Erde. Er wird natürlich auch kaum Schmetterlinge im Bauch verspüren oder Ähnliches. Und das ist eigentlich schade.

Die Steinbock-Frau sucht in ihrem Partner das Traditionelle. Der Status ist ihr, ähnlich der Jungfrau, sehr wichtig und entscheidet darüber, ob sie sich einem Mann nähert oder nicht. Sie möchte einen erfolgreichen Mann und will sich mit ihm in der Gesellschaft zeigen. Jeder soll sehen, was für einen tollen Fang sie gemacht hat. Der Steinbock-Frau ist das Single-Dasein zuwider, sie sucht Familie und Beständigkeit und die damit verbundene solide wirtschaftliche Absicherung. Dafür belohnt sie ihren Partner mit Treue und Sicherheit. Fremdzugehen liegt ihr überhaupt nicht.
Wie ist es mit der Erotik um den Steinbock bestellt? Man hört immer wieder, der Steinbock wäre ein sehr gefühlskaltes Sternzeichen, ohne großes erotisches Interesse. Vielleicht ist er aber auch ein Vulkan unter einer dicken Eisdecke, die temporär sogar etwas abschmilzt? Ich kenne sehr viele Steinbock-Männer, denen Erotik und Sexualität sehr wichtig sind und die sie selbstbewusst und durchaus ausschweifend auszuleben verstehen. Es ist auch interessant, dass gerade der Steinbock seine Sexualität bis

ins hohe Alter aktiv aufrecht erhält. Ich kannte einmal einen Steinbock, der war mit fünfundachtzig noch sehr gut in Schuss und hatte einige Freundinnen, die er rundum zu verwöhnen imstande war. Man erinnere sich nur an Charlie Chaplin, er zeugte ja noch mit zweiundachtzig Jahren erfolgreich ein Kind. Auch der österreichische Journalist Günther Nenning wurde mit über siebzig noch einmal Vater.

Die vielschichtige Ausstrahlung des Steinbocks ist wahnsinnig interessant und überlässt dem Betrachter mannigfaltige Interpretationsmöglichkeiten. Eine typische Steinbock-Frau ist für mich diesbezüglich auch Marlene Dietrich, denn man hat ihr immer ein hohes erotisches Potential nachgesagt, obwohl sie eine sehr kalte Ausstrahlung hatte. Vielleicht war für ihre Umwelt auch das Kühle und Abweisende an ihr so reizvoll und interessant. Der Steinbock ist oft auch bisexuell und diesbezüglich war ja auch Marlene Dietrich keine Kostverächterin. Steinbock-Frauen sind meist sehr schöne und auffällige Frauen, wie zum Beispiel auch Hildegard Knef, Desiree Nosbusch oder Christine Kaufmann.

Mit diesen Partnern klappt es nicht im Wassermann-Zeitalter

Wie viele ja wissen bin ich selbst auch Steinbock. Mein erster Mann war vom Sternzeichen Zwillinge, mein zweiter Mann Schütze - beide sind allerdings Sternzeichen mit welchen der Steinbock nicht unbedingt eine feste Beziehung eingehen sollte. Das wusste ich damals allerdings noch nicht, weil ich mich noch nicht mit der Astrologie beschäftigt hatte. Diese Sternzeichen sind einfach zu oberflächlich für den Steinbock und können ihm die Sicherheit, die er sich wünscht, nicht ausreichend vermitteln. Schwierig wird es auch mit einem Widder. Er ist zu ungestüm und springt dem Steinbock zu unberechenbar in der Weltgeschichte herum. Mit einer Waage kommt er auch nicht zurecht, denn sie kann sich ja überhaupt nicht entscheiden. Der Steinbock sagt schwarz auf weiß wo es lang geht und hätte deshalb mit der unentschlossenen Waage keine Freude. Sie würde die nachdrückliche Bestimmtheit des Steinbocks auf Dauer auch nicht verkraften, und sich allmählich ihrer Persönlichkeit beraubt fühlen.

Der optimale Steinbock-Partner im Wassermann-Zeitalter

Mit der Jungfrau, dem Stier – beides verlässliche, solide Erdzeichen - klappt es wie am Schnürchen. Meine Praxis zeigt, dass es auch mit dem Wassermann immer wieder ganz gut läuft. Ihn findet der Steinbock sehr originell und unterhaltsam – der Wassermann bringt ihm die nötige Auflockerung in den oft allzu ernsthaften Alltag. Mit dem Löwen klappt es auch wunderbar, denn er kann dem Steinbock ein repräsentatives Leben und die erwünschte gesellschaftliche Anerkennung bieten. Mit dem Skorpion funktioniert es meistens auch, denn irgendwie schafft es der unnachgiebige Skorpion, die dicke Eisdecke über dem Vulkan des Steinbocks mit seinem Stachel zu knacken. Der Skorpion ist für ihn der erotische Eisbrecher und der Steinbock genießt das in vollen Zügen.

So verführt man den Steinbock

Ein Steinbock-Mann legt bei seiner Partnerin Wert auf Etikette und gutes Aussehen. Motzen Sie sich also für das erste Date ordentlich auf, daran findet er Gefallen und er wird Sie bereits zur Begrüßung ganz genau und vor allem wohlwollend abchecken. Ihr Outfit muss nicht teuer sein, aber es sollte Ihnen eine unverkennbar klassische Note verleihen. Signalisieren Sie dem Steinbock-Mann im Gespräch, dass Sie wirtschaftlich denken und sparsam sind, das ist ihm sehr wichtig. Mit ihm können Sie auch bedenkenlos über Ihre Zukunftsperspektiven sprechen, denn das wird ihn alles andere als in Panik versetzen. Ein Steinbock-Mann ist eher ein Individualist, bedenken Sie das unbedingt bei der Planung Ihres Dates. Der Steinbock-Mann braucht kein Schickimickiflair und er schätzt es, wenn er sich mit Ihnen allein unterhalten kann, ganz ohne großen Zirkus und lästige Nebengeräusche.

Eine Steinbock-Frau erobern Sie mit gutem Benehmen, geschmackvoller Kleidung und einem netten Auto. Ihr fahrbarer Untersatz sollte allerdings nicht protzig oder allzu unkonventionell wirken, sondern eher einer gediegenen Traditionsmarke angehören. Mit einem tiefer gelegten Auto und extrem röhrender Sportauspuffanlage fängt eine Steinbock-Frau gar nichts an. Ein Format wie die S-Klasse hingegen lässt ihr Herz bereits spürbar höher schlagen. Beruflich sollten Sie unbedingt erfolgreich sein und zumindest einen Job in der mittleren Managementebene bekleiden. Einer Steinbock-Frau ist die Karriere ihres Partners sehr wichtig, denn über seinen Job definiert sie sich mit.

Prominente Steinböcke

Marlene Dietrich, Michael Schumacher, Ricky Martin, Mel Gibson, Marilyn Manson, Elvis Presley, Kevin Costner, Nicolas Cage, Christine Kaufmann, Konrad Adenauer, Albert Schweitzer, Henry Miller, David Bowie

Der Wassermann

Das Wassermann-Zeitalter ist für den Wassermann so klar sein persönliches Biotop wie jeder Shopping-Tempel für Paris Hilton. Wassermänner haben jetzt eindeutig die Nase vorn. Sie genießen, leben auf und sind ihrer Zeit wie immer voraus – und genau damit endlich auch auf der Höhe der Zeit. Sie machen alle möglichen verrückte Dinge und sind dabei auch noch wahnsinnig kreativ. Nun dürfen sie getrost einmal mit dem Strom schwimmen. Es ist ja ihr Strom, durch den sie heute so gekonnt paddeln. Das ihnen an und für sich angeborene „gegen den Strom zu schwimmen" können sie jetzt endgültig lassen - das würde im Wassermann-Zeitalter sowieso nicht funktionieren, sie würden dabei sang- und klanglos untergehen. Aber wie schon erwähnt, individualistischer Eigensinn ist jetzt keine Widerstandshaltung mehr, sondern der eigentliche Wesenszug des Zeitgeistes.

Der Wassermann ist ein äußerst origineller Partner. Er ist lustig, unterhaltsam und aufmerksam zugleich. In einer Beziehung mit ihm darf man keinesfalls kleinkariert sein, denn der Wassermann ist ein Luftzeichen. Dass heißt man darf ihn in einer Partnerschaft auch nicht einsperren, es würde ihm die Luft zum Atmen nehmen und das würde auf Dauer sicher nicht gut gehen. Er würde aus der Beziehung flüchten und zwar auf Nimmerwiedersehen.

Der Wassermann ist ein Partner für begrenzte Beziehungen in überschaubaren zeitlichen Dimensionen. Er hat grundsätzlich ein Problem, denn in jungen Jahren möchte er Familie und Beständigkeit. Aber ein paar Jährchen später kommt der Uranus mächtig ins Spiel und krempelt sein Leben um. Das passiert so zwischen dem vierzigsten und zweiundvierzigsten Lebensjahr. Im Dunstkreis des Uranus vollzieht er eine plötzliche Wende und sein Leben kommt in vollkommen neue Bahnen. Dann höre ich oft, er wäre ein anderer Mensch geworden und kaum mehr wieder zu erkennen, er hätte sich und sein Leben vollkommen verändert. Dann beginnt der Wassermann erst richtig aufzuleben und das rebellische uranische Prinzip geht voll mit ihm durch. Eine extreme Lebenswende mal drei. Er löst sich von einem Moment zum anderen aus sämtlichen Beschränkungen, Einengungen und bisher gültigen Vorgaben. Der Wassermann marschiert nun unbeirrbar auf seinem selbstbestimmten Weg vorwärts. Hindernisse kennt er keine, die werden von ihm wie von einem Bulldozer rigoros aus dem Weg geräumt. In dieser verrückten Phase kommt es natürlich auch zu den meisten Scheidungen, denn der Wassermann ist nur noch schwer auszuhalten. Letztendlich hat er mit dem Partner, den er sich einst ausgesucht hatte, nichts mehr gemein. Davon abgesehen gehören die Wassermänner sowieso von Haus aus zu den scheidungsfreudigsten Sternzeichen. Nicht umsonst gibt es daher im Wassermann-Zeitalter die bisher höchsten Scheidungsquoten.

Der Wassermann braucht das Gefühl von Freiheit. Er muss sogar in Beziehungen immer das Gefühl haben, jederzeit die Koffer packen und gehen zu können. Darin gleicht er ein wenig dem Schützen, von dem wir ja schon gehört haben. Der Wassermann möchte im Prinzip kommen und gehen, wann immer er will und das gänzlich ohne Kontrolle. In dem Moment, wo ihn ein Partner kontrolliert, beginnt er sich abzumelden. Wenn der Partner auf die Uhr sieht, um festzustellen, wann der Freigeist nach Hause kommt oder ihm unangenehme Fragen stellt, ist es mit der Beziehung schon wieder vorbei. Freiwillig erklärt sich der Wassermann gerne und er ist durchaus in seiner Art zuverlässig, aber mit Kontrollfreaks kann er überhaupt nicht in Beziehungen leben. Merkt er erst einmal, dass er überwacht und kontrolliert wird, verliert er die Lust an der Partnerschaft und macht sich sofort aus dem Staub. Am meisten punktet man beim Wassermann, wenn man ihm das Gefühl gibt, von ihm sowieso ganz unabhängig zu sein. Dann steht er strahlend vor der Tür und hat in seiner grenzenlosen Neugier Angst, es könnte ihm etwas entgangen sein.

Die Wassermann-Frau ist ein bisschen die Therapeutin, sie ist die Heilerin und der missionarische Mensch und das geht bis in die Beziehung hinein. Sie umsorgt und hegt auch ihren Partner sehr gerne. Sie braucht eine aktive Lebensgestaltung. Hat sie zum Beispiel einen Stubenhocker wie den Krebs, kann man sich von Anfang an sicher sein, dass sie über kurz oder lang das Handtuch wirft. So jemanden hält sie überhaupt nicht aus! Die Wassermann-Frau lässt sich in diese Krebsschale auf Dauer nie und nimmer hineinziehen. Sie würde sich darin wie eine Gefangene fühlen, vermutlich verrückt werden und zu ersticken drohen.

Der männliche Wassermann ist das noch luftigere Wesen, vor allem wenn er nicht wirklich geerdet ist – etwa durch seinen Aszendenten oder bestimmte Planeten in den entsprechenden Horoskophäusern. Einen Wassermann kann man nur schwer halten und es bedeutet für einen, immer auf Trab zu sein. Die Partnerin muss ihm wirklich das Gefühl geben, dass er in jeder Hinsicht unabhängig sein darf und sie muss ihm immer wieder signalisieren, dass sie zehn andere Männer an seiner Stelle haben könnte. Ist er sich nämlich ihrer absolut sicher, verliert er das Interesse an der Partnerschaft und geht seiner Wege. Sie muss außerdem in der Lage sein, das hohe Tempo, das er permanent vorgibt, mit ihm durchzuhalten. Eine Frau, die mit ihm verheiratet ist, muss sich unbedingt einen hohen Grad an Selbständigkeit bewahren. Sie könnte von einem Moment zum anderen vor dem Nichts stehen, weil er die Lust an der Beziehung verloren hat. Wie schon erwähnt: Er ist schrecklich flatterhaft und in Beziehungen alles andere als unkompliziert.

Eintönigkeit und Langeweile kann der Wassermann überhaupt nicht ausstehen. Seine Partner müssen ihm das Leben originell gestalten können und sollten möglichst über die Fähigkeiten eines Alleinunterhalters verfügen. Der Wassermann hat auch überhaupt kein Problem damit, in einer Patchworkfamilie oder in einer originellen, sexuell freizügigen Wohngemeinschaft zu leben. Alles ist möglich und solange es unkonventionell und nicht eintönig ist, wird es mit ihm eine Zeit lang ausgezeichnet funktionieren.
Wassermänner reden gerne, lieben es, ausgiebig zu flirten und werfen am liebsten alle Regeln auf einmal über Bord, um zu sehen wie weit sie mit dem Flirt des heutigen

Abends kommen. Für den Wassermann gibt es keine moralischen Hindernisse, er macht was ihm gerade in den Sinn kommt und ihn für den Moment in seinem Tun weiterbringt. Treue Sternzeichen sind sie natürlich auch nicht. Sie sind nur solange treu, wie sie von einem Partner gefesselt und vielleicht sogar im Ungewissen gelassen werden. Lässt diese Faszination bzw. Herausforderung nach, werden die Wassermänner flügge, kosten anderweitig vom Leben in vollen Zügen und werden sich über kurz oder lang aus der Beziehung verabschieden.
Wassermänner lieben die Erotik! Sie ist ihnen sehr wichtig und sie neigen aus ihrer grenzenlosen Neugierde heraus zu allen möglichen sexuellen Experimenten. Schließlich ist der alle Tabus brechende Uranus ihr Planet. Wassermänner verfügen über ein weltoffenes Liebesrepertoire und daher wird von ihnen alles ausprobiert, was ihnen gerade in den Sinn kommt. Auch Bi- oder Homosexualität ist ihnen nicht sonderlich fremd und gehört faktisch zum guten Ton. Mit Wonne treibt sich der Wassermann im Internet auf diversen erotischen Tummelplätzen herum. Er ist mit großer Begeisterung rund um den Erdball unterwegs und trifft da zumindest virtuell die faszinierendsten Menschen. Und natürlich entdeckt er dabei mit ihnen auch sein Faible für unkomplizierten Cybersex.

Mit diesen Partnern klappt es nicht im Wassermann-Zeitalter

Eine Beziehung mit dem vorsichtigen Krebs wird kaum klappen. Wie schon erwähnt ist der Krebs dem Wassermann viel zu häuslich und zurückgezogen und das wird ihm sehr rasch langweilig. Der Stier tut sich mit der Sprunghaftigkeit des Wassermanns sehr schwer, daher funktioniert auch diese Verbindung nicht besonders gut. Der Skorpion will den Wassermann in den Griff bekommen, was er sich aber bestimmt nicht gefallen lässt und rasch das Weite sucht. Der Wassermann will ja keinesfalls kontrolliert werden. Bei den beiden würde es im Laufe der Zeit Mord und Totschlag geben.

Auch der Löwe kommt mit dem Wassermann nicht klar, weil er auf Unterordnung und Bewunderung großen Wert legt und beides von einem antiautoritär eingestellten Wassermann bestimmt nicht bekommt. Die solide, gesellschaftlich angepasste Jungfrau wiederum will bestimmt nicht durch exzentrisches Gehabe auffallen, aber genau das wird ihr an der Seite eines Wassermannes nicht gelingen.

Der optimale Wassermann-Partner im Wassermann-Zeitalter

Einen stürmischen, kämpferischen Widder nimmt der Wassermann mit offenen Armen auf. Ebenso den weltoffenen Schützen und auch die Zwillinge, denn da finden sich die richtigen Sternzeichen, die allesamt von ihrer Spontaneität, Neugierde und ihrer unberechenbaren Lust auf Abwechslung getrieben werden. Das garantiert wechselseitige Faszination und pumpt immer wieder neue Energie in die Partnerschaft. Die Originalität des Wassermanns sorgt bei diesen Sternzeichen für ein regelrechtes Feuerwerk an Ideen, positiven emotionalen Impulsen und jede Menge Entertainment – allerdings nicht für alle Ewigkeit.

So verführt man den Wassermann

Ein männlicher Wassermann ist sehr leicht zu verführen. Lassen Sie einfach Ihrer Fantasie freien Lauf, das gefällt ihm. Sie punkten mit Originalität und guten, interessanten Gesprächen, denn die sind ihm sehr wichtig. Wenn Sie ihm aus Ihrem aktiven Leben und von Ihren nächsten Plänen erzählen, dann ziehen Sie ihn in Ihren Bann. Nehmen Sie ihn zu originellen Events mit, die wird er mögen. Interessant machen Sie sich dem Wassermann gegenüber auch, wenn Sie über einen tollen Freundeskreis verfügen. Dafür ist er total empfänglich und er versteht es, sich im Nu einzubringen.

Zurückhaltung beim ersten Date ist nicht nötig. Der Wassermann kommt mit Ihnen sehr schnell zur Sache, vorausgesetzt Sie wollen das auch. Ist er Ihnen bereits am ersten Abend zugeneigt, dann ist tatsächlich alles möglich. Über so ein heikles Thema wie eine Heirat sollten Sie mit ihm allerdings nicht zu früh sprechen, er will Freiheit und keinesfalls angekettet werden. Mit solchen Gesprächen würden Sie ihn wieder so schnell vertreiben, wie er in Ihr Leben eingetreten ist.

Um ein Date mit einer Wassermann-Frau vorzubereiten, sollten Sie bereits im Vorfeld viel Programm einplanen. Abwechslung und Vielfalt liebt sie ungemein! Auch mit der Einladung in ein originelles, trendiges Lokal ist sie leicht um den Finger zu wickeln. Überraschen Sie sie vielleicht sogar mit einer Städtereise übers Wochenende, damit würden Sie sofort punkten. Spontane und ungewöhnliche Einladungen sind in diesem Fall Pfeile aus Amors Köcher, denn individuelles Engagement weiß die Wassermann-Lady sehr zu schätzen. Sie sollten auch über gewisse Entertainer-Qualitäten verfügen, wenn Sie sich auf eine Wassermann-Frau einlassen. Langweilige oder sehr ruhige Männer mag sie überhaupt nicht. Nachdem sie alles andere als prüde ist, dürfen Sie sie auch sehr unkonventionell und offensiv anbaggern. Sie grenzt sich von Ihnen schon zeitgerecht ab, wenn es ihr gerade nicht recht ist oder doch noch zu früh wäre. Vermeiden Sie allzu ernsthafte Gespräche mit Ihrer Wassermann-Frau! Sie möchte leichtfüßig unterhalten werden, möglichst humorvoll und unbeschwert. Je ausgelassener der Spaß, desto leichter ist sie zu verführen und es wird bestimmt ein toller Fang.

Prominente Wassermänner

Peter Rapp, Nick Nolte, Bridget Fonda, Christina Ricci, Ashton Kutcher, Leslie Nielsen, Jennifer Aniston, John Travolta, Elijah Wood, Paul Newman, Tom Schilling, Nastassja Kinski, Phil Collins, Cindy Crawford, Dieter Bohlen, Robbie Williams,

Shakira, Sheryl Crow, Matt Dillon, Alicia Keys, Mia Farrow, Alice Cooper, Jack Lemmon, Wolfgang Amadeus Mozart, Franz Schubert, Thomas Alva Edison, Bruno Kreisky, Alfred Gusenbauer, Boris Jelzin, Josef Hader, Hans Krankl

Die Fische

Die Fische befinden sich momentan in vollkommener Auflösung. Sie haben mitunter größte Schwierigkeiten mit dem Wassermann-Zeitalter und werden aufgrund ihrer Verunsicherung durch die Schnelllebigkeit und Unberechenbarkeit dieses Zeitalters von vielen ausgenützt. Fische sind an sich schon unsichere Menschen und kommen mit der sprunghaften und unsicheren Zeit, in der wir jetzt leben, kaum zurecht. Es fehlen ihnen sichere Orientierungspunkte, denn diese finden sich täglich anderswo. Die Fische müssen im Wassermann-Zeitalter am meisten an sich arbeiten, um bestehen zu können. So wie Fische in der Natur vor Gefahren in tiefere Gewässer flüchten, so taucht auch der menschliche Fisch, der ja von Neptun beherrscht wird, immer wieder ab, um kritischen Situationen zu entrinnen. So retten sie sich auch vor den ungünstigen Einflüssen des Wassermann-Zeitalters, indem sie immer wieder vollkommen wegtreten, in Tagträume versinken und sich in ihre Traumwelten zurückziehen, um sich zu regenerieren. Sobald sie dort wieder genügend Kraft getankt haben, kehren sie ins Leben zurück und machen weiter. Dieses Verhalten aber wirkt im Wassermann-Zeitalter gar nicht mehr so sonderbar, ja, es wird sogar gefördert! Jeder kann ja tun und lassen, was er will und wenn jemand zwischendurch träumen möchte und sich solcherart dem Leben kurz entzieht, wird niemand etwas dagegen haben.

Was den Fischen in den heutigen Partnerschaften fehlt, ist das Gerüst, die Beständigkeit, der sichere Rahmen, auf den sie sich verlassen können. Es fehlt ihnen die Sicherheit und gerade die brauchen sie ganz besonders. Sie brauchen auch Familie um sich. Sie haben Angst vor dem Alleinsein. So wie in der Natur die meisten Fische in Schwärmen leben, so möchten auch die menschlichen Fische in ihrem familiären Schwarm leben, um sich so richtig geborgen zu fühlen. Allein zu leben ist ganz und gar nicht ihre Lebensform. Erleben Fische eine Trennung, haben sie entsetzliche Angst niemanden mehr zu bekommen, für immer und ewig allein bleiben zu müssen. Sind Fische tatsächlich einmal ohne Beziehung, können sie auch durchaus depressiv werden und vor ihren Ängsten in Suchtmittel wie Alkohol und Drogen fliehen. Sie sind eben richtige Beziehungsmenschen und haben sie niemanden an ihrer Seite, kränkeln sie vor sich hin. Das sind Momente, in denen sie von ihrem Freundeskreis aufgefangen werden sollten, um nicht zu tief in die selbstgemachte Krise abzurutschen. Kuppeln ist da übrigens durchaus erlaubt!

Beziehungstechnisch gesehen sind Fische sehr liebevolle und zuverlässige Partner. Fische-Männer sind alles andere als Machos, sie sind fürchterlich sensibel, suchen sich meist eine starke Frau und übergeben ihr allzu gerne die gesamte Verantwortung. Dann gehen Sie allerdings durch die Stärke der Frau oft vollkommen unter. Wenn der Frau das Verständnis und die nötige Sensibilität fehlen und sie allzu rücksichtslos agiert, dann ist der Fische-Mann damit absolut überfordert und findet sich in einer qualvollen, von Selbstzweifeln geplagten Situation wieder. Entweder flüchtet er in den Alkohol oder er geht aus der Beziehung und bleibt danach oft isoliert, frustriert und einsam.

Fische-Frauen sind besser dran. Sie sind wesentlich anpassungsfähiger und sehr hilfsbereit, extrem romantisch und liebevoll. Sie geben viel und sie sind absolut willig, in partnerschaftlichen Auseinandersetzungen nachzugeben, denn im Grunde ist ihnen der Frieden wichtiger als die Frage des Rechts. Sie betteln förmlich um Liebe und müssen da auch oft aufpassen, dass sie nicht mit Füßen getreten werden. Dieses Liebesheischen geht oft bis zur Selbstaufgabe. Grundsätzlich sind Fische erstaunlich leidensfähig und sie sind jederzeit bereit, den Kummer der ganzen Welt auf ihre Schultern zu laden.

Interessant ist, dass Fische im Wassermann-Zeitalter durchaus anpassungsfähig sind. Es folgt die Verwandlung vom Gold- zum Haifisch, die Fische beginnen zum Angriff überzugehen und an Selbstbewusstsein zuzulegen. Es ist für sie eigentlich ein Überlebensprogramm, denn würde diese Anpassung nicht nach und nach vollzogen werden, hätten es die Fische im Wassermann-Zeitalter noch weitaus mühseliger.

Überraschend ist wohl, dass Fische in ihrer Partnerschaft zu heimlichen Liebesaffären neigen. Das neptunisch Verschleiernde und die daraus resultierende Tarnung fördern solche Affären. Fischen ist partnerschaftlich nicht so ohne weiteres zu trauen und es macht durchaus Sinn ihre oft verschlungenen Wege immer wieder auf Glaubwürdigkeit zu hinterfragen. Fische sind wahnsinnig liebevoll. Man kann mit ihnen sehr gut und eng befreundet sein und trotzdem ist man bei ihnen nie sicher, dass sie nicht in den nächsten vierundzwanzig Stunden mit dem Mann der besten Freundin im Bett liegen. Fische-Männer haben, wie ich schon erwähnt habe, zu Hause die starke Ehefrau, die sie oft nur schwer ertragen und vor der sie, wenn sie die Kraft und das Vertrauen in sich dazu hätten, am liebsten davonlaufen würden. Das schaffen sie aber nicht und daher suchen sie sich lieber nebenbei ihre Freundinnen und lassen sich von ihnen wieder aufrichten. Das ist ganz typisch Fische-Mann: Er empfindet das, was er zu Hause hat, als Hölle und sucht sich auswärts das Paradies.

Fische sind überhaupt sehr leicht verführbar. Sie sind ein außerordentlich gefühlsbetontes Sternzeichen! Sie sind außerdem sehr gesellig, trinken gerne ein Gläschen Wein und man kann sicher sein, wenn die Stimmung passt und man ihnen ein wenig schmeichelt, dass man mit ihnen auf schnellstem Wege im Bett landet. Die Fische lassen sich einfach von der Gefühlswelle mitspülen und genießen dann ihr wahres Liebesglück. Sie sind sehr raffiniert darin, Affären vor der Umwelt geheim zu halten und kosten diese Verschleierungskünste auch voll aus. Tiefe Gefühle und hingebungsvoller Sex sind den Fischen sehr wichtig, sie sind für sie ein guter Teil ihres Lebens.

Allerdings stürzen sich Fische dadurch sehr oft in Beziehungsleid, aus dem sie dann kaum noch herauskommen.

Fische sind liebevolle Sternzeichen und sie haben etwas Warmherziges an sich. Es sind die Menschen, die einem mit ihrem herzlichen Lächeln Verbindlichkeit und Verständnis entgegenbringen. Man erkennt sie sofort, denn von kaum einem anderen Sternzeichen erhält man bereits im schnöden Alltag so viel Herzenswärme.

Mit diesen Partnern klappt es nicht im Wassermann-Zeitalter

Mit dem Schützen, den Zwillingen oder dem Wassermann klappt es überhaupt nicht. Das sind viel zu unruhige Gesellen für die Fische. Da würden die Fische ja verrückt werden! Sie möchten jemanden, auf den sie sich verlassen können und der ihnen Ruhe bringt. Das ist bei diesen Dreien kaum der Fall, sie brauchen vor allem Action. Die Jungfrau kann auch Probleme bereiten, denn sie analysiert und zerpflückt alles Emotionale ganz nüchtern und holt die Fische damit aufs Festland, wo sie austrocknen und ersticken. Sie nimmt ihnen ihre Tagträume, die sie für ein zufriedenes Leben unbedingt brauchen. So wie der tierische Fisch das Wasser zum Leben benötigt, brauchen die menschlichen Fische ihre Träume in denen sie sich gelegentlich vor der harten Realität des Lebens versteckten können.

Der optimale Fische-Partner im Wassermann-Zeitalter

Wohl fühlen sich die Fische beim Stier oder beim Krebs. Beide geben ihnen ein ordentliches Maß an emotionaler Sicherheit und damit auch Ausgeglichenheit. Vom Stier beziehen sie zudem mentale Stärke. Fische können auch recht gut mit dem

Steinbock in einer Partnerschaft existieren. Der Steinbock ist zwar sehr realistisch, nimmt den Fischen aber ihre Träume nicht, er lässt ihnen ihre Angewohnheiten und sorgt für verlässliche Strukturen. Auch mit dem Skorpion klappt es ganz gut, denn Fische schätzen es ja, wenn ihnen jemand sagt, wo es lang geht und ihnen damit etwas Führung gibt. Außerdem werden beide dank ihrer Gefühlstiefe und Hingabefähigkeit nicht nur romantische Sternstunden miteinander erleben, sondern im Normalfall auch wunderbaren Sex haben.

So verführt man den Fisch

Einem Fische-Mann muss man nur sehr rasch seine Gefühle offenbaren, dann ist er sehr leicht zu verführen. Wenn er merkt, dass Sie ihm starke Gefühle entgegenbringen, macht er sofort auf und belohnt Sie mit höchster Aufmerksamkeit. Sie müssen ihm zuhören können, ihm das Gefühl geben, ihn auch wirklich zu verstehen und wenn Sie ihm dann auch noch sagen, wie nett Sie ihn finden, dann haben Sie ihn im Handumdrehen um den Finger gewickelt. Bestellen Sie ihm ein gutes Glas Wein, er sieht vor Begeisterung alle Sterne strahlen und gehört mit Haut und Haaren Ihnen. Den Fische-Mann verführen Sie am einfachsten über die Gefühlsebene, indem Sie ihm Ihre Zuneigung deutlich und offen zeigen. Irgendwelche strategischen Distanzspielchen kann er gerade zu Beginn überhaupt nicht leiden und würde sich dem Abenteuer nur verschließen.

Auch eine Fische-Frau verführt man am besten mit viel Gefühl. Sie träumt gerne und wenn es Ihnen gelingt ein wenig mit ihr gemeinsam ihre Träume zu leben, dann haben Sie sie schon für sich gewonnen. Sagen Sie ihr ruhig auch, dass Sie einmal eine Familie haben möchten und einen dazu passenden Familiensitz, dann punkten Sie zusätzlich, denn das sind genau ihre Lebensträume. Wenn sie Ihrer Fische-Frau unterwegs kleine

Geschenke kaufen, eine Blume oder ein Buch, dann fallen Sie schon beim ersten Date extrem positiv auf. Und wie angeln Sie dann weiter? Ein nettes romantisches Hotel abseits des Trubels, in dem die Fische-Frau mit Ihnen die Zweisamkeit so richtig ungestört genießen kann, ist ein heißer Eroberungstipp. Mit ihr können Sie aber auch nur stundenlang Händchen halten ohne aufdringlich zu wirken. Sie liebt Ihre Nähe und ist ja gerade auf der romantischen Gefühlsebene sehr empfänglich.

Prominente Fische

Liz Taylor, Uschi Glas, Niki Lauda, Heinz Rühmann, Albert Einstein, Jon Bon Jovi, Sharon Stone, Christiane Paul, Anthony Daniels, Bruce Willis, Jennifer Love Hewitt, Kurt Russell, Kurt Cobain, Ronan Keating, Nina Hagen, Wolfgang Petersen, Drew Barrymore, Falco, Rainhard Fendrich, Wolfgang Ambros, George Harrison

Kinder – ihre Bedürfnisse, ihre Chancen

Die Sternzeichen im Wassermann-Zeitalter

Frühe Selbständigkeit ist gefragt

Das Kindsein verändert sich im Wassermann-Zeitalter vollkommen. Kinder dieser Zeit beginnen mehr oder weniger notgedrungen bereits im Alter von eineinhalb, zwei Jahren mit einer gewissen Selbständigkeit und kommen zur Tagesmutter oder in die Kleinkindkrippe. Frühere Geborgenheit in der Großfamilie und das Nestleben der Vergangenheit sind längst passee oder zumindest zur Ausnahme geworden. Die Großfamilie gibt es seit dem Beginn des Wassermann-Zeitalters immer seltener, viele Großeltern arbeiten selbst noch und stehen für den kleinen Nachwuchs längst nicht mehr zur Verfügung. Die oft zitierte Schnelllebigkeit des Wassermann-Zeitalters beginnt also bereits bei den Kindern zu wirken. Sie müssen früh flexibel leben und lernen daher meist sehr rasch, sich an unterschiedlichste Lebenssituationen anzupassen. Sie wachsen mit bezahlten fremden „Müttern" und „Geschwistern" in Großgruppen auf, sozusagen in den modernen Großfamilien unserer Zeit.

Diese hochflexiblen Kinder werden sich in Hinkunft sicherlich in ihren weiteren Stationen wie Schule, Internat, Ausbildung im Ausland, etc. wesentlich leichter tun als Kinder aus wohl behüteten Familien, welche vielleicht zuwenig Raum zur Entfaltung ihrer Selbständigkeit erhalten haben.

Krebs-, Fische- und Steinbock-Kinder suchen nach wie vor die Geborgenheit und kommen damit kaum zurecht, bereits als Babys in eine erste Abnabelungsphase gestoßen zu werden. Gerade sie würden viel lieber noch über Jahre die mütterliche Herzenswärme in vollen Zügen aufsaugen. Zwillinge-, Wassermänner-, Löwen- oder Schütze-Kinder hingegen schätzen Jubel, Trubel, Heiterkeit. Gerade ihnen ist es kaum ein Problem, sich dem Tempo des Wassermann-Zeitalters hinzugeben. Weg vom Elternhaus in die nächste Kindergruppe – allerdings doch mit dem sicheren Wissen, dass es täglich ein Zurück und ein Wiedersehen mit den Eltern gibt. Sie gehören übrigens auch jener Gruppe von Kindern an, die sich viel schneller entwickeln und Förderungen durch Kinderkurse aller Art außerordentlich zu schätzen wissen. Sie sind die Draufgänger unserer Zeit und schöpfen die ihnen gebotenen Möglichkeiten bereits sehr früh aus.

Achtung, Probleme bahnen sich an

Der frühe Abnabelungsprozess und die offensichtlich problemlose Orientierung zu allen möglichen Gruppen birgt natürlich die Gefahr, überall zuhause zu sein und alles ausprobieren zu wollen. Der Weg in ein Umfeld mit Drogen und Alkohol wird dadurch leicht gemacht, wesentlich leichter zumindest als noch vor zehn oder zwanzig Jahren. Trotz allem ist es angebracht, den Kindern gewisse Freiräume zu lassen und sie nicht ihrer Selbständigkeit zu berauben. Diesen hohen Grad an Selbständigkeit werden sie im rauen Sturm des Wassermann-Zeitalters noch benötigen. Es ist allerdings kein Fehler, als Elternteil von außen das Umfeld des Kindes im Auge zu behalten und die Kontrolle nicht ganz außer Acht zu lassen. Sie sollten unbedingt wissen, was Ihr Kind in seiner Freizeit macht und wer die aktuellen Freunde Ihres Kindes sind. Das Kind kann selbständig sein, aber man sollte es nicht sich selbst überlassen oder gar vernachlässigen.

Die großen Chancen des Wassermann-Zeitalters

Die Chancen des Wassermann-Zeitalters sind gerade für Kinder wirklich enorm. Sie haben die Möglichkeit alles zu machen und jetzt haben sie auch noch die Option entsprechend ihren Begabungen punktgenau gefördert zu werden. Kein Kind muss, wie noch vor wenigen Jahren, blind in einen Beruf um dort festzustellen, dass es hier absolut am falschen Platz ist. Das Informationsspektrum ist grenzenlos und bietet daher bisher ungeahnte Chancen zur richtigen Berufswahl. Ein typisches Resultat des Wassermann-Zeitalters. Jeder weiß alles und wenn nicht, ist ihm zumindest bekannt, wie er innerhalb kürzester Zeit an die notwendigen Informationen heran kommt. Die Kinder des Wassermann-Zeitalters können alles ausprobieren und genießen großzügige Freiheiten. Früher musste man mangels finanzieller Mittel alles Begonnene erst zu Ende bringen und konnte sich dann erst umorientieren. Heute ist es ohne weiteres möglich, jederzeit zurück an den Start zu gehen um etwas Neues zu beginnen. Die ganze Palette des Lebens steht unseren Kindern zur Verfügung. Trotz allem ist auf eine gewisse Balance zu achten: Einerseits Freiheiten zu gewähren und andererseits darauf Wert zu legen, dass sich der Nachwuchs nicht im mannigfaltigen Erproben hoffnungslos verzettelt und über Jahre sinnlos auf der Stelle tritt. Hier könnte zum Beispiel auch die Astrologie einhaken, um Begabungen, Talente und Anlagen auszuloten um das Kind wesentlich effizienter zum persönlichen Erfolgt führen.

Früher war die Sicherheit des Arbeitsplatzes das wichtigste Kriterium und es war oft ganz egal, ob die Tätigkeit den Talenten und Bedürfnissen des Kindes entgegen kam oder nicht. Heute geht das nicht mehr, denn die Kinder des Wassermann-Zeitalters verfügen über eine enorm starke Persönlichkeit und lassen sich den Vollzugsstempel ihrer Eltern nicht mehr widerstandslos aufdrücken.

Unbegrenzte Möglichkeiten, sich zu entfalten und zu entwickeln

Unseren Kindern werden in der Entwicklung kaum noch hinderliche Grenzen gesetzt und Talente können zum Wohl der Kinder gefördert und ausgeschöpft werden. Trotz allem rate ich allen Eltern, sich nicht zu sehr zurückzuziehen und es mit der Selbständigkeit nicht zu übertreiben. Man muss auch jetzt nicht allen Forderungen der Kinder bedingungslos nachgeben, denn Grenzen der Vernunft dürfen auch im Wassermann-Zeitalter gesetzt werden. Stehen Sie Ihren Kindern mit Ratschlägen zur Seite und sind Sie einfach für sie da. Den Weg müssen wir als Erwachsene aufzeigen, wir müssen sagen, wohin der eingeschlagene Weg führt, wir haben die Gabe Distanzen und Entwicklungen zu überblicken die unsere Kinder noch nicht einschätzen können. Die größte Selbständigkeit unserer Kinder ist unnütz, wenn diese nicht auch auf die Lebenserfahrung der älteren Generation bauen können.

Die Widder-Kinder

Widder-Kinder sind aktive und sehr lebhafte Wesen. Sie sind durch Ihren Herrscher Mars, dem Energieplaneten, mit enormer Energie ausgestattet und man kann immer wieder beobachten, dass Widder-Kinder bereits im Kinderwagen quicklebendig, sehr lustig und äußerst neugierig sind. Sie beginnen sehr bald zu stehen und wollen unbedingt mitten im Wirbelwind des Wassermann-Zeitalters sein und das so früh wie nur möglich. Sie stürmen vor, sind absolut bewegungsaktive Kinder und beginnen sehr bald zu laufen, einfach um dabei zu sein. Widder-Kinder wollen mitten im Geschehen sein und sind absolut keine Kinder, die ewig herumsitzen können und sich selbst beschäftigen möchten. Oft zu beobachten ist die Tatsache, dass sie im Zuge ihrer ersten Gehversuche angeschlagen sind. Widder-Kinder sind durch ihren Tatendrang immer ein bisschen verbeult, sie gehen buchstäblich mit dem Kopf durch die Wand, fallen hinunter und tun sich oft fürchterlich weh. Sie sind absolut ungestüm und schnell. Man kann gar nicht genug auf sie aufpassen, dass in einem unbeachteten Augenblick nicht bereits wieder ein kleines Unglück passiert.

Widder-Kinder muss man tatsächlich aktiv ins Leben einbinden, man muss ihnen viel zeigen, sich intensiv mit ihnen beschäftigen. Sie sind gerne unterwegs und verfügen über einen beinahe unstillbaren Lebenshunger.

Sobald sie größer werden, ist es ratsam, sie in einem Sportclub oder dergleichen unterzubringen. Widder-Kinder müssen sich bewegen und brauchen jede Menge Auslauf. Sie müssen ihre Marsenergie sozusagen über einen Katalysator abgeben können, das kann zum Beispiel ein gezieltes Sporttraining sein. Bietet man diesen Ausgleich nicht, ist das Kind in seiner Unruhe oft nur schwer auszuhalten und es könnte dann auch sehr problematisch werden.

Widder-Mädchen tanzen oder reiten gerne, Widder-Buben lieben es zum Beispiel, Schlagzeug oder Fußball zu spielen. Kräfteraubende Hobbys sind für beide gerade richtig und sollten unbedingt von den Eltern gefördert werden. Widder-Kinder leben gerne in Gruppen, sie schätzen einen ordentlichen und aktiven Freundeskreis und sind generell extrovertiert.

Stundenlanges Herumsitzen ist Widder-Kindern absolut unmöglich, da verzweifeln sie. Beim Lernen muss es möglich sein, nach ein, zwei Stunden zu unterbrechen, um anschließend ein bisschen Bewegung zu machen, danach funktioniert eine weitere

Lernphase nahezu problemlos. Man kann sie nicht stundenlang festnageln, denn sie würden die Zusammenarbeit aufkündigen und auf stur schalten. Sie würden zerstörerisch werden und jede weitere geistige Aufnahme verweigern. Daher ist es unbedingt nötig, diese Frustration im Vorfeld abzufangen und für die nötige Pause in Form eines sportlichen Intermezzos zu sorgen. Widder-Kinder müssen Dampf ablassen und Sie müssen ihnen die Möglichkeit dazu geben.

Optimal für Widder-Kinder sind Sportschulen, in denen sie neben einer intellektuellen Ausbildung und dem entsprechenden Schulabschluss auch die für sie notwendige physische Herausforderung vorfinden.

Die Stier-Kinder ♉

Stier-Kinder sind wesentlich ruhiger und gemütlicher als viele ihrer Altersgenossen. Sie sitzen brav im Kinderwagen und Eltern müssen nie in Sorge sein, dass sie sich verselbstständigen und aus dem Wagen fallen. Stier-Kinder sind sehr einfach zu beruhigen, denn sie sind Naschkatzen. Diese Naschereien brauchen sie dann allerdings auch für ihre Seele. Der Genuss wurde ihnen bereits von den Sternen in die Wiege gelegt. Sie benötigen unbedingt Geborgenheit und Familie, vielleicht sogar mit netten, verschmusten Haustieren, auch die schätzen sie sehr.

Die Freizeit der Stier-Kinder wird mit Musik oder Spielen verbracht. Beeinflusst durch die Venus, lieben sie Musikinstrumente über alles. Sie schätzen eher das ruhigere, häusliche Leben und haben mit dem Sport meist überhaupt nichts am Hut. Stier-Kinder müssen stets zur Bewegung motiviert werden, denn durch die Venus neigen sie dazu etwas pummelig zu sein. Sie futtern liebend gern über den Tag verteilt viel in sich hinein und hocken in ihren Zimmern. Hier sind die Eltern gefordert, einen vernünftigen Ernährungsplan zu erstellen und für entsprechenden Auslauf zu sorgen, damit nicht in sehr jungen Jahren Fettpölsterchen angelegt werden, die später kaum mehr wegzubringen sind und die kleinen Stiere spätestens in der Pubertät entsetzlich unleidlich werden lassen.

Stier-Kinder sind sehr kreativ und leben ihr Venuszeichen in vielen schöngeistigen Dingen aus. Die Mädchen haben zum Beispiel oft ein extremes Faible für das klassische Ballett oder für Musical-Schulen. Durch ihre kreative Ader ist eine Musikschule durchaus für Buben und Mädchen sehr zu empfehlen.

In der Schule sind Stier-Kinder pflichtbewusst und äußerst verantwortungsbewusst zugleich. Sie benötigen zwar ein bisschen mehr Zeit bis sie sich den Lernstoff aneignen, dafür sitzt er dann aber auch. Es macht also nicht wie beim Widder sofort „klick" und sie haben alles, ganz im Gegenteil, sie brauchen eine etwas längere Anlaufzeit. Stier-Kinder sind ganz und gar keine Sprinter. Sie sind zuverlässig, ziehen beharrlich den Schulkarren durch und lassen sich von nichts und niemandem von ihrer Aufgabe ablenken.

Die Zwillinge-Kinder

Zwillinge-Kinder sind geistig lebhafte Kinder und wahre Geschöpfe des Wassermannzeitalters. Gerade bei diesen Kindern kann man bereits im Babyalter beobachten, wie neugierig sie sind. Man muss sie auch ununterbrochen beschäftigen. Kaum haben sie ein Spielzeug untersucht und durchschaut, wird es langweilig und sie benötigen schon wieder etwas Neues. Zwillinge-Kinder brauchen enorme Abwechslung und sind sehr neugierig. Sie sind Merkur betont, unternehmungslustig und lieben es, wie Schmetterlinge in der Gegend herumzuflattern. Schon von klein auf gefällt es ihnen zum Beispiel mit den Erwachsenen im Auto unterwegs zu sein um neue Gegenden zu erkunden.

Zwillinge-Kinder lesen sehr gerne. Und können Sie selbst noch nicht lesen, schätzen sie es ungemein, wenn man ihnen am Abend etwas vorliest oder mit ihnen im Kleinkindalter Bilderbücher ansieht. Über diese nicht enden wollende intellektuelle Neugierde sind sie in weiterer Folge natürlich auch wunderbar zu fördern. Sie stellen ununterbrochen Fragen, möchten immer alles sehr genau wissen und bilden sich aus diesem angeeigneten Wissen sehr rasch bereits in jungen Jahren ihr eigenes Weltbild.

Zwillinge-Kinder schätzen eine Familie, in der etwas los ist. Langeweile mögen sie nämlich überhaupt nicht. Sie halten sich gerne in der Natur auf, sind wahre Frischluftfanatiker und sie beschäftigen sich am liebsten mit drei Dingen auf einmal. Da spreche ich übrigens aus eigener Erfahrung. Mein Sohn ist auch im Zeichen Zwillinge geboren und er liebte es, Musik zu hören, daneben Mathematik-Aufgaben zu machen und sich zwischendurch noch anderen Dingen zu widmen. Alles wird auf einmal erfasst und kontrolliert – wie bei einem Radarschirm. Für andere Sternzeichen ein undenkbarer Zustand, für Zwillinge-Kinder geradezu optimal. Es wird alles schnell aufgenommen, sie haben allerdings dann keine Zeit, um ins Detail zu gehen, weil sie schon wieder weiter springen. Die Detailarbeit muss jemand anderer machen, denn die interessiert sie nicht mehr.

Zwillinge-Kinder probieren sehr gerne aus, bis sie sich endlich für eine Sache entscheiden. Sie benötigen allerdings einen Beruf in dem es so richtig rund geht und sie haben ein wunderbares Zahlengedächtnis. Am liebsten sind sie später im Medienbereich tätig, da ist täglich etwas los und somit für nötige Abwechslung gesorgt.

Die Krebs-Kinder ♋

Krebs-Kinder sind regelrechte Kuschelmäuse und familienbewusst, sehr brave Kinder, die unheimlich an ihrer Mutter hängen. Sie müssen in der Regel lange gestillt werden und suchen auf diese Art den unmittelbaren Bezug zur Mutter. Am liebsten wäre es ihnen, wie bei den Naturvölkern aufzuwachsen, der Mutter umgebunden zu sein und permanent die wohltuende mütterliche Wärme zu spüren. Es kann ihnen gar nicht eng genug sein. Sie suchen den sicheren Rückzug, ihre eigenen vier Wände und sind wahnsinnig gerne zu Hause. Am liebsten ist den Krebs-Kindern, wenn ihre Freunde zu ihnen nach Hause kommen, denn sie verlassen nicht gerne ihr Nest.

Krebs-Kinder sind regelrechte Nesthocker und nabeln sich sehr lange nicht vom Elternhaus ab. Sie los zu werden, ist nicht einfach und ein diesbezüglicher Prozess kommt oft erst dann ins Rollen, wenn das Krebs-Kind den ersten Partner kennen lernt, von dem es dann die benötigte Nestwärme erhält. Sie schätzen es auch später außerordentlich, nach Hause zu kommen, da familiäre Wurzeln und das Nest ihnen sehr wichtig sind. Selbst wenn sie später einmal ins ferne Ausland gehen, werden sie immer wieder gerne in ihre alte Heimat zurückkehren. Krebse suchen immer wieder den Kontakt zu ihren Wurzeln. Ganz entwurzeln lassen sie sich so gut wie nie.

Krebs-Kinder leiden enorm, wenn sie bedingt durch die Begleitumstände des Wassermann-Zeitalters, frühzeitig aus dem Nest geworfen werden und sehr früh in eine Kindergruppe kommen. Da leiden sie sehr und damit kommen sie nicht zurecht. Eine Alternative ist eine sehr mütterlich wirkende Tagesmutter, die die richtige Mutter wirklich ersetzen kann und dem Kind die fehlende Nestwärme zu geben vermag.

Krebs-Kinder fördert man am besten durch Harmonie und durch ein solides, liebevolles Elternhaus. Sie leiden fürchterlich unter Scheidungen und Trennungen der Eltern. Für Krebs-Kinder ist das ein wahrer Horror. Zerbricht die Familie, zerbricht in einem Krebs-Kind vieles mehr und nichts ist für das Kind, wie es einmal war.

Krebs-Kinder benötigen ein persönliches Rückzugsgebiet, also ein eigenes Zimmer. Es ist für sie wie der bereits zitierte Krebspanzer, der ihnen angenehmen Schutz bietet. Sie sind äußerst kreativ, können sich sehr gut selbst beschäftigen und ziehen sich gerne für Stunden in ihre Fantasiewelt zurück. Sie haben keinen allzu großen Freundeskreis, aber die Freunde, die sie um sich versammelt haben, sind ihnen sehr wichtig und diese begleiten sie oft ein ganzes Leben lang. Krebs-Kindern muss man Freiräume lassen, sie kommen allerdings sowieso wieder von allein zurück und missbrauchen die ihnen gewährten Freiräume keinesfalls.

Krebs-Kinder lieben Wassersport und überhaupt die Nähe zum Wasser. Ein Biotop im Garten ist ein magischer Anziehungspunkt und vermag sie über viele Stunden in den Bann zu ziehen. Sie beschäftigen sich sehr gerne mit Tieren und Pflanzen und gehen sehr gerne ausgiebig wandern. Generell sind die Natur und ihre Heimat den jungen Krebs-Kindern sehr wichtig.

Die Löwe-Kinder

Löwe-Kinder sind lustige Kinder! Bereits im Kleinkindalter üben sie sich im Schauspiel und verschaffen sich damit einen hohen Grad an Aufmerksamkeit, denn sie möchten ja eigentlich immer im Mittelpunkt stehen. Typische Löwen eben! Sie holen sich stets von jedem die Beachtung, die sie für ihr Ego gerade benötigen. Sie schlüpfen in verschiedenste Rollen, singen und plappern gern und das oft ununterbrochen. Wenn sie das Gefühl haben, im Abseits zu stehen und keine oder zuwenig Zuwendung zu erhalten, werden sie richtig weinerlich und machen so auf sich lautstark aufmerksam. Schließlich sind sie die Nummer eins und niemand sonst! Dieses Drängen in die erste Reihe kann man leider auch nicht abstellen, denn es liegt sozusagen in der Natur der Löwe-Kinder und je eher man sich daran gewöhnt, umso besser. Man muss ihnen ein ordentliches Maß an Beachtung schenken. Natürlich sollte man sie auch immer wieder vom roten Teppich und ihrem Thron herunterholen, da sie es lieben die ganze Familie zu dirigieren. Wer will sich dem schon dauerhaft aussetzen? Sie möchten im Grunde ja den Eltern sagen wo es lang geht und nicht umgekehrt. Hier in der Erziehung den goldenen Mittelweg zu finden, ist nicht gerade das Einfachste. Einerseits Löwe-Kinder nicht zu sehr einzuschränken und sie womöglich ihrer Anlagen zu berauben, andererseits gilt es unbedingt zu verhindern, dass kleine Diktatoren in der Familie herangezogen werden, die einem nur das Leben verdrießen und in ihrem Verhalten immer unmöglicher werden. Am besten ist es sicherlich, wenn man sie rechtzeitig in Kindergruppen gibt und sie hier ihr Sozialverhalten lernen lässt. Natürlich übernehmen sie auch dort sofort die Führungsrolle, allerdings müssen sie in solchen Gruppen durchaus lernen sich anzupassen. Es tut ihnen ganz gut, zwischendurch einmal Grenzen aufgezeigt zu bekommen und sich etwas unterordnen zu müssen. Nicht selten ecken Löwe-Kinder in solchen Gruppen an weil sie sich über Gebühr aufspielen und immer einer der Bestimmenden sein müssen.

Löwe-Kinder profilieren sich über Leistung und sportliche Aktivitäten. Da sind sie generell sehr ehrgeizig, weil sie ja schließlich am Ende als Sieger am Podest stehen möchten. Ihr oberstes Ziel ist die Belohnung, nämlich im Mittelpunkt zu sein und am Siegerpodest zu stehen. Löwe-Kinder sind sehr bewegliche Kinder und sie legen später einmal, wenn sie in die Pubertät kommen auf körperliche Schönheit großen Wert und werden wahnsinnig eitel.

Löwe-Kinder fördert man am besten, wenn sie im Wettbewerb sind und die Möglichkeit haben über andere hinauszuragen und zu gewinnen. Sie wollen unbedingt immer besser sein als die anderen. Sie möchten mit Höchstleistungen positiv auffallen um nicht nur bei den Erwachsenen Beachtung zu finden, sondern auch bei ihren Altersgenossen.

Die Jungfrau-Kinder

Jungfrau-Kinder sind sehr vernünftige Kinder und von Anfang an außergewöhnlich verantwortungsbewusst. Sie sind ordentlich, immer pflichtbewusst und von der Erziehung her sehr „pflegeleicht". Sie sind Merkur betont und lernen schon als Kinder ihre Pflichten zu erledigen. Jungfrau-Kinder sind problemlos in jede Gruppe zu integrieren, denn sie verfügen über eine hohe Anpassungsfähigkeit und sie sind deshalb unauffällige Kinder. Dadurch gehen sie in einer Gruppe auch sehr oft unter und man muss direkt nach ihnen suchen um sie wahrzunehmen. Kommen Eltern mit Jungfrau-Kindern zu mir in die Beratung, dann genügt ein Block und ein Stift und sie schreiben oder malen eine ganze Stunde ruhig vor sich hin und stören kein bisschen. Nach einer geraumen Zeit fragen sie vielleicht nach, was später noch gemacht wird, aber das verläuft alles unaufgeregt, geduldig und brav. Das wäre bei einem Löwe-, Widder- oder einem Schütze-Kind absolut unmöglich, da könnte ich mit dem Erwachsenen keine fünf Minuten in Ruhe sprechen!

Jungfrau-Kinder sind gut zu fördern, denn sie sind wissbegierige Kinder. Sie beschäftigen sich bereits in jungen Jahren mit allem möglichen und sind an vielem sehr interessiert. Sie sind eigentlich wie kleine Erwachsene, beinahe etwas frühreif. Man kann ihnen Pflichten überantworten und sie helfen sehr gerne im Haushalt mit. Jungfrau-Kinder wollen einfach in der Erwachsenenwelt eine Rolle spielen und dabei sein. Natürlich gefällt ihnen auch die Schule ganz gut und sie verstehen es mit dem Druck, der mitunter dort herrscht, verhältnismäßig gut umzugehen. Da sie ja sehr wissbegierig sind, können Sie es kaum erwarten, was an neuem Lehrstoff auf sie zukommt, denn gedanklich sind sie immer eine Nuance voraus.

Jungfrau-Kinder sind, solche die einfach so nebenher mitlaufen. Sie sind im Vergleich zu anderen unanstrengend und angenehm in der Handhabung. Dadurch, dass sie sich gut mit sich selbst zu beschäftigen wissen, neigen Eltern oft dazu, mehr ihr eigenes Ding zu machen, ganz im Wissen, dass ihr Kind ohnehin mit sich beschäftigt ist. Aber keine Angst, auch Jungfrau-Kinder verstehen es ihre Bedürfnisse einzufordern. Wenn es für sie an der Zeit ist, dann kommen sie und holen sich ihre Aufmerksamkeiten und Streicheleinheiten von sich aus.

Die Waage-Kinder

Waage-Kinder sind charmante, schöne und liebliche Kinder. Sie sind sozusagen die Venus-Kinder und sehr pflegeleicht. Damit reichen sie durchaus an die Qualitäten der Jungfrau-Kinder heran. Sie sind nur innerlich etwas zerrissen, das bedeutet ein ewiges Auf und Ab. Wenn sie klein sind, hängen sie extrem an der Mutter und sind durchaus recht quengelig, unsicher und ängstlich. Waage-Kinder brauchen Führung, man muss ihnen immer zeigen, wie es weiter geht, denn sie sind schnell verunsichert. Das höre ich auch immer wieder, wenn sie in die Schule kommen, dann muss man sie an der Hand nehmen, ihnen in den ersten Tagen unterstützend unter die Arme greifen, da sie noch sehr unselbständig sind. Waage-Kinder brauchen mehr Zeit, bis sie erwachsen werden und dafür benötigen sie etwas länger als die anderen, denn sie sind regelrechte Spätentwickler und durchaus betreuungsintensiv.

In der Schulzeit ist es wichtig immer nachzufragen, auf welchem Stand sie sich gerade befinden. Sie lieben es von einer Sekunde auf die andere ihre Aufgaben zu vergessen. Waage-Kinder sind extrem verspielt und lassen sich liebend gerne von ihren Kollegen vom Unterricht ablenken. Sie horchen dort hin und schauen dahin und sie haben wenig Ausdauer, ihren einmal eingeschlagenen Weg mit Konsequenz zu verfolgen. Sie verlieren sich lieber in Kleinigkeiten, müssen daher immer wieder geführt werden. Sie lassen sich aber auch gerne führen. Das entspricht durchaus ihrem Naturell, die Verantwortung etwas abzugeben und sich anderen anzuvertrauen, die Führung für sie übernehmen.

Waage-Kinder brauchen Sport und Bewegung. Sie spielen etwa gerne Tennis oder Badminton. Die meisten Turnier-Tänzer findet man in der Waage, weil die Waage auch ein sehr kreatives Zeichen ist und gerade im Tanz man so wunderbar seine Kreativität ausleben kann. Waage-Kinder sind absolut künstlerische Kinder und sie sind nicht unbedingt die realistischsten Wesen. Man muss sie eher immer ein wenig aus der Träumerei heraus holen und ihnen in Gesprächen den Lebensweg aufzeigen und sie führen.

Am besten kommt man bei Waage-Kindern in der Erziehung mit Harmonie weiter. Sie sind extrem harmoniebedürftig und leben ungern in einem hektischen, aggressiven Umfeld. Das widerstrebt ihnen und ihren Anlagen sehr. Man kann es bei ihnen in der Schule sehr gut beobachten, dass sie mit ihren Leistungen davon abhängig sind, wie sie mit einem Lehrer umgehen können. Die Atmosphäre in der Schulstunde ist für sie absolut leistungsentscheidend. Ist die Stunde harmonisch, wird es die schulische Leistung beflügeln und umgekehrt, gibt es keinen besonderen Draht zum Lehrer, kann es durchaus bedeuten, dass die schulische Leistung mehr als zu wünschen übrig lässt. Eine Lehrperson, die es versteht, Harmonie zu verbreiten, wird es verstehen, das gesamte Leistungsspektrum aus den Waage-Kindern herauszuholen, während ein hektischer Lehrer Waage-Kinder verängstigt und verunsichert. So ziehen sie sich zurück und mit den Leistungen gehts bergab. Sie brauchen gerade in der Schule viel Lob, Aufmerksamkeit und Führung. Ein harmonisches Umfeld ist Waage-Kindern extrem wichtig, auch innerhalb der Familie.

Die Skorpion-Kinder

Skorpion-Kinder zeigen ihren Eltern ganz genau, wenn sie etwas wollen. Sie sind sehr starke Kinder, oft etwas verschlossen und durchaus exzellente Beobachter. Ich höre immer wieder von den Eltern eines Skorpion-Kindes: „Ich bekomme aus meinem Kind nichts heraus!" Skorpion-Kinder sprechen nicht viel mit ihrer Umwelt und bekommen aber andererseits alles, wirklich alles mit. Man kann bei ihnen beobachten, dass sie selbst bei traumatischen Kindheitserinnerungen nicht darüber zu sprechen vermögen. Es ist aber nicht vergessen, sondern nur verdrängt. Irgendwann kommt es später im Leben dann heraus und sie sind mit ihren Kindheitserlebnissen extrem belastet, weil sie nie lernten darüber zu sprechen. Das sind dann natürlich potentielle Kandidaten für eine Psychotherapie in welcher sie ihre Erlebnisse dann entsprechend aufzuarbeiten haben.

Skorpion-Kinder sind sehr leidensfähig und halten sehr viel aus, ohne darüber zu sprechen. Als Eltern muss man bei ihnen immer von sich aus das Gespräch suchen. Von allein kommt da überhaupt nichts und wenn man sich am Leben seines Kindes beteiligen möchte, muss man es entsprechend oft hinterfragen. Nehmen Sie sich Zeit, wenn Ihr Kind mit Ihnen sprechen möchte und schieben sie es nicht unbedacht zur Seite. Wenn ein Skorpion-Kind von sich aus kommt und über etwas sprechen möchte, ist das die Chance aus seinem ICH zu erfahren, denn nur wenn es von sich aus zu einem kommt, macht es so richtig auf. Umgekehrt funktioniert es überhaupt nicht und es sollte generell auch akzeptiert werden, dass es über sich gerade nicht sprechen will. Da muss man es in Ruhe lassen und darf nicht mit Fragen nachhaken und bohren. Dabei kommt absolut nichts heraus. Für ein Skorpion-Kind muss man überhaupt ein guter Psychologe sein, um es gut zu verstehen. Sie sind zwar Kämpfernaturen, aber eher Einzelkämpfer und keine Teamspieler. Gerade Skorpion-Burschen leben ihren Lebensfrust sehr gerne im Kampfsport aus um dort zu beweisen „Ich kann es, ich bin die Nummer eins und ich bin stark!".

Skorpion-Mädchen haben oft ein kleines Problem mit ihrem verschlossenen Wesen, denn dadurch sind sie große Einzelgänger. Sie stellen sich durch ihre extrem auffällige Verschlossenheit in ihrem Freundeskreis ins Eck und mutieren dadurch sehr leicht zu Außenseiterinnen die zwar da sind, aber irgendwie doch wieder nicht vorhanden sind. Es spricht ja niemand mit ihnen, wenn sie so sehr verschlossen sind und nur still dasitzen. Sie haben auch maximal nur ein oder zwei Freundinnen und sind dann auch sehr rasch eifersüchtig, wenn eine dieser Freundinnen wiederum eine Freundin hat, mit der es vielleicht noch besser laufen könnte. Skorpion-Mädchen leben sehr viel über ihre Leistung aus und können darin sehr hart zu sich selbst sein. Sie sind allgemein sehr stark, benötigen aber auch als persönliches Feedback sehr viel Lob für ihren Einsatz. Auch in der Schule sind Skorpion-Kinder eher ruhiger und unnahbar. Sie kommen in die Schule und checken zu Beginn erst einmal ihr Umfeld ab und halten sich dabei im Hintergrund. Erst wenn sie sich ihrer Situation klar sind, beginnen sie sich etwas zu öffnen und nähern sich dabei einigen wenigen Schulkollegen an.

Die Schütze-Kinder

Schütze-Kinder sind lustige und kommunikative Kinder. Sie strampeln schon extrem im Mutterleib und kommen schnell zur Welt, es kann ihnen überhaupt nicht rasch genug gehen. Sie halten sich meist nicht an irgendwelche Geburtstermine, sondern machen einfach, was sie wollen und das bereits vor ihrer Geburt. Schütze-Kinder brauchen wenig Schlaf. Sie sind lautstark, man merkt sie einfach immer und überall. Manchmal erinnern sie einen vielleicht an den kleinen niedlichen Hasen aus der Fernsehwerbung. Genauso verhält es sich mit den kleinen Schützen, auch ihre Batterien laufen beinahe ewig. Sie halten sogar in den Nächten ihre Eltern gehörig auf Trab. Wenn ein Sternzeichen-Kind es versteht die Nacht zum Tag zu machen, dann ist es garantiert das junge Schütze-Kind. Sie können durch ihren Aktionsradius extrem nerven. Sie sitzen nie ruhig und sind äußerst zappelig, neugierig und unternehmungslustig, nichts ist vor ihnen sicher. Sie beginnen rasch zu laufen, das ist der Einfluss des Jupiters. Sie wollen die Welt erleben und so bald als möglich dieselbe für sich erobern. Kleine Schütze-Kinder bringen von sich aus ihren Eltern die Schuhe und fordern sie auf zum Spazierengehen. Sie sind am liebsten draußen in der Natur und brauchen viel frische Luft, und sind bevorzugt den ganzen Tag unterwegs. Der Schütze ist, wie schon erwähnt, bedingt durch den Jupiter immer draußen in der großen weiten Welt, man kann ihn wirklich nicht einsperren. Der Versuch ihn einzusperren, wäre gegen seine Lebensprinzipien und würde ihn nur ungeduldig und später einmal krank machen.

In der Schule, beziehungsweise mit der Disziplin in derselben, tun sich Schütze-Kinder sehr schwer. Das sind die Kinder, die im Unterricht aufstehen und spazieren gehen, kein Sitzfleisch haben und ewig vorlaut sind. Schütze-Kinder sagen immer gerade das, was sie sich denken, auch ihrem Lehrer gegenüber. Das gibt natürlich ordentliche Probleme. Sie sind oft wahre Störenfriede und Unterrichtsverhinderer, denn alles dreht sich ausschließlich um sie und es gibt kein Fortkommen. Es bedarf also geschickter Pädagogen, die es verstehen, mit einem Schütze-Kind richtig umzugehen, um es so richtig durch den Unterricht zu fesseln.

Eltern von Schütze Kindern sind oft wahnsinnig gestresst und genervt, weil sie einfach nicht wissen wie sie ihre Schütze-Kinder zur Ruhe bringen sollen. Sie lernen auch im Zehnminutentempo, wenn sie etwas nicht interessiert, schweifen sie in ihre Gedankenwelt ab und sind einfach nicht mehr greifbar. Das heißt zehn Minuten halten sie so mit Ach und Krach gerade noch durch und dann geht es wieder ab in ihre Fantasiewelt um dort irgendwelche Abenteuer zu erleben. Von dort muss man sie dann erst einmal wieder herausholen und dann sind vielleicht die nächsten zehn halbwegs konzentrierten Minuten möglich.

Als Heilmittel könnte ein sattes Sportprogramm gesehen werden. Das beruhigt Schütze-Kinder und ventiliert wunderbar. Sie laufen und reiten gerne, es gibt keine Sportart, die ihnen fremd wäre und die sie nicht zumindest einmal ausprobieren wollen. Schütze-Kinder brauchen Sonne und Luft und müssen sportlich gefordert werden. Stellen Sie sich am besten ein klassisches Hamsterlaufrad vor, so etwas Ähnliches wäre durchaus auch für Schütze-Kinder brauchbar. Am besten wäre es überhaupt, wenn man es versteht sie von früh bis spät zu beschäftigen. Man muss für sie einfach immer Programm machen und das ist für alle Beteiligten natürlich extrem anstrengend. Sie sind Rebellen im eigenen Haus.

Schütze-Kinder genießen es einen großen Freundeskreis zu haben. Schon die Kleinen schlafen liebend gerne bei einem Freund oder einer Freundin und finden es wahnsinnig toll einmal nicht zu Hause zu sein. Sie würden ja auch am liebsten mit vierzehn oder fünfzehn von zu Hause ausziehen und sind extrem freiheitsliebende Kinder, also wahre Nestflüchter. Schütze-Kinder sind natürlich keinesfalls in klassisch konservativen Strukturen aufzuziehen, denn sie brauchen extreme Freiheiten und gehen gerne bereits sehr früh ihre eigenen Wege. Sie sind über weite Strecken elterlichen Argumenten gegenüber absolut taub und unzugänglich. Dadurch sind sie allerdings auch sehr gefährdet, denn sie neigen dazu alles auszuprobieren. Eltern müssen unbedingt ihren Schütze-Kindern strikte Grenzen setzen, beziehungsweise es wenigstens versuchen, denn damit ersparen sie ihnen einiges. Und wenn man selbst nicht mehr weiter weiß, ist zumindest professionelle Hilfe von erfahrenen Pädagogen oder Psychologen absolut empfehlenswert.

Die Steinbock-Kinder ♑

Steinbock-Kinder sind extrem artige Kinder. Es heißt ja Steinbock-Kinder sind alte inkarnierte Seelen. Sie sind auffallend altkluge Kinder und kommen schon sehr erwachsen zur Welt. Wenn man in die Gesichter von Steinbock-Kindern blickt, sieht man eine erfahrene Seele. Sie sitzen ruhig da, beobachten die Szenerie um sich herum und bekommen sehr früh alles mit. Sie sind sehr selbständige und absolut praktisch veranlagte Kinder.

Auffällig ist, dass Steinbock-Kinder lange nicht wissen, wo sie schulisch gesehen hin wollen oder was sie beruflich werden möchten. Mit fundierten Beratungen oder Schnuppertagen kann man ihnen mit Sicherheit etwas unter die Arme greifen und ihre Entscheidungsfindungen forcieren. Sie haben sehr viele Interessen und sind leicht erziehbare Kinder, denn sie sind extrem pflichtbewusst und lassen sich auch von den Eltern gerne fördern und nehmen das gerne an. Je selbständiger sie leben können, umso lieber ist es ihnen. Sie sind ja schließlich auch im Stande dazu und missbrauchen die von ihren Eltern überantwortete Selbständigkeit kaum.

Steinbock-Kinder sind Individualisten und leistungsstarke Kinder. Sie umgeben sich gerne mit älteren Mitmenschen, es scheint ganz so als würden sie von ihnen und ihrer angesammelten Lebenserfahrung profitieren wollen. Auch ihr Freundeskreis wird eher reifer und älter sein als jünger, denn mit Letzterem fangen sie wenig an.

Steinbock-Kinder sind einerseits sehr sozial eingestellte Menschen, sie führen aber auch gerne und haben durchaus Spaß daran in der ersten Reihe zu stehen, um zu sagen wo es lang geht.

In der Schule sind Steinbock-Kinder natürlich auch sehr pflichtbewusst und arbeiten sehr selbständig. Sie vergessen auf nichts und sind immer im Unterricht dabei. Ein geistiges Abschweifen und Langeweile im Unterricht kennen Steinbock-Kinder nicht. Sie sind absolut zuverlässige Schüler und im Turnunterricht sind sie durchaus mutige und ehrgeizige Sportler. Sie können sich im Sport ordentlich verbeißen, sind beharrlich und trauen sich etwas. Durch den Einfluss des Saturn können sie unglaublich hart zu sich selbst sein. Wehleidigkeit fehlt ihnen gänzlich und tun sie sich einmal weh, stehen sie auf und es geht gleich weiter. Steinbock-Kinder sind alles andere als zimperliche Kinder, sie können ordentlich was einstecken.

Die Wassermann-Kinder

Wassermann-Kinder sind äußerst originelle und lustige Kinder. Sie sind zwar etwas nervig und quengelig, aber eben sehr originell und dadurch natürlich für die ganze Familie unterhaltsam. Sie probieren einfach alles aus und sind sehr vergeistigte Kinder. Sie sind schon von klein auf tolle Schauspieler und musizieren gerne. Mit etwas Fantasie wird das Wohnzimmer von ihnen in eine Bühne verwandelt und sie sind nicht mehr zu bremsen.

Gibt man Wassermann-Kindern Druck, machen sie am liebsten das Entgegengesetzte, denn es widerstrebt ihnen einem Druck von außen nachzukommen. Will man bei ihnen etwas erreichen, müsste man beinahe das Gegenteil von dem sagen was man möchte, damit letztendlich das gewünschte Ergebnis erzielt wird.

Wassermann-Kinder sind absolute Gesellschaftstiger. Sie lieben Menschen um sich und verfügen über einen großen Freundeskreis. – Viele Eltern sind tatsächlich mit ihren Wassermann-Kindern überfordert, denn sie sind durch den Einfluss des Uranus sehr sprunghafte Wesen und die Eltern wissen oft von einem Tag auf den anderen nicht, woran sie gerade bei ihren Sprösslingen sind. Sie sind grundsätzlich wahnsinnig neugierig, beginnen vieles auf einmal und machen dabei nichts zu Ende. Natürlich wissen sie später auch nicht für welchen Beruf sie sich entscheiden sollen. Besser wird es, wenn es den Eltern gelingt ihre Wassermann-Kinder zu spezialisieren und sie in einer Schule wie eine BHS, HTL oder dergleichen unterzubringen. Wenn die Schule einen möglichen beruflichen Weg aufzeigt, ist bereits viel für die Zukunft gewonnen. Allerdings muss diese Schule der Rolle entsprechen, die das Kind spielen möchte, sonst klappt es ganz und gar nicht.

Wassermann-Kinder mögen keine starren Formen, daher schätzen sie offene und vor allem die Persönlichkeit entwickelnde Schulmodelle, wie zum Beispiel eine Montessori Schule. Sie brauchen für ihre gesunde Psyche auch im Alltag freie, kreative Alternativen, durch die sie ihr Leben selbst gestalten können. Man darf ein Wassermann-Kind keinesfalls unsinnig einschränken, sonst wird es zum unlenkbaren Revoluzzer, mit dem man nur noch massive Schwierigkeiten hat. Allgemein tun sich Wassermann-Kinder mit ihrem Leben wesentlich leichter, wenn sie schon etwas älter sind. Es wird für sie überschaubarer und dadurch werden sie meist etwas ruhiger und zumindest eine Spur berechenbarer.

Wassermann-Kinder sind kreativ, sportlich aber ohne überbordenden Ehrgeiz. Den extremen Leistungsport lehnen sie natürlich vollkommen ab. Der ist ihnen wiederum zu starr und bietet den kleinen Freigeistern viel zuwenig Alternativen zum ohnehin anstrengenden Schulalltag.

Die Fische-Kinder

Fische-Kinder sind sehr sensible Kinder. Der Fisch ist das zwölfte, das letzte Sternzeichen, ein Mix aus dem gesamten Tierkreis und bringt von überall ein bisschen etwas mit. Fische-Kinder gehören zu den romantischen Kindern, die absolute Geborgenheit suchen. Sie sind immer etwas unsicher und ängstlich und signalisieren immer wieder große Schutzbedürftigkeit. Fische-Kinder sind leicht zu beschäftigen und in der Tat ruhige und ausgeglichen wirkende Kinder. Wichtig ist, sie immer wieder bewusst zu loben, denn Lob benötigen sie zum Aufbau ihrer Selbstsicherheit und das macht sie ihrer Umwelt gegenüber nur stärker. Kleine Übertreibungen sind zwischendurch natürlich erlaubt, es geht schließlich um das Wohl des kleinen Fischleins.

Fische-Kinder lesen zum Beispiel sehr gerne oder beschäftigen sich später auch über Stunden mit dem PC und vergessen regelrecht über weite Strecken die reale Welt, in der sie leben. Selbst bei kleineren Kindern kann man sich oft nur darüber wundern, wie lange sie sich ausschließlich allein beschäftigen können und wie wenig Unterstützung sie dabei von außen benötigen. Fische-Kinder leben generell gern in ihrer Fantasiewelt und man kann sie daher sehr leicht zu Hause beschäftigen.

Sie sind leicht erziehbare, sehr angenehme und berechenbare Kinder und reagieren besser, wenn man mit ihnen vorsichtig und diplomatisch umgeht. Ungeduldige Eltern würden sie nur verunsichern und letztendlich querulieren lassen. Mit Ungeduld können sie überhaupt nicht umgehen. Bei Druck und Härte verzweifeln Fische-Kinder, denn damit kommen Sie überhaupt nicht klar. Sie verstehen es ja nicht einmal, kindlichen Gegendruck aufzubauen, wie es andere Kinder in ähnlichen Situationen tun. Fische-Kinder benötigen unbedingt viel Verständnis und genügend Streicheleinheiten. Je sensibler die Eltern sind, desto besser ergeht es den kleinen Fischen.

Fische-Kinder ordnen sich in der Schule leicht unter. Sie sind sehr sozial und nehmen sich in der Klasse oft der schwächeren Schulkollegen an. Von Rowdys lassen sie sich allerdings doch ganz gerne mitreißen. Die geben den Fische-Kindern etwas, wovon sie wenig haben, nämlich Draufgängertum und eine gewisse Härte. Das ist auch der Umstand, warum über den Fische-Kinder sehr leicht in die Drogenszene rutschen oder mit Alkohol zu tun bekommen. Sie wollen ganz einfach mit dabei sein, dazu gehören und lassen sich daher bedingungslos mitreißen. Ist ihnen der Rädelsführer halbwegs sympathisch, laufen sie mit und unterstützen ihn bei jeder coolen Action und das vollkommen ohne Gedanken an mögliche Konsequenzen zu verschwenden. Hier ist von Seiten der Eltern entsprechende Vorsicht geboten! Das Umfeld der Fische-Kinder sollten die Eltern sehr genau kontrollieren und kennen um eventuell ungünstige Entwicklungen schon im Vorfeld abzufangen. Das ist aber auch schon der einzige Punkt, der bei Fische-Kindern gründlich im Auge behalten werden sollte, alles andere läuft, wie bereits erwähnt, sehr harmlos ab.

Beruf und Erfolg – so können Sie es schaffen

Die Sternzeichen im Wassermann-Zeitalter

Trends die wichtig sind

Das Wassermann-Zeitalter bringt auch im Beruf Hektik und höchste Flexibilitätsansprüche. Beruflich ist man jetzt gefordert wie noch nie und man sollte ständig seiner Zeit voraus sein. Die Sieger machen das größte Geschäft und je langsamer man auf Entwicklungen reagiert, desto mehr verliert man vom großen Kuchen. Geringes Tempo oder eine gewisse Trägheit könnten speziell im Wassermann-Zeitalter viel Geld und die sichere Existenz einer Firma kosten. Globales Denken, hohe Flexibilität und ein guter, geschärfter Instinkt sind gefragt wie noch nie. Jetzt ist Tempo angesagt. Tempo, das die heutige Jugend, die neue Generation bereit ist einzubringen. Sie wurde direkt in das Wassermann-Zeitalter geboren und ist mit dieser enormen Geschwindigkeit und ihren Auswirkungen gut vertraut. Sie lässt sich in ihren Gedanken, ihrer Kreativität nicht mehr eingrenzen und hat es dadurch um ein vielfaches leichter, unbegrenzt berufliche Möglichkeiten zu nutzen. Gedankliche Grenzen werden niedergerissen, scheinbar Unmögliches wird ausprobiert und nicht selten sogar erfolgreich realisiert.

In Zukunft muss man als Arbeitnehmer in vielen Sparten zu Hause sein. Je mehr man weiß und je häufiger man sich einzubringen versteht, umso besser ist es. Durch die Dynamik des Wassermann-Zeitalters hört das Lernen nie auf, denn rasch wechselnde wirtschaftliche Bedingungen fordern jeden Unternehmer und jeden Arbeitnehmer täglich aufs Neue heraus. Schließlich geht es um die Existenz des Betriebes.

Krisen werden in manchen Unternehmenszweigen nicht mehr wie in früheren Jahren übertaucht und einfach ausgesessen. Funktioniert etwas heute nicht mehr, wird ein Produktionszweig einfach geschlossen und in einer anderen Art, ganz wo anders auf der Welt, wieder aufgebaut. Alles ist beliebig austauschbar geworden und die Trends kommen und gehen genauso rasch wieder vorüber, wie sie gekommen sind. Auf Qualität, wie sie vielleicht noch vor rund zwanzig Jahren erwünscht war, wird heute kaum noch Wert gelegt, denn die Dinge werden, sobald sie nicht mehr „in" sind, wieder weggeworfen. Nichts wird mehr für die Ewigkeit produziert, es muss nur gut aussehen. Auffallen um jeden Preis! Die optische Präsentation einer Ware ist heute wesentlich wichtiger, als die wertbeständige Qualität im Innenleben. Sie interessiert kaum mehr. Es geht einfach um Geschwindigkeit und die Wirtschaft wird im Wassermann-Zeitalter mehr denn je zum viel zitierten Haifischbecken.

Ebenso ist es mit den Arbeitnehmern. Merkt man, dass man stagniert und nicht weiter kommt, vielleicht sogar in absehbarer Zeit den Job verliert, ist man ganz im Sinne des Schnelleren am besten beraten, von sich aus abzuspringen um sich einen neuen, besseren Job zu suchen. Im Wassermannzeitalter ist es sinnvoller zu agieren als zu reagieren. Die Menschen, die abwarten und irgendwann einmal auf eine eingetretene

Entwicklung reagieren, werden die künftigen Verlierer sein. Entwicklungen vorauszusehen und die Initiative zu ergreifen bringt den gewissen Vorsprung, auf den es letztlich ankommt, um wirtschaftlich am Ball zu bleiben.

Ein Berufsleben wie früher gibt es so gut wie nicht mehr. Einst war es möglich in einem Betrieb eine Lehre zu beginnen und im selben Betrieb nach fünfundzwanzig oder dreißig Jahren zum Generaldirektor aufzusteigen. Das ist längst passee, heute regieren die Quereinsteiger und „Jobhopping" bringt einen in der Karriere definitiv weiter und das in immer kürzeren Zeiten. Gerissene „Jobhopper" treten in attraktive Managementfunktionen ein, beleben diese auf Zeit mit den kreativsten und mitunter rücksichtslosesten Wirtschaftsideen und springen, wenn es einmal nicht mehr mit den Zahlen klappen sollte, von einem Tag auf den anderen zur nächsten Stufe ihrer persönlichen Karriereleiter. Natürlich - geht's zu einer anderen Firma, denn Loyalität und Firmentreue gibt es im Wassermann-Zeitalter längst nicht mehr.

Gesunde, wendige und vor allem spezialisierte Kleinbetriebe mit hochmotivierten Teams, werden sich im Wassermannzeitalter wohl gut behaupten können. Firmeninhaber, die es verstehen, ihr Team bei Laune zu halten, es vielleicht sogar am Unternehmenserfolg beteiligen und über ein ordentliches Maß an kreativem Erfindungsreichtum und wirtschaftlicher Spontaneität verfügen, werden die unternehmerische Nase in Zukunft vorn haben.

Starre, konservative Hierarchien mit gleichgültigen Mitarbeitern brechen auf und machen dem Tempo und der Flexibilität des neuen Zeitalters Platz. Nur wer es versteht, im Team zu arbeiten und dieses immer wieder entsprechend motiviert, wird am Ende gewinnen. Wer es schafft, Mitarbeiter zu tatkräftigen, engagierten Mitunternehmern zu machen, wird genügend Energie im Unternehmen versammeln können, um am aggressiven neuen Markt des Wassermann-Zeitalters längerfristig zu bestehen. Die

Harmonie des Teams hat künftig absoluten Vorrang und vor allem die Schnittstellen innerhalb eines Teams sind wichtiger denn je. Auffällige Disharmonien und häufig nicht funktionierende Schnittstellen, binden unnötig Ressourcen und kosten das Unternehmen sehr viel Geld. Gerade bei kleineren Unternehmen können die soeben beschriebenen Disharmonien zu üblen wirtschaftlichen Entwicklungen führen.

„Ich bin ein wichtiger Teil der Firma, damit das Werk überhaupt funktioniert!" So könnte der künftige Wahlspruch aller Arbeitnehmer lauten, denn noch nie war der motivierte Mitarbeiter an der richtigen Stelle so wichtig wie heute.

Die wirtschaftliche Zukunft des Wassermann-Zeitalters liegt im Dienstleistungssektor, aber auch in der Medizin, in der Hotellerie und in der Gastronomie. Große Betriebe lagern vieles aus, so wie sie es auch jetzt bereits beginnen. Dieser Trend zur Arbeits- und Produktionsteilung wird sich allerdings in Zukunft noch wesentlich intensivieren. Es entstehen zahlreiche Mikro-Cluster, die einander in immer kürzeren Zeitzyklen zuarbeiten. Nur noch die abschließende Endfertigung findet beim Auftraggeber statt.

Der Widder

Beruflich passt der Widder wunderbar in das Wassermannzeitalter. Ihm kann es nicht schnell genug gehen, denn er ist selbst durch den Mars ordentlich angetrieben und entsprechend hektisch. Dem Widder kommt das Zeitalter sehr zu gute, es ist sozusagen sein perfektes Biotop, in dem er sich pudelwohl fühlt. Widder sind beruflich äußerst flexibel und in der Kommunikation top. Sie sind die perfekten Manager und lieben Eigenständigkeit und ein hohes Maß an Eigenverantwortung.

Der Widder prescht vor, er verschafft sich beruflich durch seine Schnelligkeit und seine oft rücksichtslose Entschlossenheit nicht gerade wenige Feinde. Er lässt sich ungern von anderen etwas sagen und das ist zugleich ein Punkt, der im Wassermann-Zeitalter verhängnisvoll sein kann. Es ist das Zeitalter des Teams und nicht der Single-Player, denn letztere werden untergehen, weil sie allein nicht imstande sein werden, das hohe Tempo aufrecht zu erhalten. Das heißt einerseits ist das Wassermann-Zeitalter für den Widder absolut ideal, aber auch er wird sich da und dort etwas anzupassen haben.

Widder verstehen es im Nu, wirtschaftlich nützliche Kontakte zu knüpfen und gehören unbedingt hinaus in die freie Wildbahn, denn in einem Büro würden sie auf Dauer nur versauern. Am liebsten jetten sie mit dem Laptop in der Hand rund um die Welt und ziehen gute Geschäfte für ihr Unternehmen an Land.

Widder findet man nicht nur im Verkauf, sondern auch in der Technik, denn sie sind immer auf der Höhe der Zeit. Sie wollen Geld machen und verstehen in der Regel auch genügend davon. Wie kaum ein anderes Sternzeichen findet der Widder in der harten Wirtschaftwelt, im schnellen Wettbewerb seine Erfüllung und läuft zur Hochform auf. Gelegentlich scheint es ganz so, als würden ihn Probleme geradezu herausfordern und zu noch höherer Leistung anspornen. – Ein Widder gibt also bei Problemen nicht auf, denn er ist ein Kämpfer und sieht die Lösung von wirtschaftlichen Schwierigkeiten als sportliche Herausforderung an.

Auch in sozialen Berufen ist der belastbare Widder oft zu finden. Beruflich läuft es für den Widder im Wassermann-Zeitalter ausgezeichnet, denn er versteht es, sich dem hohen wirtschaftlichen Tempo anzupassen. Als geborener Trendscout spürt er immer wieder neue Entwicklungen auf und nützt sie solange bis etwas Neues nachkommt. Dann verwirft er die eben noch hochgejubelten Trends und präsentiert umgehend den nächsten Wurf.

Der Widder als Kollege oder Chef

Will man mit einem Widder zusammenarbeiten, muss man mit seinem hohen Tempo mithalten können und ihm die Führungsrolle im Team zubilligen. Verweigert man ihm diese, kommt es mit ihm zu permanenten Streitereien. Er ist zielstrebig, aber auch etwas unbeherrscht und rennt täglich so richtig drauf los. Er wird im Job leicht hysterisch, er ist emotional und will mit dem Kopf immer wieder durch die Wand. Es fällt ihm auch nicht schwer, seinem Chef mal so richtig die Meinung zu sagen. Wenn es ihm nicht mehr passt, wirft er alles hin und geht noch in derselben Sekunde. Die Mars-Energie macht den Widder sehr kämpferisch und mutig. Daher ist er überzeugt, nach einer Kündigung sehr bald zumindest gleichwertigen Ersatz zu finden. So etwas wie Existenzängste kennt er nicht. Widder können im Job sehr fruchtbar dynamisch sein und sie lieben es, Führung zu übernehmen. Diese Freiheit muss man ihnen einfach lassen.

Mit diesen Sternzeichen klappt es im Job eher nicht

Schwierig wird es für die Waage, die Fische oder den Krebs. Sie halten den Widder nur schwer aus. Sie können bei seinem enormen Tempo nicht mithalten und müssen von sich aus vor einer Zusammenarbeit kapitulieren.

Mit diesen Sternzeichen ist wirtschaftlicher Erfolg so gut wie sicher

Der Schütze, Löwe, Wassermann oder die Zwillinge haben hingegen überhaupt kein Problem mit dem hohen Tempo des Widders. Sie sind ja ebenso dynamisch oder erkennen zumindest ganz gut, wo es lang geht. Mit ihnen klappt es wirtschaftlich gesehen im Wassermann-Zeitalter ausgezeichnet.

Der Stier ♉

Der Stier glänzt durch seine Beständigkeit, denn er zieht seinen Karren unermüdlich, genau so wie man es ihm aufgetragen hat. Das Motto des Stiers könnte lauten: „Das habe ich immer so gemacht, das hat sich bewährt, das ziehe ich so durch, ich bin traditionsbewusst und das bleibt auch weiter so!" Das Wassermann-Zeitalter fordert den Stier beruflich sehr. Es mangelt ihm an Flexibilität, er schafft es einfach nicht, rasch genug auf neue Anforderungen umzusteigen. Der Stier wartet viel zu lange und übersieht die heftigen Signale, die ihm das Wassermann-Zeitalter fortwährend schickt. Sein Karren versinkt im Sumpf, er bemerkt es nicht, geht immer weiter und bleibt letztendlich irgendwann einmal endgültig stecken. Schafft er es hingegen sich in Hinkunft mit dem neuen Zeitalter zu arrangieren, wird er durch seine Beständigkeit und die antrainierte Flexibilität, zu den Gewinnern des Wassermann-Zeitalters gehören. Natürlich sind nach wie vor auch Beständigkeit und Zuverlässigkeit gefragt, in vernünftigen Dosen zur richtigen Zeit.

Der Stier ist allerdings auch ein sehr wirtschaftlicher Mensch. Er sieht seinen Arbeitseinsatz im Erfolg, möchte sich etwas aufbauen, will Geld und ist bereit dafür vieles zu tun. Er muss allerdings in Hinkunft lernen die wirtschaftlichen Signale des Wassermann-Zeitalters richtig zu deuten und wenn es erforderlich ist, von seinem eingeschlagenen Weg auch wieder umzusteigen, um etwas vollkommen Neues zu machen. Die soeben zitierte junge Flexibilität wird den Stier wirtschaftlich gesehen, auch im Wassermann-Zeitalter sichtbar weiterbringen.

Der Stier ist häufig im Bankenwesen oder als Baumeister zu finden, aber auch im Krankenpflegebereich oder als Arzt.

Der Stier als Kollege oder Chef

Im Team ist der Stier meist zuwenig flexibel und er hält oft viel zu lange an seiner Meinung fest. Selbst wenn ihn zehn Kollegen davon zu überzeugen versuchen, dass sein Gedankengang in die falsche Richtung führt, hält er eisern daran fest und versteht es damit, gewisse Entwicklungsprozesse gehörig abzubremsen. Und doch ist er wiederum gut in ein Team zu integrieren, er ist durchaus anpassungsfähig. Man muss ihn oft erst auf ein Team einschleifen, damit es besser klappt. Für manche Kollegen ist der Stier wie ein zuverlässiger Fels in der Brandung, eine fixe Größe auf die gut zu zählen ist, die unverrückbar ist und immer die nötige Orientierung schafft. Umgekehrt kann er aber, wie schon erwähnt, auch eine gewaltige Bremse sein und Entwicklungen verlangsamen oder überhaupt verhindern.

Mit diesen Sternzeichen klappt es im Job eher nicht

Mit der Hektik und Sprunghaftigkeit eines Wassermannes oder Schützen kommt ein Stier im Job kaum zurecht. Bei den beiden wäre er ständig über Gebühr gefordert und das ginge letztendlich zu Lasten des wirtschaftlichen Outputs. Den alles bestimmen wollenden Löwen geht er im Beruf ebenso gerne aus dem Weg.

Mit diesen Sternzeichen ist wirtschaftlicher Erfolg so gut wie sicher

Sehr gut klappt es mit dem Steinbock und der Jungfrau, denn das sind arbeitsame, wirtschaftlich orientierte Sternzeichen. Sie passen dadurch sehr gut zum Stier. Der Skorpion steht zwar in Opposition zum Stier, aber auch mit ihm funktioniert es ganz gut in der Wirtschaft.

Die Zwillinge

Zwillinge sind, beruflich gesehen, sehr wendige Menschen und passen daher hervorragend in das Wassermann-Zeitalter. Sie verfügen über eine gesunde Portion Neugierde und sind hochflexibel, ein Gewinn für jedes Unternehmen. Berufliches Neuland interessiert den Zwillinge-Menschen über alles. Gilt es etwas zu entdecken, steht er mit Garantie in der ersten Reihe und ist mutig genug es sofort auszuprobieren.

Ist er allerdings zu lange an einen Job gebunden, wird ihm schnell langweilig und er springt weiter. Als Dienstgeber ist man daher dringend gefordert, ihm immer wieder neue Herausforderungen im Unternehmen zu ermöglichen. Zwillinge kann man theoretisch auch um die ganze Welt schicken und es wird ihnen gut gefallen. Monotone Schreibtischarbeit ist nichts für sie, so etwas lässt sie verzweifeln und dann flüchten sie über kurz oder lang.

Zwillinge sind die geborenen „Jobhopper". Sie sind neugierig und aufgeschlossen zugleich. Sie sind in den Medien, in der Kunst und im Management zu finden, denn überall wo Kommunikation gefragt ist, sind Zwillinge optimal eingesetzt – nur langweilig darf es nicht werden!

Zwillinge als Kollege oder Chef

Zwillinge sind grundsätzlich zur Teamarbeit fähig. Sie verstehen es, mit kreativen Ideen und einer als lebhaft erlebten Sprunghaftigkeit unglaublich gut zu motivieren. Zwillinge legen sich im Team nie quer, ziehen an einem Strang und sind dabei auch noch sehr flexibel. Sie hören sich durchaus auch gerne eine Meinung aus dem Team an und sind auch in der Lage diese zu akzeptieren.

Mit diesen Sternzeichen klappt es im Job eher nicht

Mit den Fischen klappt es im Job nicht besonders, sie sind den Zwillingen viel zu vorsichtig. Die Waage ist ihnen wiederum zu entscheidungsschwach und verhindert dadurch letztendlich das große Geschäft. Sie erscheint den Zwillingen allenfalls für diplomatische Missionen geeignet. Mit einem Krebs oder mit der Jungfrau sind aus der Sicht der Zwillinge ebenso wenig anhaltende Gewinne einzufahren.

Mit diesen Sternzeichen ist wirtschaftlicher Erfolg so gut wie sicher

Beruflich erfolgreich läuft es mit dem Wassermann, Widder und Löwen. Sternzeichen die mit den Zwillingen mitlaufen und durchaus auch über etwas Abenteuerlust verfügen. Natürlich funktioniert es auch mit anderen Zwillingen ganz hervorragend.

Der Krebs

Für den Krebs kann es im Wassermann-Zeitalter beruflich dramatisch schwierig werden. Man muss dazu wissen, dass der Krebs sein Leben lang die Traditionen hoch hält. Er ist grundsätzlich der typische Erhalter und Bewahrer aller Traditionen und hätte zum Beispiel mit dem Fische-Zeitalter noch seine wahre Freude gehabt. Es war ein Zeitalter der wahren traditionellen Werte. Gerade im Wassermann-Zeitalter brechen allerdings jetzt alle Traditionen auf, das setzt dem Krebs von allen Seiten total zu und er leidet wahnsinnig darunter. Was macht er spontan dagegen? Er zieht sich immer mehr in die Vergangenheit zurück und schwärmt darüber wie schön es damals doch noch war. Es gibt allerdings auch im Wassermann-Zeitalter mit den für ihn richtigen Jobs sichere Arbeit und genug Vergnügen.

Der Krebs beißt sich so richtig in seine Arbeit hinein, er ist hilfsbereit und sehr teamfähig. Schwierigkeiten bereiten ihm rapide, kurzfristige Umstellungen und wenn er gezwungen ist, sich immer wieder auf neue Anforderungen einzustellen. Das ist nicht seine Welt. Wenn er aus seiner, so sehr gewohnten Welt gerissen wird, bereitet es ihm gehörige Probleme. Er schafft es nicht zeitgerecht Altes abzuschließen, hängt da ewig emotional drinnen und kann sich dadurch auch nie auf das Neue freuen. Das ist natürlich schade, denn dadurch bleibt ihm auch sehr viel erwartungsvolle Freude verschlossen. Wie kann man sich auf etwas freuen, wenn man sich gleichzeitig ein wenig davor verschließt? Das kann so nicht klappen!

Der Krebs ist im Pflegebereich gut eingesetzt, denn er verfügt über eine Menge soziales Engagement. Er ist auch ein wunderbarer Restaurateur, gerade dieser Job kommt sehr seinen persönlichsten Anlagen entgegen. Der Krebs ist ja ein Bewahrer und lässt nichts verfallen. Im Bauwesen ist er gut aufgehoben. Heim, Familie ist ihm wichtig, daher ist eine Identifikation im Job sehr einfach. Für den Außendienst ist der Krebs kaum geeignet, schon gar nicht, wenn er abends dadurch nicht nach Hause kommt. Abends ohne Familie und allein in den Hotels zu sitzen, da würde er sich alles andere als wohl fühlen und die Einsamkeit würde ihn sukzessive zermürben. Sein Zuhause ist ihm ein enorm wichtiges Rückzugsgebiet und es findet dadurch in seinem Leben eine enorme Bewertung. Der Krebs braucht täglich seine eigenen vier Wände, sein eigenes Bett, die Familie, eine gewisse Wärme und Zugehörigkeit.

Der Krebs als Kollege oder Chef

Zur Teamarbeit ist der Krebs gut fähig. Es ist ihm allerdings außerordentlich wichtig, dass das Team passt und es durchaus auch ein wenig familiär zugeht. Sobald er sich mit seinen Arbeitskollegen gut versteht, läuft es für ihn so richtig rund. Krebse leiden sehr, wenn sie im Job hart angefasst werden oder unter den Kollegen eine brutale, raue Atmosphäre herrscht. Damit tun sie sich sehr schwer und gehen dabei fasst zugrunde. Ein Job, in dem das Arbeitsklima für den Krebs nicht passt, würde nur zu schweren gesundheitlichen Problemen führen und ihn sehr schnell verzweifeln lassen.

Mit diesen Sternzeichen klappt es im Job eher nicht

Mit dem Widder ist es sehr schwierig, da läuft für den Krebs absolut gar nichts. Es wäre eine einander ewig abstoßende Kombination, die niemals zu einem positiven Ende führen kann. Der Schütze ist dem Krebs viel zu direkt, auch der Steinbock verlangt zuviel und geht zu sehr nach Zahlen, das ist nichts für den Krebs. Extrem wirtschaftliches Denken ist ihm eher suspekt. Auch der Wassermann ist im Job viel zu hektisch für den Krebs, das würden seine Nerven nicht lange aushalten.

Mit diesen Sternzeichen ist wirtschaftlicher Erfolg so gut wie sicher

Sehr gut läuft es für den Krebs mit dem Stier, denn auch der Stier schätzt ein gutes, familiäres und für alle gewinnbringendes Klima in der Arbeit. Mit Jungfrau, Skorpion und Fischen funktioniert es auch sehr gut. Hier gibt es beinahe so etwas wie eine richtig wohltuende Seelenverwandtschaft. Ein Team in dieser Kombination wäre durchaus so etwas wie ein „Dream-Team", sinnlose Streitigkeiten würde es hier wohl kaum geben!

Der Löwe ♌

Der Löwe findet sich beruflich im Wassermann-Zeitalter gut zurecht, er ist ja sowieso der geborene Führer und schafft es, sich auf gegebene Situationen blitzschnell einzustellen. Er will immer die Nummer eins sein, er ist ein Trendmensch und damit ist der Löwe auch im Beruf immer voll auf Linie. Karriere ist ihm außerordentlich wichtig, er möchte oben auf der höchsten Sprosse der Karriereleiter stehen und regelrecht von allen bewundert werden. Beruflicher Erfolg ist dem Löwen sehr wichtig und dafür ist er auch bereit viel zu tun.

Der Löwe ist im Job absolut flexibel und nimmt Neuerungen sehr leicht auf, denn Veränderungen sieht er als Herausforderungen. Er ist technisch neugierig und immer am letzten Entwicklungstand.

Der Löwe ist im Managementbereich hervorragend eingesetzt und generell auch rund ums Geld. Der gesamte Bankensektor und Anlagebereich ist somit für den Löwen die ideale berufliche Spielwiese. Der Löwe ist auch im Hotelmanagement und überhaupt im gesamten Tourismus zu finden. Er liebt es mit vielen Menschen gleichzeitig zu kommunizieren und wenn das Ganze auch mit etwas Luxus verbunden ist, zum Beispiel in einem schönen Hotel, ist es umso besser für seine Motivation. Auch die Modewelt ist für ihn optimal. Selbst als Visagist oder Friseur versteht es der Löwe ordentlich zu glitzern, denn es ist seine Welt des Glamours.

Der Löwe als Kollege oder Chef

Teamarbeit funktioniert beim Löwen nur dann, wenn er der anerkannte Teamleiter ist. Unter einem anderen als Teamleiter wird es für ihn auf Dauer nicht funktionieren, das schafft der Löwe überhaupt nicht! Er wird regelrecht eifersüchtig und wird nur noch Intrigen spinnen. Lob ist dem Löwen sehr wichtig, Lob beflügelt ihn förmlich zu Höchstleistungen. Selbst als Vorgesetzter möchte er von seinen Mitarbeitern angehimmelt und laufend bestätigt werden. Das benötigt er einfach für sein Ego. Funktioniert es im Job nicht und bekommt der Löwe auf Dauer weder Lob, noch gebührende Anerkennung, dann dreht er sich um und geht. Der Löwe ist überhaupt kein Steher, wenn er zu lange auf seine von ihm begehrte Position warten muss, dann versucht er es lieber in einer anderen Firma.

Mit diesen Sternzeichen klappt es im Job eher nicht

Mit dem Stier und Skorpion klappt es für den Löwen im Beruf überhaupt nicht. Die Jungfrau ist ihm zu trocken und damit auch etwas zu langweilig und der Krebs ist ihm viel zu pingelig, das würde ihn auf Dauer fertig machen.

Mit diesen Sternzeichen ist wirtschaftlicher Erfolg so gut wie sicher

Beruflich gut klappt es für den Löwen mit dem Widder, dem Schützen und dem Steinbock. Der Widder teilt mit ihm Interessen und das Tempo und gerade im Steinbock erkennt der Löwe einen idealen Steigbügelhalter, der den nötigen Erfolg bringt.

Die Jungfrau

Als Jungfrau gehört man auf alle Fälle zu den Menschen, die sehr danach trachten, sich beruflich dem Wassermann-Zeitalter gut anzupassen. Die Jungfrau macht das ganz einfach über die Ratio. Sie weiß, es handelt sich um einen neuen Wind dem man sich eben anzupassen hat, vor allem wenn man auf der Gewinnerseite steht und nicht untergehen möchte. Das schlüsselt sie ganz klar für sich auf und wird nichts unversucht lassen, auf die Forderungen des Wassermann-Zeitalters aufzuspringen um beruflich dabei zu sein.

Die Jungfrau findet man ebenso im Dienstleistungssektor, wie auch in der Medizin. Die Wirtschaft im Allgemeinen liegt ihr, denn sie verfügt über einen gesunden Geschäftssinn und es interessiert sie ja tatsächlich gute, erfolgreiche Geschäfte abzuwickeln. Die Jungfrau gehört zu den sehr genauen Arbeitern und sie liebt es analytisch dabei vorzugehen. Auch im Finanzwesen ist die Jungfrau zu finden, als Steuerberater, Finanzprüfer oder dergleichen. Sie kann stundenlang über schnöden Zahlen brüten und findet auch noch Gefallen daran. Einer Jungfrau kann man eine Menge Arbeit hinwerfen. Sie setzt sich hin und arbeitet so lange, bis gewissenhaft alles abgearbeitet ist.

Ein Außendienst oder generell Berufe, die sehr stark mit einem Verkauf Verknüpfung finden, sind nichts für die Jungfrau. Sie braucht eine Linie, eine klare Perspektive. Eine Jungfrau kann man nicht in die Wüste schicken, um sie etwas aufbauen zu lassen. Das wird von vornherein nichts! Diese Art von Aufgaben liegen ihr ganz und gar nicht. Die Jungfrau braucht Vorgaben und eine gewisse berufliche Sicherheit, darauf legt sie großen Wert. Wenn sich dann auch noch in einem für sie eigenen Büro abspielt, umso besser.

Die Jungfrau als Kollege oder Chef

Teamarbeit klappt bei der Jungfrau, auch hier passt sie sich elegant an, ganz nach dem Motto: „Was getan werden muss, muss getan werden!". Über ihre Ratio ist sie sehr bildungs- und leistungsfähig. Wichtig ist, eine Jungfrau in Ruhe arbeiten zu lassen. Fehlt ihr die nötige Ruhe, wird sie böse und will nicht mehr. Die Jungfrau akzeptiert einen Leader, der vorne steht und Aufträge bringt, denn sie muss nicht unbedingt zur Befriedigung ihres Egos an der Spitze stehen. Es genügt ihr zu wissen, dass es läuft und sie liebt es in Ruhe im Hintergrund die Fäden zu ziehen. Daher gibt es zum Beispiel auch unter den Regisseuren einige Jungfrauen. Die Jungfrau steht nicht im Vordergrund, aber sie versteht es dann doch auch wieder die Puppen tanzen zu lassen.

Mit diesen Sternzeichen klappt es im Job eher nicht

Mit dem Schützen, dem sprunghaften Zwilling, dem ihr viel zu schnellen Wassermann kann eine Jungfrau überhaupt nicht arbeiten. Auch Fische sind ihr viel zu unsicher. Auf diese könnte sie sich im Job viel zu wenig verlassen, da bekäme sie mit der Zeit nur Existenzängste.

Mit diesen Sternzeichen ist wirtschaftlicher Erfolg so gut wie sicher

Sehr gut funktioniert es für die Jungfrau im Job mit dem Steinbock, dem Stier, dem Löwen. Letzterer steht vorn in der ersten Reihe und bringt die Aufträge, die die Jungfrau anschließend in Ruhe bearbeitet. Auch mit dem Skorpion klappt es sehr gut, denn auch der Skorpion ist ein Steher an der Front und schaufelt die Aufträge herein, auf den kann sich die Jungfrau ganz gut verlassen.

Die Waage

Die Waage leidet ein wenig unter der sich immer rascher drehenden Berufswelt, die das Wassermann-Zeitalter mit großem Elan mit sich bringt. Diese Geschwindigkeit liegt ihr nicht unbedingt. Sie ist dazu viel zu harmoniebedürftig und hat sowieso ein wenig Angst vor neuen beruflichen Aufgaben. Es sieht ganz so aus, als müsste man als wohlmeinender Förderer eine Waage immer wieder in neue Tätigkeiten hineinstoßen, weil sie von allein den Absprung nicht wagt.

Die Waage ist in allen juristischen Bereichen zu finden, auf der Anwaltsseite, wie auf der Seite der Richter. Ebenso im Wellness- und Gesundheitsbereich. Die Waage deckt auch den gesamten sportlichen Bereich als Trainer und Coach ganz gut ab. Diese gewisse beratende oder fördernde Funktion liegt ihr absolut!

Auch in kreativen Berufen, in der Werbung und in allen Medien sind jede Menge Waagen erfolgreich tätig, denn es liegt ihnen sehr, kreativ zu gestalten. An der Front zu stehen, um zu verkaufen und immer wieder neue Aufträge zu bringen, dazu bedarf es allerdings eines anderen Sternzeichens. Das liebt die Waage ganz und gar nicht und darum hätte sie darin auch null Erfolg.

Die Waage als Kollege oder Chef

Die Waage ist absolut teamfähig und sie liebt ein harmonisches Team. Sie arbeitet sowieso nicht gern allein und braucht jemanden um sich, hat also somit hervorragende Eigenschaften zur Teamarbeit. Sie kann eher schwer berufliche Entscheidungen treffen und allein dazu ist eine Entscheidungshilfe aus einem Team unbedingt notwendig. Im Alleingang wäre die Waage verloren. Sie könnte Entscheidungsfindungen niemals in der nötigen Zeit abschließen. Es liegt ihr ja auch nicht, Entscheidungen selbst zu treffen, daher fühlt sich die Waage in einem Team, welches ihr diese abnimmt, viel besser aufgehoben.

Mit diesen Sternzeichen klappt es im Job eher nicht

Mit dem Widder, dem Steinbock, dem Schützen funktioniert es beruflich nicht so besonders. Die Waage passt sich ihnen an, aber es kostet ihr immer wieder sehr viel Energie. Energie die in die Arbeit gesteckt werden könnte. Die Waage braucht Menschlichkeit und Herzenswärme um beruflich erfolgreich zu sein und beides erhält sie von den Dreien viel zu wenig.

Mit diesen Sternzeichen ist wirtschaftlicher Erfolg so gut wie sicher

Ein Löwe, ein Stier oder eine Jungfrau passen beruflich ganz gut zur Waage. Gerade bei der Jungfrau fühlt sie sich sicher, denn die Jungfrau steht ja ebenso mit beiden Beinen auf der Erde wie die Waage es tut. Zwillinge und Wassermann reißen die Jungfrau ein wenig mit und diese Form der Animation tut ihr durchaus gut. Die Waage wird von den beiden etwas belebt, sie bringt es dadurch beruflich rascher weiter. Wassermann und Zwilling verstehen es allerdings nicht, der Jungfrau auf Dauer Sicherheit zu vermitteln und das lässt sie leicht verunsichern und leider rasch wieder bremsen.

Der Skorpion ♏

Beruflich ist der Skorpion ein engagierter, tüchtiger Kämpfer und er geht jeder Sache sorgfältig auf den Grund. Er ist ein guter Psychologe und verfügt zudem über eine ausgeprägte detektivische Ader. Beruflich ist der Skorpion im Wassermann-Zeitalter sehr gefragt. Sehr oft ist er als Coach in beratender Funktion oder im gesamten Medienbereich zu finden. Der Skorpion kann gut tüfteln und kombinieren und ist daher im wissenschaftlichen, erfinderischen Bereich gut einzusetzen. Auch im Verkauf entdeckt der Skorpion ambitioniert seine Ziele und versteht sich in die Materie ordentlich zu verbeißen. Nachdem er an vielem sehr interessiert ist, schafft es der Skorpion natürlich auch im Außendienst erfolgreich zu sein.

Der Skorpion beschäftigt sich gerne mit dem Unterbewusstsein, der Seele der Menschen und diese Gabe versteht er gut beruflich einzusetzen. Er hat einfach ein gutes Gespür und erkennt dadurch im Vorfeld bereits sehr viel. Viele Politiker sind zum Beispiel Skorpione. Der Skorpion ist sehr gerne beim Heer, das ist das Plutonische in ihm und da kann er in kriegerischen Auseinandersetzungen bis hin zur Selbstaufgabe kämpfen. Man stelle sich einfach den Skorpion im Tierreich vor. Er stürzt sich mit seinen Zangen auf sein Opfer und versucht immer wieder mit seinem Stachel auf sein Opfer einzustechen. Ist das Opfer stärker als er, vielleicht sogar ein gegnerischer, größerer Skorpion, dann kommt es zum Gemetzel und der Skorpion stürzt sich heldenhaft in den Tod.

Der Skorpion ist natürlich ein klassischer Workaholic. Er geht in jeder Hinsicht bis an den Rand und ist daher beruflich auch im Sport sehr erfolgreich. Er versteht es sich zu verausgaben und holt aus seinem Körper oft das Letzte heraus. Dadurch flüchtet er sich allerdings oft in Stimulanzen wie Alkohol, Drogen oder Antidepressiva.

Für neue berufliche Aufgaben ist der Skorpion wie geschaffen. Einmal ihm überantwortete Aufgaben erfüllt er pflichtbewusst und in diese kann er sich regelrecht verbeißen. Der Skorpion ist beruflich durchaus, mit den entsprechenden Ausbildungen, als Allroundgenie anzusehen.

Der Skorpion als Kollege oder Chef

Im Job wirkt der Skorpion oft etwas geheimnisvoll. Man weiß ihn einfach nicht richtig einzuschätzen, denn er schillert in vielen Farben. Es ist für einen ganz und gar nicht abzusehen, ob er vertrauenswürdig ist oder nicht. Aber das ist eben ganz seine Art, das geheimnisvolle und unberechenbare Skorpion-Bild pflegt er bis zum Exzess. Der Skorpion liebt es, für andere undurchschaubar zu sein. Er ist eine Führernatur, aber keine besonders kommunikative. Der Skorpion liebt es im Job das zu denken, was er eigentlich aussprechen sollte. Gerade für Mitarbeiter ist es wahnsinnig unangenehm nie zu wissen, woran sie bei ihrem Chef sind, denn sie erhalten einfach viel zu wenig Feedback und das könnte mitunter kontraproduktiv sein.

Mit diesen Sternzeichen klappt es im Job eher nicht

Mit dem Löwen oder dem Wassermann ist es dem Skorpion viel zu schwierig. Die Waage ist ihm als Teamarbeiter wiederum viel zu schwach. Mit den Fischen klappt es auch nicht, der Skorpion würde die Fische in der Sekunde vor allen anderen niedermachen und ordentlich bloßstellen. Nachdem die Jungfrau Sicherheiten möchte und sie der Skorpion viel zu sehr im Ungewissen lässt, klappt es mit den beiden auch nicht besonders gut.

Mit diesen Sternzeichen ist wirtschaftlicher Erfolg so gut wie sicher

Sehr gut klappt es im Beruf mit dem Steinbock. Auch mit dem Schützen, den Zwillingen, dem Widder ist wirtschaftlicher Fortschritt und Erfolg sehr gut möglich. Sie alle verstehen es, an einem Strang zu ziehen und ergänzen sich mit dem Skorpion.

Der Schütze ♐

Der Schütze ist beruflich ideal für das Wassermann-Zeitalter geschaffen. Wie kaum ein anderes Sternzeichen, wechselt er liebend gern - so alle zwei, drei Jahre - den Job um Neues auszuprobieren und um auf seiner Karriereleiter entsprechend weiterzukommen. Einen Schützen findet man nie unter jener Gruppe, die als Lehrling in einer Firma beginnt und in derselben später dann auch pensioniert wird. Das ist für ihn undenkbar. Er braucht Abwechslung und will ordentlich gefordert werden.

Der Schütze hat keine Scheu davor beruflich viel auszuprobieren und reist dafür bereitwillig rund um die Welt. Er ist am Schiff oder bei einer Airline wunderbar eingesetzt und es entspricht voll und ganz seinem Naturell immer auf Achse zu sein. Die Sucht nach Neuem macht zugleich auch den beruflichen Haken des Schützen aus, denn man kann mit ihm nicht längerfristig rechnen. Kaum läuft der Laden halbwegs gut, ist er auch schon wieder dahin und das reduziert ihn für jeden, der etwas aufbauen möchte zum unberechenbaren Weggefährten.

Im Außendienst ist der Schütze gut eingesetzt, denn er muss selbständig arbeiten und er liebt es, ständig neue Kontakte zu schließen. Er ist beruflich sehr begeisterungsfähig, es mangelt ihm allerdings an Geduld um tiefer ins Detail zu gehen. Er ist der typische Geschäftsaufreißer. Um die Nachbearbeitung muss sich anschließend jemand anderer kümmern.

Der Schütze ist auch sehr oft in sozialen Berufen zu finden. Er ist zum Beispiel der geeignete Entwicklungshelfer, da er über eine ausgeprägt soziale Ader verfügt.

Der Schütze als Kollege oder Chef

Der Schütze ist durchaus ein guter Teamplayer, er benötigt allerdings auch im Team seine Freiheiten. Er lässt sich nicht gerne kommandieren und man kann ihm nicht so einfach etwas anschaffen. Diplomatie ist bei ihm nötig und man muss ihm eine eigene Aufgabe überlassen, denn die Selbständigkeit ist ihm äußerst wichtig. Der Schütze liebt es sich den Tag selbst einteilen zu können. Er braucht diesbezüglich jemanden im Backoffice, sozusagen einen Controller der in die Tiefe geht und die anfallenden Dinge aufzuarbeiten versteht. Am besten ist der Schütze an der Front eingesetzt, da kann er sich und seine Talente sehr gut verwirklichen.

Mit diesen Sternzeichen klappt es im Job eher nicht

Jungfrau, Steinbock und Fische sind beruflich gesehen für den Schützen schreckliche Sternzeichen. Sie würden wie Klötze an seinen Beinen hängen. Auch der Stier erscheint ihm viel zu kleinkariert. Der Schütze braucht diese Sternzeichen ausschließlich zur finanziellen Kontrolle, ansonsten fühlt er sich von ihnen entsetzlich blockiert.

Mit diesen Sternzeichen ist wirtschaftlicher Erfolg so gut wie sicher

Lustig ist es im Job mit dem Wassermann, auch mit dem Löwen, den Zwillingen und dem Widder. Das sind allesamt sehr schnelle, muntere Sternzeichen, die können mit dem Schützen sehr gut zusammenarbeiten.

Der Steinbock ♑

Der Steinbock gehört zu den Erdzeichen, er ist ein Bewahrer und beginnt nicht nur eine Aufgabe, sondern führt diese auch gewissenhaft zu Ende. Diese Gewissenhaftigkeit ist allerdings im Wassermann-Zeitalter nicht immer möglich. Daher ist der Steinbock in Zeiten wie diesen beruflich sehr gefordert und das kann gelegentlich ordentlich Stress machen. Der Steinbock hat klare berufliche Lebensziele und ist absolut fleißig, denn für seine Ziele setzt er sich entsprechend ein. Er passt sich dem Wassermann-Zeitalter insofern an, indem er alles von der wirtschaftlichen und für ihn vernünftigen Seite sieht. Er zieht sein Leben in diesem Zeitalter einfach durch, auch wenn es ihm gelegentlich schwer fällt. Der Steinbock ist ein asketischer Mensch mit hohem Pflichtbewusstsein. Erhält er eine berufliche Aufgabe, dann erledigt er sie auch. Da fährt sozusagen die Eisenbahn drüber. Das ist das Prinzip des Steinbocks, ein absolut zuverlässiges Sternzeichen eben.

Eine Schwäche des Steinbocks ist das Organisieren von neuen Kontakten. Er wirkt viel lieber im Hintergrund. Er ist daher im Außendienst absolut falsch eingesetzt. Seine Stärke ist vielmehr die spätere Abwicklung der abgeschlossenen Aufträge. Optimal eingesetzt ist der Steinbock auch in der Ideenentwicklung und in der nachfolgenden Detailplanung. Hier kann er durch seine Verlässlichkeit kaum durch ein anderes Sternzeichen ersetzt werden. Der Steinbock ist zum Beispiel auch ein wunderbarer Architekt, schon allein das Architekturstudium liegt ihm ganz besonders. Auch in den Sozialberufen, im pädagogischen oder therapeutischen Bereich ist er gut eingesetzt. Der Steinbock verfügt über ein besonders ausgeprägtes Sendungsbewusstsein und ist sehr interessiert daran, dass aus anderen Menschen etwas wird. Er eignet sich zum Beispiel auch hervorragend als Schirmherr für karitative Organisationen.

Der Steinbock ist beruflich nicht unbedingt an utopischen Dingen interessiert, es ist nicht seines von einem Wolkenschloss zum nächsten zu springen und darin Purzelbäume zu schlagen. Er ist viel eher der kreative Bewahrer, der mit seinen eigenen Händen sehr viel zu schaffen versteht und mit seinen Beinen fest auf der Erde verankert ist.

Der Steinbock als Kollege oder Chef

Auf den Steinbock kann man sich gut verlassen. Wenn er Projekte auf Schiene setzt, geht nichts mehr daneben. Wenn man für einen Urlaub die Firma verlässt und seine Arbeit einem Steinbock überantwortet, kann man ruhigen Gewissens davon ausgehen, dass alles bestens klappt und vor allem nichts liegen bleibt. Man kann sich sicher sein, dass ein Steinbock in die ihm überantwortete Rolle schlüpft und sie gewissenhaft ausführt, bis man wieder kommt.

Einem Team versteht sich der Steinbock exzellent anzupassen. Er ist wirtschaftlich bedacht und wird nie in einem Team quertreiben. Er kann durchaus auch Order entgegennehmen und ist ein beständiger Mitstreiter.

Mit diesen Sternzeichen klappt es im Job eher nicht

Mit dem Schützen, dem Widder und der Waage klappt es nicht. Sie sind dem Steinbock zu hektisch, das liebt er ganz und gar nicht und die Waage ist ihm viel zu unsicher, weil sie ja so zögerlich ist Entscheidungen zu treffen.

Mit diesen Sternzeichen ist wirtschaftlicher Erfolg so gut wie sicher

Gut klappt es für den Steinbock mit dem Stier, der Jungfrau, dem Skorpion, den Zwillingen und den Fischen. Das sind Sternzeichenkombinationen, die sich in im Job einander sehr beflügeln und wirtschaftlichen Erfolg bringen können.

Der Wassermann

Beruflich läuft es für den Wassermann in seinem Wassermann-Zeitalter nicht übel. Es ist ja auch sein Biotop und er ist auch beruflich ein großer Idealist und immer der Zeit ein bisschen voraus. Das bringt ihm im Job immer einen gewissen Vorsprung, auf den es ja gerade heute sehr oft ankommt, um entsprechend gewinnbringende Deals abzuwickeln. Was im Job gestern war oder heute ist, interessiert den Wassermann nicht mehr. Er zieht die Fäden für die Zukunft. Ihm kommt daher das Wassermann-Zeitalter sehr zugute, es kann ihm nicht zu utopisch und außergewöhnlich zugehen. Der Wassermann ist ein Meister des Unkonventionellen und das beflügelt ihn natürlich, Wege zu gehen an die vor ihm noch niemand ernsthaft dachte. Wenn es jemandem gelingt die Bodenhaftung abzustreifen, um neue Bahnen zu beschreiten, dann ist es der Wassermann. Der Wassermann will am liebsten in die Welt hinaus und verfügt über eine nicht unbeträchtliche missionarische Ader. Er ist sogar völkerverbindend, denn er kennt ja gedanklich überhaupt keine Grenzen und versteht es unterschiedlichste Kulturen zusammenzuführen. Er kann in jedem Kulturkreis leben und jeder Mensch hat bei ihm denselben Stellenwert. Diese Gabe kann er natürlich auch beruflich sehr gut nützen.

Im Beruf ist der Wassermann sehr flexibel. Als Buchhalter ist er allerdings überhaupt nicht einsetzbar, denn so genau ist er auch wieder nicht. Seine Berufe liegen im Medien-, Gesundheits- und Wellnessbereich. Marketing im Allgemeinen und technische Berufe mag er sehr, alles Technologische steht ihm sehr nahe. Der Wassermann ist grundsätzlich ein großer Erfinder und verfügt über ein stattliches Ideenreservoir. Er ist zum Beispiel auch ein wunderbarer Designer. Er hat nur ein Problem. Dadurch, dass er seiner Umwelt immer einen Schritt voraus ist, fällt es seinem Umfeld schwer, seine neuen Ideen anzunehmen. So bleibt ihm oft nur die Feststellung: „Diese Idee hatte ich doch bereits vor zehn Jahren!" Der Vorteil des Wassermann-Zeitalters ist jedoch, dass der Wassermann seine Ideen jetzt viel eher am Markt unterzubringen vermag und dadurch gute wirtschaftliche Erfolge einfährt. Gibt es in einer Firma ein Kreativcenter, sind Wassermänner unbedingt einzubinden, denn niemand im Team spielt sich so sehr mit seiner unerschöpflichen Kreativität wie er.

Der Wassermann als Kollege oder Chef

Der Wassermann ist teamfähig und als sozialer Mensch einzustufen. Mit ihm macht Teamarbeit Spaß. Er ist nur ein bisschen sprunghaft und ungeduldig. Als Ideenbringer ist er wunderbar, in der Ausführung derselben verlässt ihn oft die Geduld. Hier benötigt er im Team unbedingt jemanden, der Angefangenes zu Ende führt. Kreative Freiräume ohne Zwänge sind ihm enorm wichtig.

Mit diesen Sternzeichen klappt es im Job eher nicht

Schwer fällt es dem Wassermann mit einer Jungfrau oder den Fischen, da sie ihm viel zu wenig beweglich und zu starr sind. Auch mit dem Stier klappt es beruflich nicht besonders. Die Dominanz des Skorpions behagt ihm auch nicht, dieser nimmt ihm die Luft für seine Kreativität. Der Skorpion durchleuchtet den Wassermann viel zu sehr und nagelt ihn in den Entscheidungen fest, das will er überhaupt nicht. Mit dem Krebs funktioniert es in der Arbeit auch nicht so besonders, denn der Krebs ist ihm viel zu kleinkariert.

Mit diesen Sternzeichen ist wirtschaftlicher Erfolg so gut wie sicher

Zwillinge, Schütze oder Löwe faszinieren den Wassermann. Auch mit dem Steinbock klappt es gut, da der Steinbock die ihm gewünschten Freiräume lässt. Der Steinbock fühlt sich vom Wassermann gedanklich befruchtet. Der frische Wind, die guten Ideen kommen vom Wassermann und abgewickelt wird die Sache anschließend vom Steinbock. Dem Steinbock gefallen ja die originellen beruflichen Ideen des Wassermanns!

Die Fische

Den Fischen fällt es beruflich im Wassermann-Zeitalter wirklich schwer. Sie sind viel zu sensibel, feinfühlend und vorsichtig um mit der Schnelllebigkeit dieses Zeitalters zu Recht zu kommen. Den Fischen widerstrebt es aus den Tiefen ihres Herzens, etwas Altes zu verlassen um Neues auszuprobieren und das kann sie gerade beruflich sehr ausbremsen. Sie brauchen immer wieder einen kleinen, aufmunternden Stups um etwas weiter zu schwimmen.

Fische sind vorwiegend im Dienstleistungssektor zu finden, aber auch in sozialen Berufen finden sie Erfüllung. Sie sind auch zuverlässige Buchhalter oder Juristen und exzellente Anwälte. Fische sind hochbegabte Seelenbetreuer für andere und das können sie beruflich natürlich hervorragend nützen. Auch im etwas abgehobenen philosophischen Zweig trifft man die Fische leicht an. Sie lieben es zu schreiben, so gibt es unter den Fischen viele Schriftsteller und Journalisten. Auch in religiösen Berufen sind Fische fest verankert. Sie sind sowieso so etwas wie Bewahrer alter kultureller und ideeller Traditionen.

Im Außendienst sind Fische absolut falsch eingesetzt, denn das liegt ihnen überhaupt nicht. Sie eignen sich nicht als Speerspitze eines Unternehmens. Auch das Management ist nicht unbedingt ihr Ding. Da müssten sie viel zu oft auf Konfrontation gehen,

täglich kämpfen und Druck ausüben. Das ist nicht die Welt der Fische und würde sie auf Dauer ruinieren. Auch Hektik können Fische überhaupt nicht verkraften. Aufträge hereinzukarren wäre auch nichts für sie, auch da müssten sie Druck machen, um gute Abschlüsse zu erzielen.
Im Schauspiel und generell im künstlerischen Bereich sind die Fische wahrhaft zu Hause. Sie verstehen es wie kaum ein anderer, sich in fremde Rollen zu versetzen, da sie sehr fantasievoll sind und großartige Verwandlungskunst besitzen.

Die Fische als Kollege oder Chef

Fische kommen mit Kollegen sehr gut aus. Sie benötigen allerdings eine Führung und klare Linien, dann sind sie in der Ausführung ihrer Arbeit auch sehr selbständig. Den Fischen kann man eine Aufgabe überantworten, sie werden sich damit den ganzen Tag ins stille Kämmerlein zurückziehen und sie am Ende des Arbeitstages zur vollsten Zufriedenheit erledigt haben. Sie finden durchaus auch Erfüllung darin, so in aller Ruhe und in voller Eigenständigkeit vor sich hinzuarbeiten, das liegt ihnen sehr, auf diese Art haben sie am wenigsten Stress.

Es soll aber nicht heißen, dass der Fische-Geborene ein zurückgezogener Eigenbrötler ist. Ganz im Gegenteil, er arbeitet gut im Team, er kann ja auch sehr gut mit anderen Menschen umgehen. Es hilft ihm dabei, in einem Team erfolgreich und beständig zu sein. Man muss ihn nur rücksichtsvoll behandeln, ihm Sicherheiten und Lob geben, das braucht er wie sein tägliches Brot. Generell wird ja viel zu wenig gelobt. Und die Begriffe „Lob", „Toleranz" und „Nachsichtigkeit" werden Schlagworte sein die im Wassermann-Zeitalter sehr gefragt sind. Durch die enorme und extrem rasante Entwicklung mangelt es immer mehr an Qualitätsfeedback innerhalb der Firmen und dadurch entstehen Unsicherheiten sowie Unklarheiten. Und die kosten auf Dauer viel Geld.

Mit diesen Sternzeichen klappt es im Job eher nicht

Der Schütze tut den Fischen beruflich überhaupt nicht gut. Der Löwe ist ihnen auch viel zu stark und lässt ihnen keine Luft zum Atmen. Die Zwillinge finden sie viel zu hektisch und unruhig, das geht auf Dauer nicht gut und macht die Fische nervlich fertig. Auch die Jungfrau ist den Fischen viel zu pingelig, kritisch und nüchtern, diese berufliche Verbindung würde nur zu Streit führen.

Mit diesen Sternzeichen ist wirtschaftlicher Erfolg so gut wie sicher

Mit dem Steinbock klappt es für die Fische beruflich hervorragend. Auch mit dem Stier geht es gut, denn der gibt den Fischen die Sicherheit, nach der sie immer verlangten. Mit dem Krebs klappt es ebenso, denn an seiner Seite fühlen sich Fische einfach wohl und gut aufgehoben. Auch der konsequente Skorpion fasziniert die Fische – speziell mit seinen klaren Konzepten - und bringt sie auch beruflich weiter.

Wie man sich im Wasserman-Zeitalter bei Kasse hält

Die Sternzeichen und das liebe Geld

Das Wassermann-Zeitalter nimmt und bringt

Noch nie war es so schwierig seine Finanzen im Griff zu haben, wie jetzt im Wassermann-Zeitalter. Entweder das Geld fließt einem so richtig hemmungslos zu oder man hat das Gefühl nie mehr in den grünen Bereich zu kommen. Vom erdrückenden Zinsendienst den man zusätzlich zu den ganzen Zahlungen zu leisten hat ganz zu schweigen. Das Wassermann-Zeitalter hat also für jeden etwas in petto. Man kann rasch sehr viel Vermögen machen, es verführt allerdings auch im gleichen Ausmaß dazu, selbiges von einem Tag auf den anderen zu verlieren.

Um in der ersten Reihe zu stehen und gutes Geld zu machen, muss man in erster Linie wirklich schnell sein und Trends erkennen, beziehungsweise einsteigen wenn der

Trend noch nicht einmal spürbar begonnen hat. Fällt das Gold seit vielen Monaten, ist es nur noch eine Frage der Zeit, dass sich der Trend umkehrt und es wieder im Wert anzieht. „Kaufen, wenn alle verkaufen" ist die neue Devise, allerdings nicht zu früh, sonst verliert man viel Geld. Gerade im Wassermann-Zeitalter kann man mit dem schnelllebigen Hin und Her immer wieder seine Finanzen aufpeppen, man muss nur aufmerksam genug sein und in den Markt hören.

Durch das Wassermann-Zeitalter ist der Weg des Geldes ein anderer geworden. Gab es früher noch zuverlässige Veranlagungspläne nach denen man die Uhr stellen konnte, sind diese heute, bis auf wenige Ausnahmen, gänzlich über den Haufen geworfen. Die junge Generation greift Trends auf, weidet sie so lange aus wie sie Moneten abwerfen und lässt sie danach auch schon wieder sausen. Traditionen in der Geldvermehrung gibt es so gut wie keine mehr, auch diese wurden vom Wassermann-Zeitalter rigoros aufgebrochen und neu geordnet, sofern im Chaos überhaupt eine Ordnung zu erkennen ist.

Eines sei allerdings vorweggenommen. Das liebe Geld wird auch im Wassermann-Zeitalter seinen Wert nicht verlieren. Es heißt zwar, das Wassermann-Zeitalter ist das Zeitalter der Menschlichkeit oder Brüderlichkeit, allein durch die unabdingbare Polarität wird die Wertigkeit des Geldes aber ganz und gar nicht aufgehoben, sondern bleibt weiter bestehen und für jedermann wie eh und je wichtig.

Einen krassen Wertewechsel gibt es in der Anschaffung von Grund und Haus. War es früher oberste Prämisse sich wo niederzulassen und ein Haus zu bauen, weiß dies das Wassermann-Zeitalter gründlich zu verhindern. Man legt sich ja so gut wie nicht mehr fest und will höchst flexibel bleiben. Dieser Trend macht es natürlich denkbar schwierig, sich entgegen dem allgemeinen Zeitgeist, im Eigentum häuslich niederzulassen. Und wird Eigentum geerbt, veräußert man es nicht selten noch im selben

Jahr, denn es bringt aus Sicht des Wassermann-Zeitalters ohnehin nur unnötig Ballast. Selbst durch ein Erbe sind die Menschen in Hinkunft nicht mehr festzunageln. Sie wollen größtmögliche Unabhängigkeit und da ist ererbter Grund und Boden nur hinderlich. Wesentlich einfacher kommt es da, das Erbe zu veräußern um sich mit dem gewonnenen Geld ein zusätzliches Stück Flexibilität zu verschaffen. Die Tradition Grund und Boden zu vermehren, ist so gut wie vorüber und nur noch auf ganz wenige Sternzeichen beschränkt, Sternzeichen, die ein wenig in gestrigen Traditionen verhaftet geblieben sind. Es gibt sie im Wassermann-Zeitalter nach wie vor und das ist ganz gut so.

Der Widder ♈

Der Widder ist ja ein absolutes Managerzeichen. Es fällt ihm daher nicht schwer, sich und seine Finanzen perfekt zu managen. Durch seine hohe Spontaneität macht er gerade im Wassermann-Zeitalter die perfekten Geschäfte. Er kann aber im selben Augenblick sein Geld auch wieder rasch verlieren, es wird allerdings nur ein vorübergehender Verlust sein. Absolute Trittsicherheit ist im Wassermann-Zeitalter finanziell nie garantiert und temporäre Verluste sind immer möglich. Man muss nur genügend in der Portokasse haben, um vorübergehende Engpässe gut auszugleichen. Bilanziert wird daher immer erst zum Schluss.

Der Widder gehört zu den großzügigen Sternzeichen, auch was seine Ausgaben anbelangt. Geld ist ihm sehr wichtig und er gibt es wahnsinnig gerne mit beiden Händen wieder aus. Er liebt es gesellig zu sein und neue Menschen kennen zu lernen, auch das kann mitunter viel Geld kosten, vor allem wenn man ihnen imponieren will. Der Widder schätzt es in der Weltgeschichte herumzujetten. Um sich das zu ermöglichen, benötigt er ein sicheres Händchen bei der Geldbeschaffung. Grundsätzlich kann man ihn in die sprichwörtliche Wüste schicken und er wird auch dort gutes Geld machen und als großer Gewinner von seinem Abenteuer zurückkehren. Möchte man sich von jemandem die wahre Geldvermehrung abschauen, dann sollte man sich also den Widder zum Vorbild machen.

Der finanzielle Haken im Wassermann-Zeitalter

Nachdem der Widder seine Ausgaben selten seinen Einnahmen anzupassen versteht, passiert es ihm nicht selten, dass er über beide Ohren verschuldet ist. Er gehört ja zu den Feuerzeichen und gilt als lebensfreudiges Sternzeichen, Freizeit lässt er sich viel kosten. Seine Rast- und Ruhelosigkeit kostet ihn oft wesentlich mehr Geld, als er in den Monaten davor verdient hat.

Das große Plus im Wassermann-Zeitalter

Die Stärke des Widders ist es, sich die Schnelllebigkeit des Wassermann-Zeitalter zunutze zu machen, um aus den sich sehr rasch abwechselnden Wirtschaftszyklen ordentlichen Profit zu schlagen. Kniet sich ein Widder so richtig ins Geschäft, wird er immer weitaus mehr verdienen als er bei vernünftiger Lebensführung zu verbrauchen im Stande ist. Der Widder hat durch seine Power immer wieder die Möglichkeit gute Geschäfte zu machen. Läuft es einmal schlechter, muss er mit viel Energie wieder ganz unten anfangen, neu beginnen und kann sich aber in kürzester Zeit wieder hocharbeiten um die finanziellen Verluste rasch wieder auszugleichen. Finanziell gesehen gehört der Widder zu den wendigsten Sternzeichen überhaupt, dem kein Aufwand zu groß ist um Vermögen zu bilden.

Finanztipp für das Wassermann-Zeitalter

Wenn es dem Widder gelingt seine Unruhe und Ungeduld unter Kontrolle zu halten, wird es ihm nicht schwer fallen, die attraktiven Vorteile des Wassermann-Zeitalters geschäftlich zu nützen. Eine konstante Geschäftsgebarung ist dringend empfehlenswert, man muss auch als Widder nicht unbedingt auf jeden vorbeifahrenden Zug aufspringen um dabei zu sein. Noch dazu, wenn man in dem Moment noch nicht einmal so genau weiß, wo die Reise überhaupt hingehen soll. In Hinkunft sind die Rahmenbedingungen eines Geschäfts besser abzuchecken. Das würde garantiert nicht schaden und oft zuverlässige, berechenbare Gewinne versprechen. Zu einem Sparstrumpf wird es der Widder nicht schaffen, aber er sollte auf alle Fälle auf seine Kreditwürdigkeit achten, damit er im dringenden Fall der Fälle zumindest noch Fremdmittel erhält, um damit wenigstens ein neues Startkapital zu haben.

Der Stier ♉

Der Stier ist selbst im Wassermann-Zeitalter ein wirtschaftlich enorm sicheres Sternzeichen. Er gehört zu jenen, die sich gerne etwas aufbauen. Er hängt auch sehr an seinem Besitz, denn der ist ihm wichtig und gibt ihm Sicherheiten. Der Stier definiert seine Leistung und seine finanzielle Potenz über ein Haus, Grund und Boden. Er ist ein ausgeprägter Realist und lebt mit der Materie die ihn umgibt. Er ist auch das schöngeistige Venus-Zeichen und ein ausgeprägter Genussmensch. Der Stier genießt sein Leben und dazu gehört für ihn finanzielle Sicherheit und ein gewisser finanzieller Background, damit er sich seinen Genuss auch in aller Ruhe leisten kann. Finanzielle Sicherheit ist ihm generell sehr wichtig und er legt auf eine wohl situierte, gediegene Umgebung großen Wert. Der Stier ist alles andere als ein Wandervogel, beschließt er sich wo niederzulassen, dann bleibt er in der Regel auch dort für lange Zeit, wenn nicht sogar für immer.

Der Stier ist ein wirtschaftlich denkender, sparsamer Mensch und versteht es gut sein Geld zusammenzuhalten. Finanziell läuft beim Stier alles etwas zäher, als zum Beispiel beim Widder. Er profitiert von der Vorsorge aber nicht vom schnellen Geschäft. An der Börse aus einem kurzfristigen Daytrading Geld zu machen, entspricht dem Stier ganz und gar nicht. Er plant lange und schließt sein Geschäft in aller Ruhe ab. Selbstverständlich vermag ihm das Wassermann-Zeitalter mit seiner unberechenbaren Tendenz auch öfter einen Strich durch die Rechnung zu machen und das vermeintlich sichere Geschäft kann sich ohne weiteres in Luft auflösen. Aber in der Regel befindet sich der Stier auf der langsamen, aber durchaus sicheren Seite.

Der finanzielle Haken im Wassermann-Zeitalter

Durch seine oft träge und starre Art verliert der Stier im Wassermann-Zeitalter viel Geld und das könnte ihn durchaus auch einmal in eine Zwickmühle bringen. Der Stier neigt dazu sich auch in mühsamen Gelddingen hineinzuknien und so lange dabei zu bleiben, wie es ihm richtig erscheint. Oft stehen Aufwand und Ertrag längst in keiner Relation mehr und ein Anlauf in einem neuen Investitionsbereich würde vermutlich mit einem Schlag wesentlich mehr bringen, als weiterhin in alten Veranlagungsbereichen stecken zu bleiben.

Dem Stier läuft finanziell gesehen die Zeit davon. Es bleibt kaum mehr Zeit jedes verlockende Angebot zehnmal zu durchdenken. Meist sind die dafür vorgesehenen Finanzfenster längst wieder geschlossen, bis sich der Stier dazu aufrafft sein wohl behütetes Vermögen zur Vermehrung einzusetzen. Hier gilt es für den Stier sich von der Dynamik des Wassermann-Zeitalters etwas mehr inspirieren zu lassen, um in Hinkunft doch etwas flexibler zu werden.

Das große Plus im Wassermann-Zeitalter

Da der Stier seine Finanzen nie aus den Augen verliert, bleiben ihm leichtsinnig gemachte Schulden wohl lebenslang erspart. Durch seine bedächtig beobachtende Einstellung prüft er verlockende Finanzangebote so lange, bis sie zu hundert Prozent durchleuchtet und schlüssig sind. Finanzielle Fallen, die sich im Wassermann-Zeitalter auf allen Finanzplätzen täglich mehrmals auftun, bleiben ihm somit beinahe immer erspart.

Finanztipp für das Wassermann-Zeitalter

Auch der Stier sollte in manchen finanziellen Geschäften flexibler werden und auf zuverlässige Trends setzen. Grundsätzlich verfügt er über ein glückliches finanzielles Händchen, sollte diesem viel öfter Vertrauen schenken und von alten Dingen, die sich längst nicht mehr bewähren, ruhig lösen. Durch die Schnelllebigkeit des Wassermann-Zeitalters könnte er sein Vermögen, gepaart mit seiner Vernunft, sehr gut vermehren. Auch ein feuriger Finanzberater der von seinem Geschäft etwas versteht,
wäre durchaus empfehlenswert, denn die Details lässt er sowieso nie aus den Augen und der Stier gibt Acht, dass er sein Geld nicht verliert.

Die Zwillinge ♊

Den Zwillingen ist die individuelle Freiheit das Allerwichtigste und daher sind sie von Beginn an schon nicht in der Lage, längere Zeit auf ihrer Geldtruhe zu sitzen oder danach zu trachten ihren Besitz zu mehren. Typisch Wassermann-Zeitalter ist, dass es den Zwillingen auch überhaupt nicht wichtig erscheint, Vermögen zu horten.

Wichtiger ist ihnen vielmehr, gerade so viel an Geld zu haben, dass sie sich ihre Reisen, Urlaube oder Karenzen gut leisten können. Zwilling häufen keine Reichtümer an. Geld ist ihnen gerade einmal nur so wichtig, wie es ein unbeschwertes, flexibles Leben ermöglicht – am besten von einem Sonnenstrahl zum nächsten.

Selbst in seinem Job ist dem Zwillinge-Geborenen der Ertrag unwichtiger als der persönliche Wohlfühlfaktor. Er will Freude im Leben, in seinem Job und Reichtümer sind daher als nur zweitrangig. Zwillinge finden es, wie jeder andere auch, sehr angenehm genug Geld zum Leben zu haben, sind sie aber gerade einmal pleite, dann macht ihnen das für eine gewisse Zeit auch nichts aus. Zwillinge leben ganz nach dem Motto: „Wenn ich mein Geld mit beiden Händen ausgebe, wird schon wieder eines hereinkommen!" und meistens behalten sie damit auch Recht.

Der finanzielle Haken im Wassermann-Zeitalter

Der Zwillinge-Mensch denkt nicht an ein Morgen und übersieht dabei zu leicht seine kaum vorhandenen finanziellen Reserven. So wie er die Geschwindigkeit des Wassermann-Zeitalters nützt, um rasch wieder zu neuem Geld zu kommen, kann ihn diese auch, wenn er nicht Acht gibt, noch weiter ins finanzielle Minus treiben. Oft scheint ihm das Hier und Jetzt wesentlich wichtiger als eine finanziell abgesicherte Zukunft. Und das könnte den Zwillingen auf Dauer zum Verhängnis werden.

Das große Plus im Wassermann-Zeitalter

Herrscht unter den Zwillingen einmal Ebbe bei den Finanzen, werden sie äußerst rege und beginnen sich sehr produktive Gedanken zu machen, wie diese ausgeglichen werden könnte. Zwillinge sind ein Merkur-Zeichen, und somit grundsätzlich finanziell geschickt und durchaus tüchtig in geschäftlichen Belangen. Der kaufmännische Verstand setzt dann ab einem bestimmten Zeitpunkt ein und rettet die Zwillinge regelmäßig vor hoffnungsloser Verschuldung. Das umtriebige Wassermann-Zeitalter erschließt den Zwillingen hinsichtlich rascher unkonventioneller Verdienstmethoden wertvolle neue Chancen, dank derer sie sich im Handumdrehen die nächste Reise und ein bisschen Taschengeld dazu erwirtschaften.

Finanztipp für das Wassermann-Zeitalter

Zwillinge ersparen sich sehr viel Stress, wenn sie sich von jedem Verdienst auch einen kleinen Anteil zur Seite legen und ihn gewinnbringend ansparen. Das Leben würde ihnen noch einmal um ein glückliches Quäntchen unbeschwerter erscheinen, wenn sie es dadurch schaffen, die gelegentlichen finanziellen Sorgen gänzlich auszublenden. Ein Leben ohne Verbindlichkeiten am Konto ist auch für den Zwillinge-Geborenen wesentlich angenehmer. Eine geeignete Altersvorsorge sollte unbedingt abgeschlossen werden, denn im Alter fehlen ihm allmählich die Möglichkeiten, durch seine Umtriebigkeit ein finanzielles Manko auszugleichen. Rechtzeitig an die eigene finanzielle Absicherung zu denken, ist mit Sicherheit kein Fehler.

Der Krebs ♋

Finanziell gesehen ist der Krebs ein konservatives Sternzeichen, denn er wird tunlichst danach trachten ererbtes Vermögen zu bewahren und entsprechend zu vermehren. Der Krebs ist sehr sparsam, ein regelrechter Sparefroh und dadurch wird es ihm nie an etwas mangeln. Ganz wie in der Natur, hortet auch der Menschen-Krebs alles was ihm lieb und wichtig ist, also auch sein Vermögen und er weiß es beständig und geschickt zu vermehren. Er besitzt oft zumindest so viel, dass auch die nachfolgende Generation davon profitiert.

Der Krebs versteht es seine finanziellen Ressourcen klug zu verwalten, er wird sie nie durch Jux und Tollerei aufs Spiel setzen. Es gehört durchaus zu seinen Grundbedürfnissen, finanziell gut abgesichert zu sein. Seine persönliche Sicherheit, Harmonie und Ruhe sind ihm enorm wichtig, daher wird er danach trachten auch immer genug auf seinem Bankkonto zu haben.

Der finanzielle Haken im Wassermann-Zeitalter

Der Krebs ist zwar ein geschickter Sparer, aber die Gabe, im Wassermann-Zeitalter mit guten Deals sein Vermögen zu vermehren, die fehlt ihm nahezu gänzlich. Stressige und kurzfristige, gewinnbringende Veranlagungen sind ihm nicht geheuer, dazu ist er auch wirtschaftlich viel zu bedacht. Er könnte ja dabei einiges verlieren. Vielleicht ist der Krebs in manchen Gelddingen doch viel zu konservativ und könnte mit etwas Aufgeschlossenheit wesentlich höheren finanziellen Erfolg haben.

Das große Plus im Wassermann-Zeitalter

Der Krebs weiß abgesichert durch seriöse Finanzberater, durchaus wo der finanzielle Hase läuft. Er versteht es seine Finanzen gewinnbringend anzulegen und auch im Wassermann-Zeitalter seine finanziellen Ressourcen zu vermehren. Das Wassermann-Zeitalter steht ihm finanziell gesehen zu Diensten, er müsste eigentlich nur noch viel öfter überlegt zupacken und kassieren.

Finanztipp für das Wassermann-Zeitalter

Der Krebs sichert sich im turbulenten Wassermann-Zeitalter am besten ab, indem er Grund und Boden kauft, auch Immobilien sind für ihn wunderbar geeignet. Wertbeständige Investitionen geben ihm die Sicherheit die er für ein ausgeglichenes Krebs-Leben so dringend benötigt. Dynamische Finanzberater die ihn zu undurchschaubaren Investitionen verleiten wollen, liegen ihm ganz und gar nicht und sind sicherheitshalber zu meiden. Dabei kommt für ihn nichts heraus, außer unnötige Aufregung. Der Krebs fährt finanziell gesehen noch immer am besten, wenn er seiner Intuition, seinem bewährten Bauchgefühl, vertraut.

Der Krebs ist, wie zum Beispiel auch die Waage, ein begnadeter Sammler von Antiquitäten und schönen Dingen. Daher sind Antiquitäten als Investitionsanlage für ihn sehr geeignet, er versteht auch als Neueinsteiger sehr bald etwas davon, wenn er sich damit intensiver beschäftigt. Antiquitäten tun nicht nur seiner Seele gut, sondern auf längere Sicht auch seinem Anlagevermögen.

Der Löwe

Der Löwe wird Zeit seines Lebens über viel zu wenig Geld verfügen. Ganz Lebemann benötigt er täglich weitaus mehr finanzielle Mittel, als er in der Lage ist zu verdienen. Die Welt des Löwen ist der Genuss und dazu gehört es zum Beispiel auch via Jet rasch nach Paris zu fliegen um einzukaufen oder nach Venedig zu jetten, um nur einmal einen Kaffee zu trinken und guten Freunden „Hallo“ zu sagen. So ein Flug kostet ja nicht mehr viel, aber das große Geld gibt er dann eben in den tollsten Shops aus. Dementsprechend rasch zerrinnen dem Löwen die finanziellen Mittel zwischen den Händen. Die genießerische Ader des Löwen bedeutet im Wassermann-Zeitalter den garantierten Untergang. Er muss immer das ultimative Neue haben. Die neueste Uhr, die modernste Kleidung, exquisite Hobbys und vieles mehr – und das kostet eben sehr viel Geld.

Der Löwe ist das Sonnenzeichen und lebt etwas verschwenderisch. Viele Löwen kaufen sich im Frust Dinge, die sie nicht im Entferntesten brauchen können, aber es beruhigt und Frustshopping macht nun einmal Freude. Die Versuchung, die der Löwe täglich vor sich hat, ist groß und kostet ihn eine ordentliche Stange Geld. Am glücklichsten wäre er, wenn er zuhause im Wohnzimmer eine Gelddruckmaschine stehen hätte oder zumindest einen Goldesel.

Der Löwe gilt ja auch als großer Gönner und lädt sich gerne Leute ein. Er ist ein sehr geselliges Sternzeichen und ein großzügiger Gastgeber. Neid kennt er überhaupt nicht, er gibt, was er hat. Auch das strapaziert natürlich sein Budget über Gebühr.

Der finanzielle Haken im Wassermann-Zeitalter

Der Löwe läuft Gefahr in ein unübersehbares Ausmaß an finanziellen Verbindlichkeiten zu geraten. Er gibt eben laufend mehr aus als er einnimmt und das kann auf Dauer niemals gut gehen.

Durch die richtigen Kontakte und seinen von ihm geliebten Jetset, fällt es dem Löwen nicht schwer seine finanziellen Quellen sprudeln zu lassen. Aber so wie jede Quelle gut betreut werden muss, sollte auch der Löwe immer wieder danach trachten auf seine persönliche Geldquelle zu achten, damit sie ihn nicht im Stich lässt und bald wieder zu versiegen droht.

Finanztipp für das Wassermann-Zeitalter

Dem Löwen ist anzuraten nicht jeden Wahnsinnstrend mitzumachen und ruhig auch einmal auf etwas zu verzichten. Auch für einen Löwen ist es durchaus angebracht ein, zwei Saisonen länger mit seinem Auto zu fahren und es nicht gleich wieder gegen ein moderneres einzutauschen. Von seinem Einkommen genauso regelmäßig etwas auf die hohe Kante zu legen, mag für ihn eventuell simpel klingen, ist aber gerade für den Löwen mit Sicherheit ein zuverlässiger Tipp um sich vielleicht doch die eine oder andere finanzielle Krise zu ersparen.

Die Jungfrau ♍

Die Jungfrau ist eher sparsam und wird immer etwas Geld auf der Seite haben. Sie ist das überlegte Merkur-Zeichen. Die Jungfrau sät und erntet und das oft gleichzeitig. Nicht umsonst ist sie im September, dem Ernte-Monat geboren. Sie hat immer einen Sparstrumpf versteckt, in dem sich nicht ein, sondern gleich mehrere Notgroschen befinden, das ist typisch Jungfrau. Diese Spartrends der Jungfrau ändern sich auch im rasanten Wassermann-Zeitalter nicht. Selbst da ist sie eine Konstante, ein überlegter Mensch, der sehr vieles analytisch anzugehen versteht. Die Jungfrau wird grundsätzlich auch nur dann in eine Sache investieren, wenn sie sich ganz sicher ist, dass sie nicht nur ihr Geld wieder herausbekommt, sondern auch einen satten Ertrag zusätzlich. Sie hat immer wesentlich mehr Geld in der Hand, als sie ausgibt. Bei der Jungfrau gibt es keine Momente, in welchen sie über ihre Verhältnisse lebt, dazu ist sie viel zu rational eingestellt.

Das Wassermann-Zeitalter gibt ihr auf alle Fälle zahlreiche Investitionsmöglichkeiten und die eine oder andere, von der sie angetan ist, wird sie auch am Schopf packen.

Die Jungfrau hat eine talentierte Hand in Sachen Investment und ist in der Lage sich durch geschickte Finanztransaktionen einiges aufzubauen. Sie braucht auch finanzielle Sicherheit um sich in ihrer Haut wohl zu fühlen. Schulden wären für eine Jungfrau nichts, die würden sie vermutlich auf Dauer in den Wahnsinn treiben.

Der finanzielle Haken im Wassermann-Zeitalter

Die Jungfrau läuft Gefahr immer wieder einen Tag zu lange über eine Investition nachzudenken und dadurch dann doch die eine oder andere attraktive Geldvermehrungsaktion zu verschlafen. Die Geldströme fließen an ihr ungenützt vorüber und sie langt nicht zu. Das Wassermann-Zeitalter nimmt auf zögerliche Jungfrauen keine Rücksicht und wer dabei sein will, muss gerade jetzt gelegentlich etwas spontaner agieren und rascher zupacken. – Aber das liegt der Jungfrau nicht besonders.

Das große Plus im Wassermann-Zeitalter

Es vergeht kein Tag an welchem man nicht eine sagenhaft attraktive Investitionsmöglichkeit angeboten bekommt. Die Jungfrau setzt sich hin und analysiert das Angebot so lange bis sie sich ganz sicher ist, dass es passt und sie ihr Bares nicht einem Gauner anvertraut. Investitionen müssen sich für sie ordentlich lohnen und sicher sein. Die Jungfrau sollte nur in ihrer Analyse so effizient sein, dass es nicht zu lange dauert bis sie eine Entscheidung trifft. Manche Investitionsfenster schließen sich gerade im Wassermann-Zeitalter mindestens genau so rasch wieder, wie sie sich geöffnet haben.

Die Jungfrau wird nie ohne finanzielle Mittel da stehen. Rücklagen sind ihr wichtig und bewahren sie sicher vor eventuellen Betteltagen.

Finanztipp für das Wassermann-Zeitalter

Die Jungfrau benötigt im Großen und Ganzen keine Finanztipps, denn sie hat ja selbst eine extrem sichere Hand in ihrer Finanzgebarung. Wichtig erscheint die Erkenntnis, dass sie sich eine solide Altersvorsorge schafft. Die Jungfrau gehört zu den Sternzeichen, die sehr gesund altern und auch dementsprechend alt werden können. Sie ist langlebig und benötigt daher auch wesentlich höhere finanzielle Mittel als andere und da sollte sie gründlich vorsorgen.

Ansonsten verlässt sich die Jungfrau in ihrer finanziellen Gebarung am besten auf ihre Intuition. Die hat sie bis jetzt immer gut beraten. Sollte es einmal einen finanziellen Flop geben, wird er wieder ausgebügelt. Existenzbedrohende Flops wird es für die Jungfrau nie geben. Dazu ist sie viel zu besonnen, wenn etwas passiert, sind es maximal kleine, temporäre Dellen.

Die Waage

Die Waage gehört zu den schöngeistigen Zeichen, sie liebt ja auch den Luxus. Sie lebt sehr gerne das schöne Leben und geht jedem Trend nach. Sie ist ja schließlich auch kulturell gesehen ein Trendsetter und es gefällt ihr nichts mehr als eine tolle Kulturreise mit allem Drum und Dran. – Und das kostet Geld.

Trotzdem wiegt die Waage alles ab und überlegt sich durchaus, ob sich eine Ausgabe für sie lohnt oder nicht. Sinnentleerte Geldausgaben wird es bei einer Waage nie geben, da sie meist rational und selten emotional entscheidet. Die Waage geht in ihren finanziellen Mitteln schon mal hinauf oder hinunter, aber wenn es darauf ankommt, versteht sie es durchaus sich in der goldenen Mitte wieder einzupendeln.

Genügend Geld zu haben, ist der Waage sehr wichtig. Sie möchte ein schönes, harmonisches Leben und dazu gehört schließlich auch das nötige Geld. Die Waage könnte nie in Schulden leben, sie würde nur krank werden, finanzielle Verbindlichkeiten verunsichern und beunruhigen sie sehr. Sie wird daher versuchen, über genügend Geld zu verfügen und wird ihre Ausgaben dementsprechend anlegen. Hat sie viel, gibt sie eben mehr aus und ist es einmal knapp, dann kann sie sehr sparsam sein.

Die große Geldgeberin ist die Waage allerdings nicht. Dem Geld nachzurennen oder so richtig kaufmännisch alle möglichen Geldflüsse aufzutun, ist ihr viel zu stressig und überhaupt nicht ihr Ding. Über sehr viel Geld zu verfügen ist für die Waage vollkommen uninteressant, sie möchte gerade so viel, dass sie sich ein stressfreies Leben leisten kann. Reichtümer braucht die Waage ganz und gar nicht.

Der finanzielle Haken im Wassermann-Zeitalter

Da sich die Waage speziell im Wassermann-Zeitalter durchaus viel öfter von Trends und Verlockungen mitreißen lässt, muss sie gerade jetzt öfter darauf achten, sich finanziell nicht zu sehr zu verausgaben. Finanzielle Stresssituationen liegen ihr überhaupt nicht, dadurch wird sie krank. Die Waage benötigt auf ihrer Finanzseite einige Sicherheiten um so richtig rund zu laufen. Unsichere finanzielle Aussichten kann die Waage nicht brauchen, das bringt sie nur aus dem Gleichgewicht.

Das große Plus im Wassermann-Zeitalter

Wenn die Waage merkt, dass sie sich finanziell zu sehr verausgabt hat, fällt es ihr nicht schwer auch einmal mit ihren Geldausgaben ruhiger zu treten. So können sich ihre Finanzen erholen. Eine Gabe, die gerade im Wassermannzeitalter sehr wichtig ist.

Finanztipp für das Wassermann-Zeitalter

Aktien sowie Antiquitäten sind für die Waage geeignete Investitionsbereiche. Speziell mit Aktien ist sehr rasch viel Geld zu machen, aber Achtung, es ist genau so rasch wieder weg, wie es auf das Aktiendepot gekommen ist. Nicht selten verlieren Firmen heute über Nacht Milliardenwerte an der Börse, nur weil es gerade schlechtere Quartalsnachrichten gibt. Auch an den Börsen gibt es längst keine Firmentreue mehr. Lässt eine Firma kurzfristig zu wünschen übrig, wird sie von den Aktionären einfach abgestoßen und der Kurs ruiniert.

Die Waage liebt es Dinge zu sammeln, daher sind unter den Sammlern von Antiquitäten immer sehr viele Waagen zu finden. Antiquitäten eignen sich auch als attraktive Investition. In der Kunst ist die Waage durchaus ein begnadeter Sammler und sie ist in der Lage sich damit interessante Werte zu schaffen. Die Waage sammelt allerdings eher aus ästhetischen Aspekten und weniger aus Sicht der Geldvermehrung.

Der Skorpion

Dem Skorpion ist es möglich, im Wassermann-Zeitalter besonders viel Geld zu machen. Besonders interessant ist der Umstand, dass der Skorpion entweder sehr viel Geld hat, regelrecht darauf sitzt und so richtig damit geizt oder überhaupt keines hat und unter fortwährenden finanziellen Problemen steht. Die goldene Mitte gibt es bei ihm nie. Entweder ganz reich oder absolut mittellos. Beim Skorpion geht es finanziell immer nach dem Motto: „Alles oder nichts!“

Finanziell gesehen ist der Skorpion ein Kämpfer, denn er ist bereit um Geld und Besitz zu kämpfen. Der Skorpion will anders sein als die anderen, und um sich davon so viel wie möglich zu realisieren braucht er Geld. Er möchte ein auffälligeres Auto fahren als alle anderen, sucht sich Reisedestinationen aus die andere nicht anpeilen und liebt es extravagant zu wohnen – sein Wohnstil liegt zwischen karg und extrem prunkvoll. Der Skorpion will unbedingt das große Geschäft machen und ist bereit, dazu sehr viel zu geben und zu arbeiten. – Wenn es sein muss, arbeitet er für seinen finanziellen Erfolg Tag und Nacht.

„Geld verleiht Macht!". Nach diesem Motto handelt der Skorpion und er ist tatsächlich ein ausgeprägter Machtmensch. Selbst bei Scheidungen läuft bei ihm sehr viel Macht über das Geld. Da ist er ganz und gar nicht zimperlich in der Auswahl seiner Entscheidungen.

Der finanzielle Haken im Wassermann-Zeitalter

Der Skorpion ist ein unberechenbarer Grenzwandler zwischen seinen Süchten. Oft passiert es, dass ihm die Sucht näher steht als sein finanzieller Background und speziell im Wassermann-Zeitalter verliert er in seinen Suchttiefen sehr schnell an Boden unter seinen Füßen. Er rutscht in eine Schuldenfalle, die er zuerst beinhart ignoriert und wenn es zu spät ist, vermag er ihr nicht mehr so rasch zu entkommen.

Das große Plus im Wassermann-Zeitalter

So einfach war es noch nie zu Geld zu kommen. Alles dreht und bewegt sich in einem rasanten Tempo und man muss an und für sich nur noch zur rechten Zeit zulangen. Entscheidungen werden so rasch getroffen wie noch nie. Der Skorpion hat das richtige Gespür für das große Geschäft und weiß ganz genau, worauf es ankommt. Jetzt hat er die Möglichkeit, durch seinen Fleiß einen Finanzsockel zu schaffen, von dem noch die Generation nach ihm großzügig leben kann.

Finanztipp für das Wassermann-Zeitalter

Sich ausschließlich auf sein Pokerglück zu verlassen, ist wohl zuwenig um zu künftigem Vermögen zu kommen. Etwas mehr Augenmerk auf die finanzielle Situation, würde manchen Skorpionen überhaupt nicht schaden.

Der Skorpion ist absolut den Einzelgängern zuzuordnen, daher ist ein Job wichtig in welchem er eigenständig agieren kann. Sich zumindest einen Teil der Einkünfte auf die Seite zu legen, ist gerade für die ärmere Hälfte der Skorpione kein Fehler und ein zuverlässiger Weg um finanziell langsam aber stetig aufwärts zu steigen.

Der Schütze

Der Schütze gehört zu den lebensfreudigen Sternzeichen. Er liebt Geld und gibt es genau so rasch aus, wie er es einnimmt. Manchmal sogar noch viel rascher! Mit seiner finanziellen Gebarung passt er so richtig in das aktuelle Wassermann-Zeitalter. Geld ist ihm nur in dem Maß wichtig, wie er es für sein tägliches Leben braucht. Es hat sogar den Anschein einer gewissen Unbekümmertheit. Ewig in einer Firma zu stehen und nur zu rackern ist nicht seine Sache. Er möchte natürlich auch kein Vermögen anhäufen. Das steht nicht auf seiner persönlichen Prioritätenliste und liegt ihm ganz und gar nicht. Besitz fixiert den Schützen viel zu sehr an einen Ort, daher möchte er nichts von einem Erbe wissen. Erbt er tatsächlich einmal Grund und Boden, dann belastet es ihn und er muss sein Erbe auf der Stelle verscherbeln. Einen unberechenbaren Faktor gibt es allerdings, sonst wäre es ja nicht der Schütze. Es könnte durchaus auch passieren, dass er Grund und Boden annimmt, sich vollkommen zurückzieht und sozusagen zu einem Selbstversorger mutiert. Ein Bauernhof mit etwas Grund, ein paar Hühnern, Schafen und einem Pferd würde ihn durchaus dazu motivieren, einmal ganz auszusteigen.

Verfügt der Schütze allerdings über Geld, dann kurbelt er damit so richtig die Wirtschaft an. Er kann absolut nicht sparen und wirft es mit beiden Händen bereitwillig zum Fenster hinaus. Der Schütze ist vom Jupiter beeinflusst und der agiert ganz nach dem Motto: „Leben und leben lassen!" Der Schütze kennt überhaupt keinen Neid und gönnt nicht nur sich, sondern auch seinem Umfeld sehr viel. Daher benötigt er auch sehr viel Geld, wobei er durchaus in der Lage ist seine Ausgaben den Einnahmen anzupassen. Verdient er weniger, dann gibt er eben auch weniger aus. Trotz allem ist er vor Schulden nicht gänzlich gefeit.

Der Schütze hat allerdings auch die Gabe sehr gut zu Geld zu kommen. Er weiß ja wie es geht. Wenn es mit einem Job einmal nicht klappt, dann hat er gute Freunde die ihm finanziell aushelfen, oder er versucht es mit einer geschickten Heirat um zu etwas Vermögen zu kommen. Er lässt da wirklich nichts unversucht und ist außerordentlich wendig. Der Schütze ist ja auch ein Abenteurer und Weltenbummler, diese Anlagen ermöglichen ihm natürlich gute Einkommensperspektiven. Vorausgesetzt er strebt sie an.

Der finanzielle Haken im Wassermann-Zeitalter

Der Schütze scheut sich ganz und gar nicht davor, auch einmal einen Kredit für Alltägliches aufzunehmen. So lange seine Bonität die Kreditlinien sprudeln lässt, wird er zupacken und weiterhin auf großem Fuß leben. Ehe er sich versieht, gerät er allerdings in eine Schuldenfalle, die ihn ordentlich hin und her beutelt und so rasch nicht mehr auslässt. Er darf nicht vergessen, dass die Uhren im Wassermann-Zeitalter schneller gehen und gelegentlich auch zeitgerecht an ein finanzielles Morgen zu denken ist.

Das große Plus im Wassermann-Zeitalter

Der Schütze versteht meist seine Ausgaben den Einnahmen anzupassen. Vorausgesetzt er will es! Er wird durch sein wendiges Wesen und seine Anpassungsfähigkeit an seine jeweilige finanzielle Situation, immer wieder auf der Siegerseite landen. Nachdem der Schütze ja weiß, wie er zu Geld kommen kann, gelingt ihm der eine oder andere Deal wesentlich rascher.

Finanztipp für das Wassermann-Zeitalter

Nachdem der Schütze zu den Sternzeichen gehört, die einmal Geld haben und dann wieder keines, ist ihm unbedingt anzuraten sich eine großzügige Schatulle für Krisenzeiten anzulegen. Vorausschauend ein bisschen Geld anzusparen, ist gerade für den Schützen unbedingt erforderlich, um eine gewisse Zeit auf geringem finanziellen Niveau überbrücken zu können. Das sollte vorerst reichen, bis der nächste Job wieder etwas abwirft.

Der Steinbock

Für den Steinbock ist Geld wichtig. Der Steinbock ist ja das Saturn-Zeichen, das heißt er ist pflichtbewusst, verantwortungsbewusst und er will unbedingt sein eigenes Geld.

Er möchte von niemandem abhängig sein, dazu gehört nun auch finanzielle Unabhängigkeit und ein gewisser finanzieller Rückhalt.

Der Steinbock versteht es wunderbar mit Geld umzugehen. Er wird sich nur dann etwas anschaffen, wenn er es sich auch wirklich leisten kann. Konsum auf Pump, nein, das ist nicht der Steinbock, denn er will auf alle Fälle finanziell sicher gehen und nicht viel riskieren. Von den zwölf Tierkreiszeichen gehört der Steinbock zu den wirtschaftlichen Top-Sternzeichen. Nicht selten erlebt man den Steinbock in zwei Jobs gleichzeitig, die ihm ermöglichen, so viel wie möglich monatlich zur Seite zu legen. Geld zu verdienen ist im sehr wichtig und ermöglicht ihm, die von ihm so sehr angestrebte finanzielle und allgemeine Unabhängigkeit. Er ist der personifizierte Sparefroh.

Der Steinbock ist natürlich auch in der Lage seine Altersvorsorge früh genug zu planen und er wird selbst im Alter über genügend finanzielle Mittel verfügen. Schulden liegen dem Steinbock ganz und gar nicht, denn sie würden ihn erdrücken oder überhaupt verrückt machen. Er stürzt sich nur in gut kalkulierte Kredite, wenn auf der anderen Seite ein Besitz, ein gewisser Gegenwert steht, er die Verbindlichkeiten gut überblicken kann und entsprechend im Griff hat.

Der finanzielle Haken im Wassermann-Zeitalter

Einen finanziellen Haken gibt es beim Steinbock nicht. Er ist absolut umsichtig und wird daher nie und nimmer am finanziellen Abgrund stehen. Ein Steinbock hat immer genügend Geld am Sparbuch.

Das große Plus im Wassermann-Zeitalter

Der Steinbock verfügt über die wertvolle Gabe und den eisernen Willen sich im Verlauf seines Lebens kontinuierlich Vermögen aufzubauen. Nachdem er dabei nicht zu den Spekulanten unter den Tierkreiszeichen gehört, wird er kaum nennenswerte Tiefen in seiner Finanzgebarung zu verzeichnen haben.

Finanztipp für das Wassermann-Zeitalter

Der Steinbock weiß wie der Euro rennt, wird generell immer auf das richtige Pferd setzen und dabei nie zuviel riskieren. Der Steinbock kann sich zurücklehnen und dem Treiben auf dieser Erde in Ruhe zusehen. Er wird sein eigenes Geld gut verwahren und sich die eine oder andere seriöse Anlagemöglichkeit aus tausenden Angeboten herauspicken. Dem Steinbock einen konkreten Finanztipp zu übermitteln, hieße Eulen nach Athen zu tragen und das kann ich mir im konkreten Fall sparen.

Der Wassermann ♒

Der Wassermann lebt finanziell sehr freizügig. Er steht über den Dingen, ist seiner Zeit weit voraus, er lebt ja meist schon im Übermorgen und verliert seine Finanzen dabei viel zu oft aus den Augen. Der Wassermann gibt heute schon das Geld von morgen aus und wundert sich höchstens, dass er dann mit leeren Taschen da steht.
Dem Wassermann fehlt die Relation zum Geld und er liebt ein lockeres, genießerisches Leben ohne großartig rechnen zu müssen. Die Wegwerfgesellschaft des Wassermann-Zeitalters ist seine Welt. Geld zu sparen ist nicht sein Ding, es muss aus seiner Sicht hinaus, direkt hinein in den Motor der Wirtschaft. Es scheint so als wäre er ganz alleine dafür zuständig mit seinen Finanzen die Wirtschaft am Laufen zu halten.

Animiert durch sein Zeitalter, löst sich der Wassermann von vielen Traditionen und seinem Besitz, wirft immer wieder alles weg, befreit sich von den augenblicklichen Fesseln und beginnt sofort wieder irgendwo anders etwas Neues. An einer Stelle zu verharren, an der es ihm nicht mehr gefällt ist gegen seine Natur, lieber löst er sich noch heute aus der temporären Versteinerung und beginnt von vorne, koste es was es wolle. Geld ist ihm überhaupt nicht wichtig und das zeigt er schließlich auch.
Der absolute Nachteil des Wassermannes ist, dass er in finanziellen Dingen zu rasch Entscheidungen trifft, ohne dabei in Details zu gehen. Das bringt ihm zwar gerade im Wassermann-Zeitalter mitunter gelegentlich unerwartete Gewinne, in der Regel steht er allerdings mit dieser Taktik auf der Seite der Verlierer und setzt damit mehr Vermögen in den Sand als er zur Verfügung hat. Gerade unter den Wassermännern erlebt man zahlreiche Privatkonkurse und geschäftliche Superpleiten. Der Wassermann möchte ja unbedingt selbständig sein und verwechselt dabei nicht selten die Einnahmen mit dem Gewinn. Dementsprechend gibt er dann auch sein Geld aus und spätestens nach zwei, drei Jahren ziehen ihn seine Schulden in den Abgrund und kosten ihn seine ehemals gute Existenz.

Der finanzielle Haken im Wassermann-Zeitalter

Der Wassermann ist ein Idealist und sieht die Geschäfte wie sie sein könnten und nicht wie sie sein werden. Er ist ein begnadeter Träumer und Fantast und verliert dadurch auch immer wieder seinen finanziellen Faden aus den Augen. In seinen Wunschvorstellungen realisiert er die wunderbarsten Geschäfte mit den höchsten Erträgen. Leider gibt er bereits im Vorfeld einen guten Teil davon aus und stellt erst danach fest, dass die Erträge wesentlich kümmerlicher ausfallen als von ihm prognostiziert. Der Absturz ist vorprogrammiert und nicht gerade selten wird der Wassermann zum bedauernswerten Sozialfall.

Das große Plus im Wassermann-Zeitalter

Noch nie war es für den Wassermann so leicht gute Ideen zu Geld zu machen, wie in seinem Zeitalter. Mit dem richtigen Finanzberater auf seiner Seite und zuverlässigen Leuten im Backoffice könnte es ihm durchaus gelingen einen wirtschaftlichen und finanziellen Erfolg zu landen.

Finanztipp für das Wassermann-Zeitalter

Will der Wassermann finanziell gesehen auf einen grünen Zweig kommen und doch locker leben, ist er sicherlich gut darin beraten, sich jemanden an seine Seite zu holen, der ihn in Geldangelegenheiten zuverlässig berät und fortwährend ein kontrollierendes Auge auf ihn hat. Ein Steinbock oder ein Stier würden sich hervorragend dazu eignen! Auch bei einer Firmengründung ist es unbedingt erforderlich, ein wirtschaftlich, zuverlässiges Pendant bei sich zu haben. Dieser Partner muss unbedingt alle finanziellen Angelegenheiten zu verantworten haben. Unter diesen Bedingungen kann eine Firmengründung durchaus zu einem großen finanziellen Erfolg werden, denn an guten Ideen und großer Kontaktfreude hat es dem Wassermann ja noch nie gemangelt.

Die Fische

Die Fische verstehen es, mit Geld sehr gut umzugehen und sind daher sehr häufig im Anlage- und Vermögensberatungsbereich zu finden. Nachdem sie viele Entscheidungen auch in Sachen Geld intuitiv treffen und dabei große Erfolge erzielen, sind sie auch in Börsegeschäften gefragte Gesprächspartner. Der Fische-Geborene hat eine absolut positive Einstellung zum Geld und will auch viel davon. Da er ein etwas ängstlicher

Mensch ist, gibt es ihm ausreichend Sicherheit, wenn er über genügend Geld verfügt. Eine solide finanzielle Basis muss vorhanden sein, sonst fühlen sich die Fische in ihrer Haut unwohl. Als neptunische Wesen gehen sie oft sehr verloren durch die Welt und verlieren mitunter den Boden unter den Füßen. Da gibt ihnen Geld natürlich große Sicherheit und die dringend benötigte Bodenhaftung.

Geschäftlich ist der Fische-Geborene nicht immer erfolgreich, er ist ja viel zu gutmütig und lässt sich von seinen Geschäftspartnern zu gern über den Tisch ziehen. Das heißt, was er sich intuitiv erarbeitet, reißen ihm die Haie im Nu wieder aus den Händen. Er wird geschäftlich betrogen und belogen und kann in seiner Gutmütigkeit nicht viel dagegensetzen. So gesehen müssen die Fische im Wassermann-Zeitalter unbedingt etwas realistischer und wehrhafter werden und sollten weniger oft ihren alles verharmlosenden Tagträumen nachhängen.

Der finanzielle Haken im Wassermann-Zeitalter

Das Wassermann-Zeitalter treibt die Fische vor sich hin und lässt sie kaum zur Ruhe kommen. Dieser Umstand kann mitunter dazu führen, dass sie in der Eile der extremen Geschwindigkeit falsche Entscheidungen treffen. Geschäftspartner sind gerade in Zeiten wie diesen doppelt und dreifach auf ihre Zuverlässigkeit zu überprüfen, um später keine unangenehmen Überraschungen zu erleben.

Das große Plus im Wassermann-Zeitalter

Der Fische-Mensch wird immer über genügend finanzielle Mittel verfügen um gut leben zu können. Er versteht es generell aus wenig viel zu machen und hat aus seiner

Intuition heraus einen guten Zugang zu attraktiven Gewinnen an den Börsen dieser Welt.

Finanztipp für das Wassermann-Zeitalter

Fische sind gut beraten in wirtschaftlichen Dingen nicht zu sehr ihren Geschäftspartnern zu vertrauen, denn reine Gutgläubigkeit bringt sie jetzt nicht weiter. Etwas Misstrauen würde ab und zu nicht schaden und könnte dazu führen, seltener hinters Licht geführt zu werden. Intuitiv trifft ein Fische-Geborener immer die richtige Entscheidung, dessen muss er sich einfach nur bewusst werden und es bedarf nur gelegentlicher Ellbogentechnik um diese intuitiv getroffenen Entscheidungen auch tatsächlich im wirtschaftlichen Bereich entsprechend umzusetzen. Als Fische-Geborener darf man im Wassermann-Zeitalter klar gegen Erwartungen von außen entscheiden und sich allein auf seine Intuition verlassen, denn die wird ihn nicht enttäuschen.

Wellness, Gesundheit und Ernährung im Wassermann-Zeitalter

Die Sternzeichen im Fitness-Test

Das Wassermann-Zeitalter als große Chance

Noch nie wurden innerhalb kurzer Zeit so viele wissenschaftliche Erkenntnisse im Gesundheitsbereich gewonnen wie in den vergangenen Jahren. Das Wassermann-Zeitalter treibt die Medizin vor sich her und nahezu monatlich werfen weltweit Pharmafirmen neue bahnbrechende Medikamente auf den Markt. Und das ist erst der Beginn einer atemberaubenden Entwicklung, deren Ende noch lange nicht absehbar ist. Das hohe Tempo führt, typisch Wassermann-Zeitalter, zu einem enormen Erfolgsdruck, der dafür sorgt, dass die Wissenschaft gelegentlich vorgibt wesentlich weiter zu sein, als sie es tatsächlich ist.

Ein rasanter technologischer Prozess sorgt dafür, dass Operationen für den Patienten immer erträglicher werden und oft bereits ambulant durchgeführt werden. Vor wenigen Jahren war das bei vielen Operationen noch undenkbar, heute sind sie nur noch Routineeingriffe. Gäbe es nicht das hohe Tempo und die blühende Fantasie des Wassermann-Zeitalters, stünden wir speziell in der Medizin nicht dort wo wir uns jetzt befinden. Wir sind inmitten einer rasanten Entwicklungsfahrt, die uns nicht nur täglich modernste Erkenntnisse sichert, sondern medizinisch bestens betreut in das neue Zeitalter zu führen versteht. Heute wirkt die moderne Medizin beinahe Wunder – und das ist erst der zaghafte Beginn!

Vieles können wir als Laien noch nicht einmal erfassen, was bereits in wenigen Jahren möglich sein wird. Das Nadelöhr der wissenschaftlichen Forschung, sowie der Medizin im Allgemeinen, liegt allerdings vorerst im finanziellen Bereich. Schon sehr bald wird wahnwitzig viel möglich sein, aber es wird sich immer häufiger die Frage der Finanzierung stellen und die Medizin wird noch deutlicher zu einer Klassenteilung beitragen, als sie es heute ohnedies schon macht. Einige wenige werden sich alles leisten können, eine Mittelschicht vieles und die Menschen am sozialen und finanziellen Rand der Gesellschaft werden von privaten Foundations notwendige und teure Behandlungen finanziert bekommen. Das werden Einrichtungen sein, die nach und nach in die Bresche springen und die Lücken im sozialen Netz des Staates stopfen.

Die medizinische Zukunft liegt auf alle Fälle in ewiger Jugend und einem damit verbundenen, sehr langen Leben. Daher ist es mindestens eben so wichtig alles am Menschen auswechseln zu können, um verbrauchte, abgenutzte Körperteile jederzeit ersetzen zu können. Die Gentechnik wird gleichzeitig dafür Sorge tragen, dass Krankheiten im Vorfeld geheilt werden, bevor sie überhaupt in der Lage sind so richtig auszubrechen. Der Einsatz der Gentechnik erfolgt meist schon im Mutterleib. Die Wissenschaftler im Wassermann-Zeitalter planen sozusagen den ewig vitalen und gesunden Menschen, der weit über einhundertzwanzig Jahre alt werden soll.

Der Widder ♈

Der Widder ist ja das hyperaktive, vitale Sternzeichen. Alles was er macht, wird von ihm in einer gewissen Hektik und unter Druck absolviert. Er kann sich dem ganzen leider auch nicht entziehen, er untersteht dem Einfluss des Mars. Dieser Planet lässt den Widder sehr leicht in extreme Stressphasen gleiten, es muss immer wieder alles rasch gehen und Pausen gibt es für ihn so gut wie keine. Der Widder fühlt sich in diesen Phasen wie ein Druckkochtopf und er macht sich nicht gerade selten spontan Luft und explodiert wie ein Vulkan. Er bricht aus, speit Feuer und flippt total. Ist der Druck einmal draußen, geht es wieder eine Zeit lang mit ihm vernünftig weiter, bis zum nächsten absoluten Ausbruch! Es ist ein ewiger Kreislauf seines Temperaments.

In seiner Geschwindigkeit wird der Widder einerseits sehr gut vom Wassermann-Zeitalter unterstützt, andererseits wird ihm auf Dauer das Tempo doch wieder viel zu rasant und vor allem verkraftet er es gesundheitlich natürlich nicht ewig. Auch ein vor Kräfte strotzender Widder benötigt fixe Ruhezeiten, in welchen er seinen Körper zu regenerieren und neue Kräfte für die nächsten Etappen zu sammeln hat.

Der Widder ist generell sehr bewusst in seiner Ernährung. Er weiß allerdings auch sehr genau mit welchen Präparaten er bessere Wirkungen erzielen kann und das nützt er mitunter aus. Das heißt er neigt durchaus auch dazu, sich mit „Dopingmitteln" voll zu stopfen, die sich später negativ auf Herz und Kreislauf auswirken.

Gesundheitliche Schwachstellen im Wassermann-Zeitalter

Der Widder macht sich täglich Stress und das bleibt natürlich auf Dauer nicht ohne Auswirkungen. Seine gesundheitlichen Schwachstellen liegen unter Stress im Kopfbereich. Er leidet nicht selten unter extremem Bluthochdruck und ist dadurch ein typischer Kandidat für einen Schlaganfall oder Herzinfarkt.

Der Widder ist auch ein klassischer Burn-out-Kandidat. Er ist ein extremes Arbeitstier, das wie von einem Motor getrieben rackert, um irgendwann kraftlos zusammenzubrechen. Natürlich ist der Widder kein Perpetuum mobile, auch er hat sich seinem Körper zuliebe an gewisse Ruhezeiten zu halten.

Auch die Augen, die Ohren, die Stirnhöhle und der gesamte Bewegungsapparat des Widders sind immer wieder in eine gewissenhafte Vorsorgeuntersuchung mit einzubeziehen, um gesundheitliche Pannen zu vermeiden.

Generell ist der gesamte Kopfbereich des Widders durch seinen täglichen Stress für Beschwerden sehr empfänglich. Viele Widder leiden oft täglich unter Kopfschmerzen und wissen nichts dagegen zu tun.

Erste Hilfe Tipps

Um den extremen Energiestau des Widders auf gesunde und effiziente Weise abzubauen, ist Sport sehr empfehlenswert. Er muss die Energie in sich abbauen, sonst zerreißt es ihn förmlich in tausend Stücke. Ich höre immer wieder in meinen Beratungen, wenn ein Widder noch so müde nach Hause kommt und dann noch Sport macht, das entlastet ihn ungemein und er fühlt sich anschließend absolut wohl. Power-Training als Biokatalysator bringt es für ihn absolut! Allerdings sollte jede sportliche Aktivität nicht in Extremen gelebt werden, sondern mit Geduld und einem unbedingten Körperfeeling. Es darf ja nichts ruiniert werden, sondern viel mehr sollte Abhilfe geschaffen werden.

Dem Widder sei dringend geraten, sich vom Wassermann-Zeitalter und dessen wahnsinnige Geschwindigkeit weniger oft verleiten zu lassen, um Zusammenbrüche so gut es geht zu vermeiden. Dazu reicht es schon, sich seine eigene Geschwindigkeit mehrmals täglich bewusst zu machen und wenn nötig einen Gang tiefer zu schalten. Auch der Widder muss sich verinnerlichen, dass er nicht viel versäumt, wenn er sich zwischendurch ein bisschen Pause gönnt.

Der Anspruch des Wassermann-Zeitalters an den Widder ist sehr hoch, daher ist er gezwungen viel mehr auf seine Gesundheit zu achten, als er dies in seiner Vergangenheit getan hat. Urlaub muss tatsächlich auch Urlaub bleiben und darf nicht zu neuerlichen stressigen Aktivitäten verleiten. Sich immer nur mitreißen zu lassen ist absolut nicht zu empfehlen. Gelegentliche Tage der Ruhe und Entspannung, sind selbst im Powerzeitalter des Wassermannes für den Widder unabkömmlich.

Der Stier ♉

Der Stier ist ein robustes Sternzeichen, mit einem gewissen Hang zum Genuss. Seine Sucht ist gutes Essen, natürlich liebt er auch jede Menge Süßigkeiten. Er schätzt durchaus auch deftigere Küche, wo er so richtig ins Volle greifen kann. Im Bio-Eck ist der Stier wesentlich seltener zu erblicken, denn traditionelles Essen, wie ein Schweinsbraten mit Knödel, ist ihm näher als Grünkernlaibchen mit Zucchinigemüse. Mit einem Wort, an genüsslichen Verlockungen vermag der Stier nicht einfach so vorüber zu gehen. Er isst nicht wenn er Hunger hat, sondern wenn ihn die genüssliche Lust überkommt und dann isst er so viel, dass er beinahe platzt.

Typisch für den Stier ist auch seine absolute Trägheit. Bewegung liebt er ganz und gar nicht. Viel lieber verbringt er zum Wochenende einen faulen Nachmittag zu Hause am Sofa vor dem Fernsehen und stopft so nebenbei noch genüsslich ein paar Chips oder Kekse in sich hinein. Das ist natürlich Gift für den Stier, denn wer immer nur in seinen eigenen vier Wänden sitzt und in seiner Freizeit dem süßen Nichtstun frönt, wird sich eines Tages gar nicht mehr bewegen können oder zumindest nicht so, wie er es sich in seinen Träumen vorstellt.

Der typische Stier ist ein Mensch, der einem Karren vorgespannt wird und den er zieht, bis er an sein Ziel angekommen ist. Das macht er in einer ausgesprochenen Konsequenz und nicht darauf achtend, ob es ihm bekommt oder nicht. Er stapft beharrlich vor sich hin und zieht seine meist selbst auferlegte und viel zu schwere Last bis ans Ziel und darüber hinaus. Eine Selbstreflexion und eine damit verbundene Entlastung gibt es beim Stier nicht, er zieht was er sich auflädt oder von anderen aufgeladen bekommt. Nachdem er zu den traditionsbewussten Sternzeichen gehört, kommt er natürlich auch nicht auf die Idee, es sich dabei zu erleichtern. Begonnenes wird zu Ende geführt, ob es auf Kosten der Gesundheit geht oder nicht, darauf nimmt er im Augenblick seines Wirkens überhaupt keine Rücksicht.

Gesundheitliche Schwachstellen im Wassermann-Zeitalter

Der Stier lädt sich viel zu oft viel zu viel Last auf und das spürt er ganz deutlich an seiner Wirbelsäule und natürlich auch an seinen Kniegelenken. Er ist aber auch ein hochprozentiger Herzinfarktkandidat, da er sich zu oft dem überbordenden Genuss hingibt, ganz ohne an den Tag danach zu denken. Seinen Genuss lebt er im Jetzt und die daraus resultierenden Folgen (das gesundheitliche Morgen), sind ihm leider absolut unwichtig. Natürlich ist daher nicht selten sein Verdauungsapparat angegriffen, sein Magen, die Leber, die Galle und schließlich auch der Darm, er gönnt ihm ja keine Pause.

Durch sein genussvolles Leben und seine Trägheit ist der Stier meist korpulent. Er ist ja schließlich auch vom Venuszeichen beeinflusst und die Venus verschafft eben richtige sinnliche Rundungen. Dadurch macht Bewegung noch weniger Freude und sein Bewegungsapparat rostet so richtig ein.

Auf den Halsbereich und die Schilddrüse, auf den Nacken und den Rücken ist ebenso zu achten. Viele der Beschwerden resultieren aus mangelnder Bewegung und wären sehr einfach mit etwas Sport im Cardiobereich in den Griff zu bekommen.

Erste Hilfe Tipps

Dem Stier muss man sprichwörtlich in den Hintern treten, um ihn zu mobilisieren. Die Partner sind aufgerufen, das auch zu tun, andernfalls kommt eines Tages der Zeitpunkt an welchem gewisse gesundheitliche Schäden absolut unumkehrbar sein werden. Kleine Spaziergänge im angemessenen Tempo können den Stier fürs Erste schon einmal zur Bewegung verlocken, nach und nach sollten die Dosis und der Aktionsradius vernünftig gesteigert werden.

Um den Stoffwechsel in Schwung zu bringen, das Cholesterin zu senken und den Verdauungsapparat etwas zu entlasten, ist für den Stier einmal wöchentlich unbedingt ein Diättag empfehlenswert. Dinner-Cancelling an einigen Tagen der Woche wäre natürlich ein absoluter Hit, aber vermutlich für den Stier die reinste Tortur! Seine Figur und seine Allgemeinverfassung würden es ihm allerdings danken. Um seiner Trägheit zu entkommen, darf sich der Stier ruhig gelegentlich vom Tempo des Wassermann-Zeitalters mitreißen lassen, denn das wird ihm nur gut tun und es muss ja nicht gleich in unangenehmen Stress münden.

Eine generelle Gewichtsabnahme entlastet den Bewegungsapparat, die Wirbelsäule und die Kniegelenke und bringt auf einfache Art und Weise dem Stier ein besseres Lebensgefühl.

Die Zwillinge

Zwillinge sind ja ausgesprochene Hektiker, ein sehr mobiles Sternzeichen und sie lieben, überaus passend zu ihrer Hektik, fettes, ungesundes Fastfood. Generell legen sie weniger Wert auf gutes oder gesundes Essen, sondern essen was sie zwischen die Finger bekommen und davon meist sehr viel. Nicht die Qualität eines Snacks ist entscheidend, sondern die Geschwindigkeit in der er sich verdrücken lässt. Zwillinge sitzen vor dem PC und essen zwischendurch ungesunde Naschereien, ohne großartig mitzubekommen, was sie essen und schon gar nicht wieviel sie davon zu sich nehmen.

Zwillinge sind Meister darin, sich selbst viel Druck aufzuerlegen und verstehen es auch vorzüglich den Druck von außen zu potenzieren. Das bekommt ihnen auf Dauer natürlich überhaupt nicht. Sie leben auch nicht für eine sondern für zwei Personen gleichzeitig und dementsprechend rasant geht es in ihrem Leben zu. Das kann nicht für immer ohne Folgen bleiben! Gerade im hektischen, temporeichen Wassermann-Zeitalter müssen die Zwillinge gelegentlich bewusst auf die Bremse treten und für geraume Zeit vernünftige Auszeiten finden. Sie müssen sich ordentlich ausruhen um neue Kräfte für die nächste Rushhour zu sammeln. Die Welt dreht sich ja weiter, auch wenn man sich einmal für ein paar genüssliche Momente ausstreckt und den Stress draußen lässt. Das muss den Zwillingen nur täglich gesagt werden, damit sie es entsprechend verinnerlichen.

Gesundheitliche Schwachstellen im Wassermann-Zeitalter

Der Zwillinge-Geborene macht sich selbst sehr viel Stress, daher ist sein Nervensystem nicht das Beste. Er ist schließlich ein Kind des Wassermann-Zeitalters und liebt es ganz einfach überall dabei zu sein. Er ist durch seinen eigenen Stress nicht selten furchtbar zerrissen und neigt dazu, wenn ihm einmal alles viel zu viel wird, für einige Zeit komplett zu überdrehen.

Legen sich Zwillinge zuviel Druck auf, spüren sie ihn sehr bald in den Atemwegen. Sogar schweres Asthma ist nicht selten bei Zwillingen zu finden. Der Druck von außen verstopft die Lunge und lässt ihnen zu wenig Luft. Manchmal scheint es ganz so als würde ein Riese die Lunge quetschen – das ist der unnötige Stress dem sich die Zwillinge nahezu pausenlos aussetzen.

Natürlich spielt auch der Magen weder mit dem Stress, noch mit der ungesunden Ernährung mit. Der Stress liegt ihm im klassischen Sinn im Magen und die ungesunde Ernährung tut ihr Übriges dazu.

Nachdem Zwillinge selbst im Freizeitsport zu Übertreibungen neigen, holen sie sich beim Tennisspielen einen Tennisarm, beim Laufen Zerrungen und nicht selten durch katastrophale Stürze beim Mountainbiken blutige Verletzungen und lädierte Schultern, Arme und Hände. Auch hier gilt es, mit dem hohen Tempo etwas zurück zu fahren und in vernünftigen Intervallen zu denken. Über lange Zeit sportlich nichts zu tun und dann plötzlich von Null auf Hundert zu beschleunigen, kann natürlich auf Dauer nicht gut gehen.

Erste Hilfe Tipps

Nachdem die Lunge bei den Zwillingen durch den selbst auferlegten Druck mitunter sehr belastet ist, ist ihnen dringend zu empfehlen nicht zu rauchen. Sie sollten der Lunge nicht zusätzliche Belastungen zumuten, wenn diese schon mit dem alltäglichen Stress mehr als ausgelastet ist. Den Stress einmal loszulassen und stattdessen einmal ausgiebig durchzuatmen wäre für den Zwillinge-Geborenen einfach großartig. Daher ist ein Aufenthalt an der frischen Luft für ihn wichtig, denn er braucht für sein persönliches Wohlbefinden große Dosen guter, frischer Luft. Das lässt die Zwillinge wenigstens für Momente wieder mit beiden Beinen auf der Erde stehen und etwas inne halten. Sie sollten auf alle Fälle darauf achten, ihrer Lunge öfter Gutes zu tun, denn sie ist IHR Organ und das gilt es entsprechend zu warten und zu pflegen.

Eine vernünftige, möglichst vollwertige Ernährung ist den Zwillingen dringend zu empfehlen. Ein bewusst eingenommenes Mahl, in gemütlicher Atmosphäre, würde sie angenehm aus dem Tagesstress heraus lösen und ihnen wertvolle Energien liefern. Generell sollten sich die Zwilling viel öfter Zeit nehmen, um ihr Leben etwas mehr genießen zu können und genau dafür müssten sie eben gelegentlich ihr enormes Tempo reduzieren.

Der Krebs

Der Krebs liebt es, zu Hause zu sitzen, um es sich in den eigenen vier Wänden richtig gemütlich zu machen. Trotzdem neigt er dazu alles Leid dieser Welt auf sich zu laden und dabei ordentlich Stress und Kummer zu empfinden. Er nimmt sich alles zu Herzen und pflegt mitunter sein seelisches Leid über Gebühr. Das kann ihn auf Dauer durchaus krank machen.

Stimmungsschwankungen gehören einfach zum Krebs dazu. Er ist auch sehr von seiner Gefühlsebene abhängig und nimmt mitunter diesbezüglich viel zu viel von seiner Umwelt auf. Er lebt ja auch sehr mit dem Mond und geht in seinen jeweiligen Phasen so richtig auf. „Himmel hoch jauchzend – zu Tode betrübt“ könnte durchaus der tägliche Leitspruch des Krebses sein. Oft genügt ein falsches Wort, eine ungünstige Mondkonstellation und einer saftigen Depression ist Tür und Tor geöffnet.

Der Krebs vergisst generell viel zu wenig und hat unglaubliche Probleme mit seiner Vergangenheitsbewältigung. Vergangene Erlebnisse einfach auszulassen und zu streichen, das liegt ihm ganz und gar nicht.

Der Krebs trinkt übrigens sehr gerne und viel, er hat automatisch immer seine Wasserflasche mit. Ihm muss man regelmäßiges Trinken nicht erst mühsam antrainieren, er braucht es von sich aus und kann es daher auch.

Gesundheitliche Schwachstellen im Wassermann-Zeitalter

Der Krebs kann seine Vergangenheit viel zu selten loslassen und die angesammelten Probleme stecken bei ihm tief und fest im Magen- und Darmtrakt. Der Krebs ist ja ein traditionelles Sternzeichen und dadurch erscheint ihm das Wassermann-Zeitalter mit all seinen Auswirkungen gelegentlich zu trendig und aggressiv. Manche durch den geänderten Zeitgeist angesammelten Probleme liegen ihm jetzt also so richtig im Magen. Daher sind bei ihm Magenbeschwerden wie zum Beispiel eine ordentliche Gastritis durchaus an der Tagesordnung.

Die Magennerven liegen beim Krebs generell blank, denn er schluckt viel zu viel hinunter und gibt von dem was er so Tag für Tag schluckt, nichts mehr ab. Er arbeitet

Erlebtes nicht auf und die psychischen Belastungen sitzen tief und fest in ihm drinnen und rumoren ordentlich.

Generell ist bei ihm auf die gesamte Verdauung zu achten. Der Krebs ist daher auch anfällig bezüglich Leber, Galle oder Bauchspeicheldrüse.

Erste Hilfe Tipps

Vertraute Freunde zu finden um entlastende und gute Gespräche zu führen, ist für den Krebs das Um und Auf. Mit der Psyche im Reinen zu sein entlastet und bringt Kraft. Der Krebs muss unbedingt lernen, etwas von seiner Last aus der Vergangenheit abzugeben, sonst kommen automatisch gesundheitliche Beschwerden. Er muss auch lernen sich von Dingen zu trennen die ihn krank machen und wenn dazu die Hilfe eines Therapeuten von Nöten ist, sollte auch dieser in Anspruch genommen werden. Gerade im Wassermann-Zeitalter ist es wichtig sich etwas mehr Panzer zuzulegen, etwas bewusster und vielleicht gelegentlich aggressiver auf die Umwelt zu reagieren und nicht alles nur kommentarlos zu schlucken.

Nachdem der Krebs schwer verdaut, ist es unbedingt erforderlich sehr auf die Ernährung zu achten. Leicht bekömmliche, hochwertige Speisen sind für ihn durchaus empfehlenswert.

Der Löwe

Der Löwe ist seine Gesundheit und vor allem auch seine physischen Kräfte betreffend absolut selbstüberschätzend. Viel zu selten achtet er auf seinen tatsächlichen Energiehaushalt und schießt mit seinem Elan und seiner Einstellung, dass für ihn ohnehin alles machbar ist, oft über sein Ziel hinaus. Der Löwe kann alles, er ist in allem der Beste, ihm macht niemand etwas vor. Diese verhängnisvolle Einstellung führt mitunter zu einem exzessiven Raubbau an seinem Körper. Der Löwe wacht eines Tages am Morgen auf, ist absolut ausgepumpt und wundert sich, dass er nicht mehr hoch kann. Jede Maschine würde auf Dauer Schaden nehmen, wenn sie ununterbrochen unter Volldampf betrieben wird. Wieso sollte es also beim Menschen anders sein? Auch der Löwe muss sich im Wassermann-Zeitalter fixe Ruhephasen gönnen, um seinen Energiehaushalt wieder herzustellen.

Der Löwe ist ja grundsätzlich überall mit dabei und denkt selten an ein Morgen. Das Hier und Jetzt ist für ihn entscheidend. Geht es um den Sport, dann verausgabt er sich so sehr, dass er auf alle Fälle ganz vorne ist, er möchte ja brillieren und positiv auffallen, typisch Löwe eben. Selbst wenn es um pures Vergnügen und um den ultimativen Genuss geht, macht er die Nacht zum Tag und verausgabt sich über Gebühr. Er kann niemals Schwäche zeigen und wird daher auch niemals zu denen gehören, die als Erste das Feld der Party räumen. Der Löwe ist ein Siegertyp und das spielt er in allen Spektren seines Lebens genüsslich aus.

Der Löwe ist ein absolut geselliges Sternzeichen. Er raucht gern, schätzt ein Gläschen Wein oder Cognac und liebt gutes Essen über alles. Schlaf und Erholung ist dabei absolut zweitrangig, der Löwe denkt im Genuss in keiner Weise an Folgen. Wobei ihm die Qualität oft doch wieder zweitrangig erscheint, denn nicht selten findet sich der Löwe auf Festen und stopft in sich hinein, was er gerade vor die Nase bekommt. Da legt er auf gesunde Ernährung überhaupt keinen Wert. Hier geht es vielmehr um gute Unterhaltung und ein bisschen Rampenlicht.

Gesundheitliche Schwachstellen im Wassermann-Zeitalter

Dem Löwen ist das Herz zugeordnet, der Motor des Menschen. Der Löwe ist ja immer auf vollen Touren und das tut seinem Herzen alles andere als gut. Er gönnt ihm ungenügend Ruhepausen und merkt erst, wenn es einmal nicht mehr so will wie es soll, dass etwas nicht in Ordnung zu sein scheint.

Der Löwe gibt in seinem Stress nie nach und ist daher sehr gefährdet einen Herzinfarkt zu bekommen. Sein Körper schafft das eben auf Dauer nicht immer in dieser Hypergeschwindigkeit, die er sich zumutet. Leider muss er von seinem Umfeld darauf aufmerksam gemacht werden, dass ihm etwas Pause nicht schaden könnte, denn ihm fehlt die Gabe in sich hineinzuhören um seine ureigensten Ruhebedürfnisse zu orten. Eine absolute gesundheitliche Schwachstelle des Löwen ist auch seine Wirbelsäule. Zuviel drückt auf die Wirbelsäule und der Löwe mutet sich von allem zuviel zu. Das geht unmittelbar auf seine Bandscheiben und auf die Nervenstränge seiner Wirbelsäule. Nicht umsonst sieht man viele Löwen sehr gebeugt gehen. Sie schaffen die auferlegte Last nicht mehr und gehen unter ihr förmlich in die Knie. Der stolze Löwe wird gebeugt.

Erste Hilfe Tipps

„Erkenne die Zeichen!", könnte man dem Löwen lauthals zurufen. Der Löwe sollte unbedingt lernen, sich gelegentlich doch der Schnelllebigkeit des Wassermann-Zeitalters zu entziehen. Auch ein Löwe benötigt sein Maß an Ruhezeiten und auch ein Löwe muss erkennen, dass er nicht über unerschöpfliches Energiepotential verfügt. Er muss sich bewusst öfter aus der Geschwindigkeit unserer Zeit nehmen, um ein gewisses Anti-Tempo zu leben. Das tut ihm gut, seinem Herz und seinem Kreislauf sowieso. Ein gelegentliches Wellnesswochenende, in dem es nicht gilt neue sportliche Rekorde zu brechen, sondern sich Entspannung und Ruhe hinzugeben, das würde wahre Wunder wirken. Diese hektische Zeit ist sonst für ihn auf Dauer nicht durchzustehen.

Der Löwe benötigt sozusagen ein Konzept für seinen Energiehaushalt und für seine Gesundheit. Ohne strikte Vorgaben wird er sich auf Dauer verausgaben und gesundheitlichen Schaden erleiden. Speziell der Löwe solle es nicht verabsäumen sich regelmäßigen Herz- und Kreislaufuntersuchungen zu unterziehen. Wenn man um seine persönliche Schwachstelle weiß, sollte man sie besonders gut im Auge behalten.

Die Jungfrau

Die Jungfrau ist ein sehr gesundheitsbewusstes Sternzeichen. Sie beachtet ihren körperlichen Zustand nicht erst wenn nichts mehr geht, sondern sie lebt immer außerordentlich bewusst. Ernährung ist ihr wichtig, daher sind auch unter den Ernährungswissenschaftlern sehr viele Jungfrauen zu finden. Sie möchte einfach wissen was sie zu sich nimmt, woher ihre Nahrung kommt und woraus sie besteht. Und weiß sie es einmal nicht, dann geht sie dem Ganzen auf den Grund.

Die Jungfrau ist ein regelrechter Gesundheitsapostel. Das strahlt natürlich auch auf ihre gesamte Umgebung aus. Wer sich mit einer Jungfrau einlässt oder in der Familie hat, wird von ihr entsprechend mitbetreut. Manchmal übertreibt die Jungfrau natürlich auch in ihrer Vorsorge oder in der Beachtung der körperlichen Signale. Nicht umsonst nennt man die Jungfrau auch oft „die eingebildete Kranke", sie nimmt jedes Symptom auf und nachdem sie sich mit der Medizin meist hervorragend auskennt, kann sie das jeweilige Symptom selbstverständlich hervorragend zuordnen. Zum Vorschein kommt ein Hypochonder par excellence meist in bester Gesundheit. Die Jungfrau liest schließlich zu Hause keine Krimis, sondern medizinische Fachbücher.

Insofern ist die Jungfrau, ihre Gesundheit betreffend, sehr diszipliniert und sie versteht es rechtzeitig vorzusorgen. Allerdings hat selbst sie bei aller Vorsorge ihre Schwachstellen.

Gesundheitliche Schwachstellen im Wassermann-Zeitalter

Die Jungfrau ist das Merkurzeichen, das heißt, sie kann durchaus vom Nervensystem her etwas angeschlagen sein. Die Jungfrau grübelt sehr viel und sie spricht zuwenig darüber. Auch die Darm- und Bauchregion kann belastet sein. Sie verdaut alles sehr schwer und das bezieht sich jetzt nicht unmittelbar nur auf die Ernährung.

Die Jungfrau ist das Oppositionszeichen der Fische, daher sind beide etwas mit den Gelenken empfindlich. Auch mit den Atmungswegen hat die Jungfrau oft zu tun.

Erste Hilfe Tipps

Die Jungfrau grübelt wie gesagt viel zu viel und nimmt aus der Umwelt Dinge auf, die sie besser lassen sollte. Nicht jede Krankheit die gerade im Umlauf ist muss einen automatisch befallen. Ein stärkerer Filter über die Ratio wäre durchaus von Vorteil. Gelegentlich etwas mehr über Erlebnisse zu sprechen, würde ihr auch nur zu gut tun und sie wunderbar entlasten.

Zur zusätzlichen Entlastung des Nervensystems sind regelmäßige Urlaube und so genannte Auszeiten zwischendurch anzuraten. Wenn man weiß, dass man nervlich nicht zu sehr belastbar ist, sollte man es nicht unnötig herausfordern, schon gar nicht im Wassermann-Zeitalter, das einem ohnehin von sich aus schon wahnsinnig viel abverlangt.

Die Jungfrau macht sich grundsätzlich einen Gefallen, wenn sie eine gewisse Leichtlebigkeit annimmt, um die Bauch- und Darmregion aus dem psychosomatischen Bereich heraus zu entlasten. Wenn sie nicht alles in sich „hineinfrisst", liegt später auch nicht alles in ihren Verdauungsorganen.

Die Waage

Die Waage benötigt unbedingt große Harmonie, denn dauerhafter Stress würde sie nur krank machen. Beruflichen oder privaten Stress will die Waage überhaupt nicht und sie verträgt ihn auch ausgesprochen schlecht.

Die Waage gehört eher zu den ruhigen Lebensgenießern, sie bewegt sich auch nicht sehr gerne. Viel lieber sitzt sie einen ganzen Tag in ihren trauten vier Wänden und frönt dem süßen Nichtstun. Der Stress des Wassermann-Zeitalters setzt der Waage wahnsinnig zu. Es fällt ihr überhaupt nicht leicht die Balance zu halten und auf Dauer im Gleichgewicht zu stehen. Glaubt sie, sie hat alles austariert, kommt schon der nächste Schlag der sie aus ihrem Gleichgewicht bringt und den sie auszugleichen hat. Für die Waage ist es überhaupt die schwierigste Übung in diesem Zeitalter ihre für sie so enorm wichtige Harmonie auf Dauer zu bewahren. Es gelingt ihr, wenn sie äußerst bewusst zu leben versteht und so oft wie nur möglich in sich hineinhört und ihre unmittelbaren Bedürfnisse erkennt.

Wenn die Waage in einen gewissen Stress gerät, verkommt sie zum Frustesser. Am liebsten würde sie die nächste Konditorei stürmen, um sich dort den süßen Verlockungen hinzugeben. Nichts ist mehr vor ihr sicher. Süßigkeiten, Schokolade, Torten - sie stopft alles in sich hinein und versucht damit ihren Stress zu verringern. Natürlich ist der Erfolg außerordentlich kurzfristig, denn der nächste Spiegel kommt bestimmt und die Waage neigt ja grundsätzlich zu einer Rubensfigur, vor allem wenn sie sich gehen lässt. Nicht selten wird sie dann sehr unzufrieden und lebt erst recht wieder mit sich im Unreinen. Heraus kommt ein Waage-Kreislauf wie er nicht typischer sein könnte.

Gesundheitliche Schwachstellen im Wassermann-Zeitalter

Die Waage ist das Oppositionszeichen des Widders und teilt daher auch seine Schwachstellen, nämlich die des Kopfleidens. Sie leidet oft an Migräne. Jede energetische Verausgabung findet sich im Kopf wieder. Das heißt, powert sich die Waage zu sehr aus, gibt es am darauf folgenden Tag heftige Kopfschmerzen.
Die Durchblutung ist bei ihr generell ein Thema und damit verbunden natürlich auch eine gewisse Schlaganfallgefahr. Selbstverständlich ist es sehr wichtig über seine gesundheitliche Verfassung Bescheid zu wissen um eventuellen Schwachstellen keine Chance zu bieten. Regelmäßige Vorsorgeuntersuchungen sind keinesfalls zu übersehen.
Die Waage lebt auch sehr viel über die Haut aus, vor allem wenn sie gerade eine stressige Zeit hat und überfordert ist, dann merkt sie es ganz deutlich an ihrem Hautbild. Das Venuszeichen ist ihr zugeordnet und die Venus gehört zur Haut. Jeder Frust, jedes Problem kommt über die Haut heraus und führt mitunter zu Neurodermitis und ähnlichem.

Erste Hilfe Tipps

Gelingt es der Waage Dinge abzugeben die sie krank machen, kann ihr nichts mehr an Widerwärtigkeiten geschehen. Freunde oder Bekannte die andauernd nur stressen, bekommen einer Waage nicht und gehören im Sinne seiner Ausgeglichenheit etwas zur

Seite geschoben. Ein gesundes Sensorium das anschlägt, bevor die Harmonie flöten geht, wäre sozusagen das Optimum um bösen und ungesunden Stress für die Waage bereits im Vorfeld zu verhindern. Und für den Fall, dass einmal etwas nicht stimmt, mehr Mut zu Veränderung sichert der Waage längerfristig die ihr so wichtige Harmonie.

Auch der Kopf wird es ihr danken, wenn die Waage regelmäßige Ruhezeiten einhält und sich nicht über Gebühr strapaziert. Wieso sich so verausgaben, wenn es mit rasenden Kopfschmerzen bedankt wird?

Um den Kreislauf und die Durchblutung in Schwung zu halten, wäre ein regelmäßiges Cardioprogramm vorteilhaft. Man kann auch als Waage mit gering sportlichem Aufwand effektive Ergebnisse erzielen und etwas Gutes für seine Gesundheit tun.

Der Skorpion

Der Skorpion hat grundsätzlich einen gewissen Hang zur Selbstzerstörung. Er neigt zur Selbstquälerei und erlebt sehr oft daraus ein gewisses Glücksgefühl, ganz so, als würde diese Selbstquälerei zu seinem Lebenspuzzle dazugehören.

Der Skorpion ist ein absoluter Grenzgänger. Er muss selbst im Suchtmittelbereich vieles ausprobiert haben. Er ist ein wahnsinnig neugieriges, zu experimentierfreudiges Sternzeichen und geht in seinen Versuchen an die Grenze des Möglichen. Mit einem Fuß ist der Skorpion immer wieder ganz nah am Abgrund. Bei diesen Versuchen ist ihm der Körper vollkommen egal, denn er neigt ja grundsätzlich zum Raubbau seines Körpers.

Dem Skorpion ist seine Sexualität absolut wichtig, darin vermag er sich auszuleben. Er springt förmlich von einem Höhepunkt zum nächsten. Zwar ist einerseits aktiv gelebte Sexualität für die Gesundheit förderlich, aber es wäre nicht der Skorpion, wenn er nicht in diesem Bereich wieder sämtliche Grenzen der Vernunft beidbeinig überspringen würde. Selbst seine Sexualität lebt er, in Bezug auf potentielle Krankheiten, gänzlich ohne Rücksicht auf Verluste aus. Er lebt ja augenscheinlich für den Moment und damit ist er eines der unmittelbaren Kinder des Wassermann-Zeitalters.

Der Skorpion kann niemals verzeihen. Allein dieser Umstand ist wie ein „Missing Link" zur inneren Ausgeglichenheit, einer Ausgeglichenheit die doch eine durchaus wichtige Basis für Wohlbefinden und Gesundheit sein sollte. Wie kann ich innerlich ausgeglichen sein, wenn ich ständig jemandem grolle und darüber nachdenke, wie ich ihm vielleicht doch noch aus Rache schaden könnte.

Gesundheitliche Schwachstellen im Wassermann-Zeitalter

Die Gelenke gehören zu den Schwachstellen des Skorpions. Sein Hang zum Exzessiven treibt ihn im Sport an seine persönlichen Grenzen und ruiniert ihm nach und nach die Gesundheit, vor allem die Gelenke. Dem Skorpion erscheint der Körper nicht wichtig und er überhört sämtliche Signale die aus seinem Inneren kommen.

Der Skorpion probiert in Sachen Sexualität alles aus und am Trip seiner grenzenlosen Neugierde ist es kein allzu großes Wunder, dass er sich dabei die eine oder andere Geschlechtskrankheit zuzieht. Selbst in diesem Bereich werden alle Grenzen niedergerissen, koste es was es wolle. Absolute Schwachstellen sind beim Skorpion unter anderem die Gebärmutter, die Prostata, sowie der gesamte Geschlechtsbereich.

Das Selbstquälerische des Skorpions manifestiert sich unter anderem auch im Darmbereich, denn er hält viel zu viel zurück und lässt nicht los. Er ist ja ein Meister des Verdrängens und sein Archiv ist sozusagen der Darm. Dieses ständige runterschlucken beginnt beim Skorpion im Grunde bereits in seiner Kindheit. Schon in sehr jungen Jahren verweigert er sich der konfliktlösenden Kommunikation und behält lieber alles für sich und archiviert es, wie schon erwähnt, im Magen- oder Darmbereich.

Erste Hilfe Tipps

Leider verfügt der Skorpion über eine ausgesprochen mangelhafte Selbstreflexion. Dieser Umstand führt dazu, dass er es erst dann merkt, dass ihm etwas fehlt, wenn er so richtig krank ist und sich nicht mehr rühren kann. Verfügt der Skorpion über ein ideales Sozialnetz, wird er vermutlich von seiner Umwelt, von seinen Freunden, seiner Familie behütet und auf gesundheitliche Fehlentwicklungen oder Missstände aufmerksam gemacht. Ob er die gut gemeinten Zurufe wahrnimmt, ist allerdings wieder eine andere Sache.

Betreibt der Skorpion Sport, sollte er dabei unbedingt eingebremst werden, um seine Gelenke zu schonen, sonst rackert er sich ohne Rücksicht auf Verluste ab und macht sich selbst in der Freizeit sehr rasch zum Wrack. Typisch Skorpion eben, der Körper ist ihm nicht wichtig und es fehlt ihm ganz einfach das Gefühl dafür, was gerade noch möglich ist und was sich bereits weit über den Grenzen des Zumutbaren befindet.

Ist er Single und sexuell aktiv, schenkt man ihm am besten wöchentlich einen Multipack an Kondomen. Seiner Gesundheit zuliebe! Etwas Literatur über potentielle Ansteckungsmöglichkeiten durch Geschlechtskrankheiten würde ihm auch nicht schaden. Gelegentlich ist Erste Hilfe tatsächlich simpel!

Dem Skorpion würde es grundsätzlich nicht schaden etwas mehr in sein Inneres zu hören. Eine Psychotherapie würde zum Beispiel von großem Nutzen sein. Das bereits öfter zitierte Archiv seines Darms aufzuräumen um ihn gesundheitlich zu entlasten, ist sicherlich kein Nachteil.

Als typisches Kind des Wassermann-Zeitalters schadet es dem Skorpion sicherlich nicht, seinen Nerven zuliebe sich zumindest einmal pro Woche aus dem rasanten Zeitkarussell zu nehmen, vielleicht doch einmal etwas inne zu halten und neue Kräfte aufzubauen. Immer nur „High Speed" kann auf Dauer einfach nicht gut gehen.

Der Schütze ♐

Der Schütze ist ein richtiger Springer, er kann ja kaum ruhig sitzen und ist nur unterwegs. Er gehört zu den Visionären unter den Sternzeichen und hebt mitunter sehr weit ab. Der Schütze katapultiert sich in ein Wunschleben, hebt vollkommen ab von dieser Welt und schafft es über lange Sequenzen sich eine eigene Wunschwelt zu zimmern, um darin glücklich zu leben. Diese Angewohnheit geht bis ins hohe Alter hinein und sie wird immer mehr zur persönlichen Festung des Schützen.

Mit der Schnelligkeit des Wassermann-Zeitalters hat der Schütze überhaupt keine Probleme, da kann er ohne weiteres mithalten. Er ist ja selbst ein unruhiger, mobiler Geist. Wenn sich überhaupt ein Problem aufmacht, dann hängt es vielmehr damit zusammen, dass er in seiner enormen Realitätsverweigerung die Bodenhaftung verliert und große Etappen seines Lebens ganz einfach verschläft. Die Zeit rennt weiter und er bekommt nicht mehr mit wie sie vergeht. Wacht er eines Tages wieder auf, ist er am Boden zerstört und versteht die heutige Welt nicht mehr. Dieses Unverständnis drängt ihn alsbald wieder in neue Visionen und Tagträume und er koppelt sich erneut ab, um sich seine eigene irreale Welt zu schaffen und wieder ein Weilchen in ihr zu verleben.

Dem Schützen ist nichts wichtiger als seine Freiheit. Fehlt ihm diese, wird er sehr leicht krank. Fehlende Freiheit engt ihn ein und nimmt ihm Energie, das hält er natürlich nicht aus. Einen Schützen kann man nicht einsperren, das schadet ihm auf Dauer. Das gilt natürlich auch für eine Ehe. Wird der Schütze in einer Ehe kurz gehalten und eingesperrt, wird ihm das ebenso wenig bekommen. Er wird nervlich durchdrehen und über kurz oder lang untertauchen.

Die Ernährung ist dem Schützen wichtig. Von ihm erhält man die neuesten Ernährungstipps und die damit verbundenen aktuellsten Erkenntnisse. Der Schütze weiß ganz einfach, dass eine wertvolle, gesunde Ernährung eine ideale Basis bildet und danach lebt er auch, zumal ihn das Thema Ernährung auch interessiert.

Gesundheitliche Schwachstellen im Wassermann-Zeitalter

Eine gesundheitliche Schwachstelle des Schützen ist der gesamte Bewegungsapparat, speziell die Hüfte. Auch auf die Atmungsorgane ist beim Schützen zu achten.

Ein weiterer Knackpunkt kann bei ihm die Psyche sein. Er gehört ja zu den Visionären unter den Sternzeichen, der Schütze hebt gerne ab und verliert mitunter die Realität gänzlich aus den Augen. Alzheimer ist beim Schützen im Alter durchaus ein Thema.

Die extreme Realitätsverweigerung des Schützen kann mitunter zu regelrechten Psychosen führen. Er projiziert sich seine eigene Wunschwelt und hält nach und nach der realen Welt nicht mehr Stand.

Einerseits ist der Schütze ein lebensfrohes und lustiges Sternzeichen, andererseits neigt er aber mitunter auch zu Depressionen. Ein Grund mehr aus dieser Welt zu flüchten um sich eine angenehme Kunstwelt zu zimmern. Das Oppositionszeichen des Schützen ist der Zwilling, er ist von Merkur und Jupiter beeinflusst und schon allein daher psychisch sehr beansprucht.

Erste Hilfe Tipps

Dem Schützen ist die Natur und die damit verbundene frische Luft sehr wichtig. Ist er einmal komplett ausgepowert, lädt er seine ausgebrannten Akkus am raschesten mit einem Spaziergang auf einer Alm, auf einer Wiese oder an einem See auf. Der Schütze ist ein Sonnenmensch und benötigt für seine Ausgeglichenheit viel Bewegung. Das ist auch die allerbeste Therapie für seine Gesundheit, genügend Bewegung und Sonnenschein.

Ein patenter, aktiver Freundeskreis hält den Schützen im Hier und Jetzt und soll verhindern, dass er sich immer wieder sein eigenes künstliches Weltbild schafft und über Tage und Wochen darin abtaucht um dort zurückgezogen zu leben. Der Schütze benötigt unbedingt eine aktive Achse zum realen Leben. Gute Freunde fangen diese Träumerei ab und halten ihn geschickt in der Realität.

Der Steinbock

Der Steinbock gehört auch gesundheitlich gesehen zu den absolut disziplinierten Sternzeichen. Er weiß worauf es ankommt, spürt sehr viel und hört immer wieder in sich hinein um seinen gesundheitlichen IST-Zustand zu überprüfen. Der Steinbock ist ein Realist, kann wunderbar asketisch leben und weiß einfach, was ihm gut tut und was nicht. Um wirklich gesund zu bleiben, ist er übrigens gut beraten seine Askese in gewisser Weise auch aufrecht zu erhalten. Das weiß der Steinbock allerdings ohnehin. Er weiß, dass ihm die Völlerei nicht gut tut und er die Ergebnisse daraus irgendwann auszubaden hat. Er kann sozusagen von Wasser und Brot leben, schätzt aber gelegentlich auch gutes Essen.

Der typische Steinbock ist eher schlank und bewegt sich sehr gerne. Seine sportlichen Ambitionen sind weniger auf grenzenlosen Ehrgeiz ausgelegt, auf Siege und Pokale, sondern vielmehr seine gesundheitliche Verfassung unterstützend und fördernd. Der Steinbock weiß einfach, was ihm bekommt und was nicht, daher wird er Sport aus reinem Ehrgeiz und Siegeswillen eher etwas skeptisch gegenüber stehen.

Der Steinbock gehört schließlich auch zu den Sternzeichen die am ältesten werden. Charlie Chaplin zum Beispiel war ein Steinbock und er ist doch vital alt geworden. Oder Adenauer und Marlene Dietrich. Der Steinbock ist generell gesehen ein unglaublich zähes und knochiges Sternzeichen, das sehr viel aushält.

Gesundheitliche Schwachstellen im Wassermann-Zeitalter

Die gesundheitlichen Schwachstellen des Steinbocks liegen im Bereich seiner Knochen, seiner Gelenke und seiner Zähne. Die Harnsäure ist ebenso ein sehr großes Thema. Wenn er nichts dagegen macht, lagert sie sich in seinen Gelenken ab und macht ihm das Leben zur Hölle.

Der Steinbock neigt auch dazu etwas zu versteifen. Tut er nichts dagegen, führt dies zur absoluten Unbeweglichkeit. Im Alter muss sich der Steinbock vor Knochenbrüchen vorsehen.

Sehr empfindlich ist bei ihm auch die Haut. Er neigt vermehrt zu Muttermalen, daher ist der Steinbock eher ein Schattenmensch. Zu den Sonnenanbetern gehört er ganz und gar nicht, obwohl er wiederum die ausstrahlende Wärme sehr gerne für seine Knochen hätte.

Erste Hilfe Tipps

Für den Steinbock ist es wichtig sich zu dehnen, regelmäßige Gymnastik zu betreiben und darauf zu achten, dass sein Körper in Schwung bleibt. Zu große Passivität ließe ihn nach und nach versteifen, dagegen muss er etwas Sinnvolles tun.
Um die Harnsäure aus dem Körper zu schwemmen, ist es für ihn sehr wichtig täglich regelmäßig und viel zu trinken. Drei, vier Liter Flüssigkeit, Wasser oder Tee, bringen ihm enorm viel. Das muss man dem Steinbock zwar oft erst beibringen, aber im Grunde ist ihm, wie seinem Oppositionszeichen Krebs, das Trinken sehr wichtig. Beide benötigen sehr viel Flüssigkeit um rundum glücklich und gesund zu sein. Der Steinbock muss seinen Körper kräftig durchspülen, damit er später nicht unter eventuellen Ablagerungen zu leiden hat.
Nachdem der Steinbock vermehrt zu Muttermalen neigt, sollte er diese in regelmäßigen Abständen von einem Facharzt ansehen lassen!

Der Wassermann

Der Wassermann lebt hektisch und mitunter unkontrolliert. Er gibt sich voll und ganz seinem Wassermann-Zeitalter hin. Die andauernde und ausgeprägte Hektik fordert natürlich ihren Tribut, auf Dauer hält das der Wassermann nicht aus, auch wenn er jetzt durch sein Zeitalter starken Rückenwind erfährt.

Auf die Ernährung legt der Wassermann wenig Wert, er isst was er gerade vorgesetzt bekommt und ist dabei äußerst unkontrolliert. Er schwärmt ja auch von Fastfood und könnte sich dem beinahe täglich hingeben. Am liebsten fährt er mit seinem Auto durch den Drive in, isst am Parkplatz, im Auto sitzend, alles in sich hinein und fährt schon wieder weg. Nur keine Zeit fürs Essen verschwenden, könnte eine der Devisen des Wassermanns sein. Man hat ja schließlich so wenig Zeit und braucht sie für wesentlich wichtigere Dinge.

Um sich so richtig wohl zu fühlen, braucht der Wassermann unbedingt Geselligkeit. Ein Eremitendasein liegt ihm überhaupt nicht und würde ihn auf Dauer in den Wahnsinn treiben. Je geselliger es zugeht umso lieber ist es ihm. Dabei raucht und trinkt er natürlich was das Zeug hält.

Der Wassermann ist übrigens auch eine regelrechte Naschkatze. Ist er wo auf Besuch und entdeckt er die Naschlade, ist diese hoch gefährdet, innerhalb von wenigen Minuten verputzt zu werden. Nicht umsonst gibt es schließlich auch eine Naschsucht, auch bei den Süchten steht der Wassermann in der vordersten Reihe. Schließlich möchte er alles einmal ausprobiert haben um mitreden zu können. Er ist in der Tat kein Kind von Traurigkeit und die Vielfältigkeit des Wassermann-Zeitalters ermöglicht ihm innerhalb kürzester Zeit extrem viel zu versuchen und abzuhaken.

Gesundheitliche Schwachstellen im Wassermann-Zeitalter

Die gesundheitlichen Schwachstellen des Wassermanns sind Kreislauf, Blutdruck und die Venen. Generell muss der Wassermann sehr auf sein Blut und seine damit verbundenen Werte achten.

Der Wassermann ist das Oppositionszeichen vom Löwen und neigt dadurch wie der Löwe zu Problemen mit der Wirbelsäule und den Kniegelenken. Da sich der Wassermann zwischendurch viel zu wenig Ruhe gönnt, sind seine Nerven natürlich fürchterlich strapaziert und oft genügt ein kleiner Tropen um das Fass gehörig zum Übergehen zu bringen.

Erste Hilfe Tipps

Regelmäßige Bewegung hält den Kreislauf in Schwung und beugt Bluthochdruck vor. Ein Heimfahrrad oder eine Rudermaschine kann gerade beim Wassermann gesundheitliche Wunder wirken. So alle paar Tage ein bisschen Cardiotraining vor dem Fernseher hält den Kreislauf in Schwung und schmiert ordentlich die Knie- und Armgelenke.

Eine ordentlich aufgebaute Rückenmuskulatur entlastet die Wirbelsäule ideal und stützt sie etwas ab. Einfacher geht es nicht, um einem eventuellen künftigen Bandscheibenschaden zu entgehen.

Nachdem der Wassermann grundsätzlich wenig Wert auf gesunde Ernährung legt, würde es ihm ganz und gar nicht schaden, zumindest ein bis zweimal pro Woche einen Gesundheitstag einzulegen um an diesen Tagen sich bewusster zu ernähren. Sein Körper wird es ihm vielfach danken. Ein gelegentlicher Wellness-Aufenthalt regeneriert den hektischen Wassermann wunderbar, er muss eben nur einmal lernen etwas Ruhe zu geben und nicht immer in Action zu sein. Die Welt geht nicht gleich unter, wenn er sich ein paar Tage von allem zurückzieht und sich einmal wieder so richtig regeneriert.

Die Fische

Die Fische sind ein extrem bedächtiges Sternzeichen. Ebenso gehen sie auch mit ihrer Gesundheit und mit ihrem Körper um. Fische sind an und für sich ein wenig ängstlich und das kann sich in zweierlei Hinsicht, auswirken. Sie können entweder wahnsinnig diszipliniert auf ihre Gesundheit achten oder sich auf Grund ihrer Ängste in Alkohol und Drogen flüchten, in der irrenden Meinung, sie dadurch in den Griff zu bekommen.

Davon abgesehen ist der Fische-Geborene absolut gesundheitsbewusst. Er steht ja in Opposition zur Jungfrau, das heißt auch er hat eine gewisse Neigung zum Hypochonder. Er ist überaus sensibel und wenn er in sich hineinhört, hört er oft auch das Gras wachsen. Er nimmt sehr viel Schmerz und Leid von seiner unmittelbaren Umgebung auf und spürt das dann auch auf der seelischen Ebene. In Wirklichkeit ist er meist vollkommen gesund, spürt aber die Krankheit tief in sich schlummern. Ein Arztbesuch überzeugt die sensiblen Fische dann zumeist, dass sie die eingebildete Krankheit nicht haben und sie völlig gesund sind.

Fische bauen ja sehr wenig Schutz um sich herum auf. Aber gerade im Wassermann-Zeitalter müssen sie stärker und egoistischer werden! Das klingt vielleicht etwas hart, ist aber ein extrem wichtiger Rat, denn Fische lassen sich von ihrem Umfeld aufsaugen und wissen dann oft nicht mehr, wo oben und unten ist. Sie werden herumgestubst wie ein Ball und kennen sich schlussendlich nicht mehr aus. Ich sage es ja immer wieder, das Wassermann-Zeitalter setzt den Fischen am stärksten zu.

Fische sind absolut unkontrollierte Genussesser. Sind sie einmal so richtig in Fahrt, kennen sie beim Essen kein Ende. So wie man die Fische in einem Aquarium überfüttern kann, sie fressen ja was sie bekommen, können sich die menschlichen Fische mir nichts dir nichts vollkommen überessen. Auch aus Frust können sie ordentlich in sich hineinstopfen.

Gesundheitliche Schwachstellen im Wassermann-Zeitalter

Das größte gesundheitliche Problem der Fische ist ihre Angst. Die macht sie mitunter so richtig krank. Um sich ihren Ängsten nicht stellen zu müssen, neigen Fische durchaus auch zur Tablettensucht oder eben zum Missbrauch von Alkohol und Drogen.

Gesundheitliche Schwachstellen sind die Füße und der Magen. Der Magen macht die Völlerei auf Dauer nicht mit. Auch der Alkohol setzt den Fischen zu. Die Atmungsorgane können gelegentlich Sorgen bereiten. Die Angst kann den Fischen die Luft derart nehmen, dass sie mitunter zu ersticken meinen.

Erste Hilfe Tipps

Das neue Credo könnte durchaus lauten: „Mehr Selbstbewusstsein den Fischen!" Um den Fischen ihre Lebensangst zu nehmen, empfiehlt sich eine Psychotherapie. Sie müssen sich psychisch aufbauen und mutig den Herausforderungen des Lebens entgegentreten und wenn sie das bewusst genug angehen, werden sie es auch schaffen. Fische sind zwar ängstlich, aber keinesfalls dumm. Sie erkennen die Zusammenhänge. Gestehen sie sich diese ehrlich ein, haben sie schon so gut wie gewonnen.

Regelmäßige Spaziergänge in der Natur geben den Fischen die Möglichkeit, sich in Ruhe zu sammeln und Energie zu tanken. Auch der Lunge wird die Bewegung in der frischen Luft sehr gut tun.

Freizeitvergnügen im Wassermann-Zeitalter

Das tut den Sternzeichen so richtig gut

Speed und Cash in der Freizeit

Nicht nur in der Berufswelt wird alles schneller, das Wassermann-Zeitalter beschleunigt auch unsere Freizeit gehörig. Ging man früher spazieren, machte man Wanderungen, ging schwimmen oder Rad fahren, ist heute Tempo und Mut angesagt. Selbst in der Freizeit springt, rutscht oder rast man über seine eigenen Grenzen. „Immer höher, weiter und rasanter" ist die Devise. Oft riskiert man Kopf und Kragen. Nicht umsonst nimmt die Zahl der Freizeitunfälle kontinuierlich zu. Der Freizeitstress steigert sich und lässt uns bereits zum Wochenbeginn im Job sehr müde aussehen.

Je riskanter und faszinierender man sich seine eigene Freizeit gestaltet, umso größer ist der Kick und umso mehr hat man später über sein Abenteuer zu erzählen. Das Wassermann-Zeitalter bringt Tempo in unsere Freizeit und lässt mitunter vergessen, dass es in erster Linie um Erholung und Regeneration gehen sollte. Nicht gerade selten wird die Freizeit von den meisten viel zu hektisch verlebt, am Körper wird radikaler Raubbau betrieben und es wird der eigenen Seele viel zu selten die Möglichkeit geboten, ein wenig im süßen Nichtstun zu baumeln.

Typisch Wassermann-Zeitalter ist der Umstand, dass die Freizeit immer mehr Geld kostet. Der Wassermann ist ja der Genießer und Geld ist ihm nicht wichtig, das setzt er einfach so ein wie er es braucht. Nicht selten lebt er dabei auch gehörig über seine Verhältnisse. Er macht am liebsten in einer Stunde zehn Dinge gleichzeitig und das kostet mitunter sehr viel Geld. Um das Wassermann-Zeitalter in all seinen Fasern zu verstehen, muss man sich nur den Wassermann ansehen, seine Stärken und Schwächen kennen und man weiß Bescheid was auf einen noch so alles zukommt.

Die Freizeitindustrie diktiert die immer rascher wechselnden Trends und wir kaufen sie. Sind es in einem Jahr Nordic Walking-Stöcke, kommen im nächsten Jahr ultramoderne Fahrräder mit jedem nur erdenklichen Komfort auf den Markt. Selbst die Höhenwanderung wird zur modern ausgestatteten Expedition, mit allem Drum und Dran. Aus der Freizeit wird viel Geld gemacht, sie schafft allerdings auch eine enorme Anzahl an neuen Arbeitsplätzen.

So manche Partnerschaft geht im Wassermann-Zeitalter durch den ausgeprägten Ego-Trip flöten. Ging es früher noch wesentlich stärker um das Gemeinschaftserlebnis, gilt es heute eigene Grenzen zu erkunden und in ausgeprägte Ego-Welten einzutauchen. Die Familie wird immer seltener in die aktive Freizeitgestaltung eingebunden. Exzessives Freizeitvergnügen auf Kosten von Partnerschaften und Familie sprengt so manche Beziehung und produziert immer mehr Freizeit-Singles.

Der Widder ♈

Der Widder ist das sportliche Sternzeichen. Unter den Widdern sind gute Schifahrer oder auch Rennfahrer zu finden. Er liebt die sportliche Herausforderung und braucht die Geschwindigkeit. Tempo in der Freizeit macht den Widder so richtig an, denn er liebt Action über alles. Kann er sich finanziell gerade einmal weniger leisten, dann wird er zumindest laufen oder Rad fahren.

Der Widder muss sich in seiner Freizeit so richtig auspowern. Blümchenfreizeitvergnügen ist nicht nach seinem Geschmack, das wäre ihm viel zu langweilig. Die Philatelie würde ihn zum Beispiel zur Verzweiflung treiben. Wie gesagt, er braucht aktive und durchaus abenteuerliche Action. Geht er in ein Fitnessstudio, hängt sich der Widder ordentlich in die Geräte, bis er nicht mehr kann und mit heraushängender Zunge nahezu auf allen Vieren wieder in die Garderobe robbt. Er steht stundenlang am Crosstrainer oder rennt am Laufband, das tut ihm außerordentlich gut. Der Widder versteht es seine Grenzen ganz genau auszuloten.

Das bringts in der Freizeit

Langes, ausdauerndes Cardioprogramm ist so richtig nach dem Geschmack des Widders. Wenn er sich so richtig energisch auspowern kann, fühlt er sich am wohlsten. Der Widder verfügt über jede Menge überschäumende Energie und muss sie für seinen inneren Ausgleich entsprechend verarbeiten. Tut er es nicht, läuft er nicht rund und wird für seine Umwelt durchaus problematisch, denn er baut in seiner aktiv verlebten Freizeit aufgestaute Aggressionen ab. Spaß macht dem Widder außerdem Fallschirmspringen, Wildwasserpaddeln oder Rodeo reiten. Auch mit einer Motocrossmaschine durch die Landschaft zu pflügen ist so richtig nach seinem Geschmack.

Achtung, Hände weg

Geht es um kreative Hobbys, die vielleicht auch noch im Sitzen ausgeführt werden, wie das Malen oder Schreiben, ist der Widder gut beraten die Hände davon zu lassen. Es würde auf Dauer nicht gut gehen und ihn ordentlich langweilen. Funktionieren könnten Hobbys dieser Art ausschließlich dann, wenn er vorher sein exzessives Workout hatte und sich dem Kreativen in einer Erholungsphase hingeben würde.

Müsste der Widder fischen gehen, würde er auch verrückt werden. Stundenlang an einem Ufer zu sitzen um zu warten bis endlich ein Fisch anbeißt, ist überhaupt nicht seines. Eine packende Alternative wäre allerdings ein Angelausflug nach Alaska, zum Lachsangeln an einen reißenden Fluss oder abenteuerliches Hochseefischen, da wäre er schon wieder mit großer Begeisterung dabei. Ein bisschen Abenteuer muss schon sein!

Urlaubsorte, die faszinieren

Der Widder fühlt sich an jedem Strand dieser Welt wohl, vorausgesetzt es gibt dort sportlich ordentlich was zu tun. Alternative Reiseziele die ihm Spannung und Action bieten, sind ihm äußerst willkommen und ziehen ihn nahezu magisch an. Der Widder wird sich in vielen Gegenden Lateinamerikas, in New York oder zum Beispiel auch auf einer dynamischen Trekking Tour in Island sehr wohl fühlen.

Der Stier ♉

Der Stier verlebt seine Freizeit am liebsten gemächlich und kombiniert diese Gemächlichkeit mit einer ordentlichen Portion Genuss. Eine nette Wanderung an einem See, mit einem anschließenden Besuch in einem guten Landgasthof, könnte für ihn ein attraktives Freizeitprogramm darstellen. Er liebt es ruhig und genüsslich. Action und Dynamik überlässt er lieber anderen. Macht der Stier eine Wanderung, ist ihm der Restaurantbesuch danach oft viel wichtiger als die Bewegung davor.

Ist der Stier auf Reisen, interessieren ihn Orte mit Kultur und Orte die etwas aus ihrer faszinierenden Vergangenheit zu erzählen haben. Ausgestattet mit einem ausführlichen Reiseführer stapft er durch kleinste Gassen, auf der Suche nach historischen Höhepunkten. Ist man selbst auch daran interessiert, hat man im Stier den perfekten Reiseleiter. Auch in Konzerten ist der Stier ausgesprochen oft zu finden. Kunst und Kultur sind sein Ding. Besucht der Stier eine Ausstellung die ihm gefällt, vergisst er seine Umwelt und taucht über Stunden in die Welt der Kunst ein.

Er versteht es sich der Schnelligkeit des Wassermann-Zeitalters im Wesentlichen zu entziehen. Durch seine Gemächlichkeit nimmt er sich aus dem Zeitraffer des neuen Zeitalters und lebt ausschließlich seine Geschwindigkeit und lässt sich dabei durch nichts und niemanden beirren.

Das bringts in der Freizeit

Rad fahren oder schwimmen macht dem Stier so richtig Spaß. Nachdem der Stier über genügend Ausdauer verfügt, alles verhältnismäßig bedächtig angeht und durchaus ein energetisches, kraftvolles Sternzeichen ist, kann sich eine Radtour auch über ein oder zwei Tage erstrecken. Der Stier versteht es optimal mit seiner Kraft hauszuhalten. Er will in seiner Freizeit nur nicht gehetzt werden oder gar Stress bekommen, denn das liegt ihm überhaupt nicht und wäre reinstes Seelengift für ihn. Sprinter ist er keiner, dafür hält er sehr lange sein eigenes Tempo. Der Stier ist noch immer „on the road", wenn die anderen schon längst fix und fertig sind und ans Aufgeben denken.

Selbst Fußball kann dem Stier liegen. Nachdem er über genügend Ausdauer verfügt, ist er bis zur letzten Spielminute top in Form. Er ist ein idealer Mittelfeldspieler oder auch in der Verteidigung bestens eingesetzt.

Achtung, Hände weg

Abenteuerfahrten, die ins Ungewisse gehen, liegen dem Stier ganz und gar nicht. Er möchte unbedingt wissen wo er zu welcher Stunde landet und braucht für sein persönliches Wesen klar kalkulierbare Fakten. Selbst ein so genanntes Hotelroulette würde ihn fürchterlich nerven. Wenn er eine Reise bucht, will er sich sein Hotel schon lieber selbst aussuchen und nicht durch einen Zufall zugewiesen bekommen.

Extreme Sportarten sind dem Stier ein Gräuel und lassen ihn regelrecht verzweifeln. Seine Freizeitfantasien sehen keine Action und Dynamik vor. Der Stier geht in seiner Freizeit und im Sport auf Sicherheit und will alles andere, nur keine Abenteuer. Er liebt es trittfest und sicher, er will den Boden unter seinen Füßen spüren. Tauchen im Korallenriff oder ein Ausflug mit einem Jetski am offenen Meer würde ihn tatsächlich nur beunruhigen und verunsichern.

Urlaubsorte, die faszinieren

Der Stier fühlt sich an Orten mit Kultur und Geschichte wohl. Orte die ihn faszinieren, können zum Beispiel Ephesos, Rom oder Leptis Magna in Libyen sein. Zu seinen Lieblingsreisezielen gehören außergewöhnliche Kulturdenkmäler, die von der UNESCO auf die Liste des Weltkulturerbes aufgenommen wurden. Daher wird der Stier seine Urlaube sehr gerne mit Badeaufenthalten und Besichtigungen kombinieren.

Die Zwillinge

Zwillinge gehören nicht unbedingt zu den Extremsportlern. Verbissene Ehrgeizlinge sind sie ganz und gar nicht und Pokale und Auszeichnungen sind ihnen wirklich unwichtig. Dem Zwillinge-Geborenen ist es wichtig, dass es gesellig zugeht und dass der Spaßfaktor stimmt. Entschließt er sich zu sportlichen Aktivitäten, müssen sie ihm zumindest etwas Unterhaltung bieten.

Zwillinge reisen sehr gerne. Am liebsten würden sie die Arbeit liegen und stehen lassen und ausschließlich nach Hause kommen, um nur rasch den Koffer neu zu packen. Der Zwillinge-Geborene ist ja absolut aufgeschlossen und hat überhaupt keine Probleme damit sich in den unterschiedlichsten Kulturkreisen wohl zu fühlen. Manchmal verlängert er sogar seinen Urlaub auf unbestimmte Zeit, kappt die Verbindungen zur Heimat, um etwa einmal für ein paar Monate in einem Club-Hotel oder als Reiseleiter zu arbeiten. Dabei verbindet er auf raffinierte Weise Arbeit mit Freizeitvergnügen, oder auch umgekehrt und blüht dabei so richtig auf.

Das bringts in der Freizeit

Golf, Tennis, Skifahren, das sind Freizeitaktivitäten die den Zwillingen, bedingt durch einen gewissen Kommunikationsfaktor, zusagen. Sie sind natürlich auch in jeder Mannschaft bestens aufgehoben. Hand-, Volley-, Basketball sind Spiele, die den Zwillingen richtig Spaß machen und wo sie es zu sehr guten Leistungen bringen können. Eine gewisse Vereinsmeierei ist den Zwillingen durchaus zueigen, da können sie sich gesellschaftlich einbringen und sind mitten im Geschehen.
Selbst ein einfacher Spaziergang in die Natur findet bei Zwillingen großen Anklang. Ein erfrischender Waldspaziergang gibt ihnen die allzu seltene Gelegenheit, sich wie-

der einmal so richtig mit der Natur zu verbinden und Energien zu sammeln. Das sind die wenigen Momente, in denen sie wieder einmal in aller Ruhe so richtig mit beiden Beinen auf der Erde stehen und für jedermann erreichbar sind.

Achtung, Hände weg

Introvertierte Hobbys, die kaum gesellschaftliche Kontakte zulassen, sind nichts für Zwillinge. Zwillinge brauchen soziale Kontakte wie die Luft zum Atmen. Auch ehrgeizigen, sportlichen Wettkämpfen, bei denen der Zwillinge-Geborene auf sich allein gestellt ist, kann er ganz und gar nichts abgewinnen, das ist ihm viel zu verbissen und würde den Spaßfaktor auf Null reduzieren.

Urlaubsorte, die faszinieren

Zwillinge sind überall dort zu finden, wo so richtig was los ist und wo die Möglichkeit geboten wird, Menschen aus aller Welt kennen zu lernen. Traumziele könnten demnach Ibiza, Mallorca oder die Patong auf Phuket sein. Auch in Sharm El Sheik werden sich Zwillinge sehr wohl fühlen. Zu einem perfekten Urlaub gehören für die Zwillinge Meer, Sonne, Sand, ganz viel gute Laune und der passende Urlaubsflirt.

Der Krebs

Der Krebs ist in seiner Freizeit liebend gern zuhause. Dort schätzt er einen gemütlichen Garten mit einem Biotop, denn Wasser ist ihm ja wahnsinnig wichtig. Wenn es sich dabei auch noch um ein Schwimmbiotop handelt, ist es umso besser. Perfekt verlebte Freizeit verbindet der Krebs immer mit heimatlichen Gefilden, denn da kann er sich nach Herzenslust zurückziehen und er selbst sein. Gesellschaftliche Zwänge in der Freizeit will er ganz und gar nicht, da ist er lieber mit seinem Partner in trauter Zweisamkeit oder überhaupt ganz allein.

Der Krebs ist nicht gerade unsportlich, aber er geht es gerne gemütlich an. Der große Ausdauer- oder gar Mannschaftssportler ist er nicht. Wenn er sich wirklich zu sportlichen Aktivitäten entschließt, rühren sie eher von rationalen, denn emotionalen Entschlüssen. Das heißt, er weiß, wenn er etwas für sich und seine Fitness tun sollte, dann macht er es auch. Aber nur aus reiner, purer Lust passiert es bei ihm eher nicht.

Das bringts in der Freizeit

Ein Ausflug ans Wasser bringt es beim Krebs immer und kann durch keine Freizeitgestaltung ersetzt werden, durch die er einen ähnlich effizienten Erholungswert erzielt. Tauchen, Boot fahren, schwimmen, da lebt er so richtig auf, denn das Wasser ist sein Element und ein Urlaub an einem See oder am Meer sozusagen das Optimum von allem. Dem Krebs ist sein Zuhause enorm wichtig, daher versucht er es auch ständig aufzuwerten. Er ist ein Bastler und Heimwerker. Auch im Garten schafft er künstlerische Kräuterinseln, wunderschöne Alpengärten und humusreiche Hügelbeete für den Gemüseanbau.

Achtung, Hände weg

Mit aggressiven Kampfsportarten wie Karate oder Judo weiß ein Krebs überhaupt nichts anzufangen. Da landet er viel eher bei fernöstlichen Meditationstechniken wie Chi Gong oder Yoga.
Ein Ausflug auf eine Alm, in die Steppe oder Wüste kommt beim Krebs ebenso wenig an, wie ein stressiger und ermüdender Städteflug über das Wochenende.

Urlaubsorte, die faszinieren

Wie bereits erwähnt, Wasser zieht den Krebs beinahe magisch an. Daher ist er an jedem heimischen See oder Fluss gut aufgehoben. Auch dem Meer gegenüber ist er nicht abgeneigt, vorausgesetzt es gibt nicht zuviel Trubel dort. Er schätzt eher die einsame, stille Bucht als Ballermann auf Mallorca.

Ein perfekter Urlaub könnte eine Kanalfahrt vorbei an den Loire-Schlössern sein. Dabei tuckert er auf einem Hausboot mit schwachen sieben Kilometern pro Stunde durch die Landschaft und legt an, wo immer es ihm gefällt. Selbiges könnte auch in Irland oder Holland stattfinden. Die Kombination aus einem gemütlichen Hausboot und der langsam vorübergleitenden Landschaft ist das absolute Optimum eines perfekten Krebs-Urlaubes.

Der Löwe

Der Löwe ist ein absolut sportliches Sternzeichen. Ihm gefallen Wettkämpfe über alles, denn sein erklärtes Ziel ist dabei immer, es auf den ersten oder wenigsten zweiten Platz zu schaffen. Überall, wo es Trophäen zu gewinnen gibt, ist der Löwe ganz vorne mit dabei. Er holt sich auch in seiner Freizeit ständig das Scheinwerferlicht, das sein Ego immer wieder ein wenig aufpoliert. Extremsport ja, aber nur dann, wenn er Aufmerksamkeit und Pokale oder Medaillen abwirft.

Der Löwe liebt durchaus elegant verlebte Freizeit und dafür ist er bereit, auch sehr viel Geld auszugeben. Er wird immer über die tollste und neueste Ausstattung verfügen um damit gebührend Aufmerksamkeit von seiner Begleitung zu ernten. Dem Löwen ist auch im Urlaub der Schein sehr wichtig, er liebt das Repräsentative allemal.

Wenn es schon Club-Urlaub sein muss, dann soll es der feinste Club sein, wo er unter seinesgleichen weilt und er interessante Kontakte knüpfen kann. Der Löwe kommt aus jedem Urlaub mit zwei Händen neuer Visitenkarten nachhause. Er ist ein guter Networker und lässt natürlich seine Freizeit diesbezüglich nicht nutzlos vergehen, er checkt und macht pausenlos gute Kontakte.

Das bringts in der Freizeit

Repräsentative und gesellschaftliche Sportarten wie Golf, Tennis oder Polo interessieren den Löwen über alles. Er ist kein Mensch der zweiten Reihe, er möchte immer ganz vorne stehen und wird dafür in sportlichen Wettkämpfen alles geben. Auch Tontauben oder Bogen schießen kann dem Löwen gut gefallen.

Freizeitaktivitäten die er mit guten gesellschaftlichen Kontakten verknüpfen kann, sind dem Löwen enorm wichtig. Das können einerseits die Festspiele in Salzburg oder Bayreuth sein oder ein Opernbesuch in Verona, kombiniert mit einem fürstlichen Essen. Damit sind wir bei einem weiteren wichtigen Freizeit-Thema des Löwen, nämlich dem guten Essen. Der Löwe liebt die tollsten Restaurants und auch für seine Begleitung ist er ein genialer und angenehmer Gourmet-Führer, denn er kennt sich auch in dieser Materie wunderbar aus. Er weiß über die kulinarischen Hot-Spots der Society und bewegt sich in ihnen so selbstbewusst, wie in seinen eigenen vier Wänden.

Auch Autorennen turnen den Löwen so richtig an. Eine Oldtimer-Rallye durch die schönsten Täler Österreichs, Frankreichs, Deutschlands oder Italiens ist so richtig sein Ding und lässt ihn lange davon erzählen. Was kann ihm auch besseres passieren, als eine ganze Rallye lang vom Publikum bestaunt und beklatscht zu werden, das ist ideal verlebtes Freizeitvergnügen, wie es der Löwe absolut schätzt.

Achtung, Hände weg

Ein Urlaub auf der Alm, in Einsamkeit und Einkehr ist für den Löwen absolut nichts und würde ihn nur verrückt machen. Auf so lange Zeit kann er sich der exzentrischen Dynamik des Wassermann-Zeitalters nicht entziehen, das schafft er höchstens für Momente, aber nicht für Tage. Er liebt ja das Tempo dieser Zeit und will es ganz und gar nicht missen. Der Löwe braucht außerdem ihm wohl geneigtes Publikum und davon findet er auf der einsamen Alm viel zu wenig.

Auch ein zurückgezogener Klosterurlaub würde den Löwen unglücklich machen und ihn nach wenigen Tagen abbrechen lassen. Der Löwe benötigt in seiner Freizeit eine gehörige Portion Aufmerksamkeit und Zuwendung, um so richtig aufzublühen, denn das ist sein Freizeittonikum. Einsamkeit ist nichts für ihn und kostet ihn wesentlich mehr Kraft als alles andere. Auch ein Töpfer-, Keramik- oder Schnitzkurs wäre pures Freizeitgift für den Löwen und würde ihn in die Flucht treiben. Eine Schreibwerkstatt würde für ihn nur dann funktionieren, wenn sie im Rahmen eines Wettbewerbes stattfindet und er mit seinem Projekt einen der ersten drei Plätze erreicht. Schreiben ist für den Löwen allerdings wieder viel zu meditativ. Eine Freizeitbeschäftigung wie diese würde er sich ausschließlich aus einer temporären Laune heraus suchen, aber nicht für die Dauer.

Urlaubsorte, die faszinieren

Wenn es die Finanzen des Löwen zulassen wird er sich im Urlaub eine Jacht mieten und dabei an den schönsten Küstenstreifen des Mittelmeeres anlegen. Minutiös wird er dabei die Reise verfilmen oder zumindest via Digitalfoto festhalten, um sie nach seiner Rückkehr entsprechend zu präsentieren.

Beliebte Urlaubsorte des Löwen sind zum Beispiel Städte mit klingenden Namen. Wie zuhause fühlt er sich in Venedig, Rom, Paris, London, Mailand, New York, Hongkong oder Singapur. Wenn er Urlaub und Freizeitvergnügen mit einer attraktiven Shoppingtour verbinden kann, jubelt der Löwe so richtig auf. Regelmäßige Trips in die pulsierenden Modezentren der Welt machen ihn mehr als überglücklich.

Die Jungfrau

Bei der Jungfrau geht es selbst in der Freizeit sehr präzise zu. Sie funktioniert sehr rational und reaktionsfähig, das ist übrigens der Einfluss des Planeten Merkur. Bei den Autorennfahrern sind zum Beispiel sehr viele im Sternzeichen der Jungfrau. Kann die Jungfrau ihre Freizeit mit Technik anreichern, läuft es für sie optimal. Sie liebt es über Tage in einer Werkstatt oder in einem Hobbyraum zu stehen und an einem Flugzeug- oder Hubschraubermodell zu basteln, um es einige Tage oder Wochen später fliegen zu lassen. Dabei mutieren so manche Männer zu großen Kindern oder idealen Vätern. Denn es macht ihnen am Ende wahnsinnig viel Spaß, dem Nachwuchs mit den kühnsten Flugkunststückchen zu imponieren.

Es soll allerdings nicht gesagt sein, dass die Freizeitgestaltung der Jungfrau immer eine aktive sein muss. Sie schafft es genauso, auch einmal für einige Tage zu relaxen und sich eine gewisse Auszeit zu nehmen. Wer sie etwas besser kennt weiß jedoch, dass sie im Stillen schon längst wieder über neuen Plänen brütet, die sie bereits demnächst am freien Wochenende umsetzen möchte. Nichts zu tun klappt ganz gut, jedoch nicht auf Dauer, denn die Jungfrau möchte tüfteln!

Das bringts in der Freizeit

Die Jungfrau liebt in ihrer Freizeit die Natur und klettert dabei auf alle Berge dieser Welt. Reinhold Messner zum Beispiel ist eine Jungfrau. Er hat sein Hobby für lange Zeit zum Beruf gemacht und war in seinen Expeditionen wahnsinnig diszipliniert, eine typische Jungfrau eben.

Die Jungfrau fährt auch sehr gerne Schi. Dabei sind ihr die richtige Materialauswahl und dessen Pflege mindestens genau so wichtig wie das Fahrvergnügen selbst. Auch in Schießvereinen sind Jungfrauen zu finden, denn gerade in diesem Bereich ist ihre Genauigkeit sehr gefragt, mit ihrer Präzision können sie enorm punkten.

Die Jungfrau geht auch gerne in die Luft. Nachdem sie an allen möglichen technischen Abläufen interessiert ist, wird sie, wenn es der finanzielle Rahmen zulässt, zum Beispiel den Flugschein machen und sich im Segelflieger an den kühnsten Aufwinden und dynamischsten Weitstreckenflügen messen. Die Jungfrau liebt es, in ihrer Freizeit all ihre Fähigkeiten einzusetzen.

Achtung, Hände weg

Kampfsportarten oder Teamsportarten liegen der Jungfrau ganz und gar nicht. Die typische Jungfrau gilt eher als Einzelkämpfer und will sich nicht unbedingt mit anderen kämpferisch messen müssen. Sie verlässt sich gerne auf sich selbst und will nicht von Teammitgliedern abhängig sein. Die Jungfrau sitzt lieber über Stunden allein in einem Segelfliegercockpit, als sich in einem Team einem kämpferischen Wettbewerb zu stellen.

Society Events in der Freizeit sind für die Jungfrau ein Gräuel und durchaus von der Wertigkeit mit den Themen Kampfsport oder Teamsport gleichzusetzen. Die Jungfrau braucht keinen Schickimickifirlefanz, dem würde sie sich höchstens opfern, wenn es darum ginge, Sponsoren für ein neues Hobby zu finden.

Urlaubsorte, die faszinieren

Die Jungfrau fühlt sich überall dort wohl, wo es geordnet und überlegt zugeht. Das heißt, so heiße Pflaster wie Ibiza liegen ihr ganz und gar nicht. Sie zieht einen gediegenen Almurlaub jeder Städtereise vor.

Trekking Urlaube, die sie bereits zuhause exakt plant und detailverliebt am Zielort umsetzt, liegen der Jungfrau über alle Maßen. Potentielle Orte dafür sind Island, Finnland, Norwegen, die Schweizer Alpen oder in Italien die Region Piemont. Die Jungfrau würde sogar am bekannten Jakobsweg Gefallen finden, auch wenn sie ihn vielleicht aus Zeitgründen bereits bei der Hälfte der Strecke wieder unterbricht.

Die Waage

Die Waage liebt in ihrer Freizeit die schöngeistigen Dinge. Darin findet sie die Möglichkeit, sich etwas aus der Zeit zu nehmen, um in ihre eigenen Welten einzutauchen. Den Laptop auf den Knien, auf einer gemütlichen Bank am Waldesrand ihren Gedanken nachhängend und eine Geschichte schreibend, das sind Momente die ihr gefallen und durchaus auch wichtig sind.

Heftiges Workout in einem Fitnessclub ist der Waage zuwider, denn sie will sich in ihrer Freizeit erholen und nicht über Gebühr körperlich verausgaben. Viel lieber sieht sie sich in aller Gemütlichkeit am Golfplatz abhängen, um nebenbei nette Kontakte zu knüpfen. Harmonie, Natur, gute Gespräche, das sind ihre Vorstellungen einer gelungenen Freizeit und bringen ihr akzeptablen Mehrwert.

Die Waage ist in ihrer Freizeit, beziehungsweise im sportlichen Bereich, nicht unbedingt ein Teamplayer. Sie will eher ihre eigene Geschwindigkeit leben und ihre eigenen Vorstellungen eines gelungenen Nachmittages verwirklichen. Sich anderen Vorgaben unterordnen zu müssen, kommt für sie in solchen Momenten überhaupt nicht in Frage, da wird sie höchstens zum Revoluzzer und macht sich auf und davon. Und wenn einer dieser Nachmittage in der Konditorei bei einem leckeren Stück Torte endet, dann ist sie sowieso rundherum glücklich und vollkommen zufrieden.

Das bringts in der Freizeit

Die Waage ist absolut musisch, dadurch findet sie im Tanzsport große Befriedigung. Tanzen belebt sozusagen ihren Körper und ihren Geist. Tennis liegt der Waage auch. Der ehemalige österreichische Tennisprofi Thomas Muster zum Beispiel ist doppelte Waage, er nützte seine Talente absolut richtig und war daher sehr erfolgreich. Auch Fußball gefällt der Waage und bringt positive Abwechslung in ihre Freizeit, vorausgesetzt das Team ist harmonisch und untereinander nicht zerstritten. Beim Fußball muss sie allerdings ein bisschen auf ihre Gelenke aufpassen.

Auch in kreativen Beschäftigungen, wie dem Malen oder Töpfern findet die Waage im Wassermann-Zeitalter ein bisschen Auszeit und regenerierende Momente. Kreative Freizeitbeschäftigungen sind für sie generell optimale Tätigkeiten, um den Stress aus ihrem Berufsleben effizient ableiten zu können.

Auch gemütliche Radtouren sind für die Waage fein, aber wirklich nur ohne Stress und große Anstrengungen. Zu sportlichen Höchstleistungen hat die Waage in ihrer Freizeit nämlich überhaupt keine Lust. Einzige Ausnahme ist der Kampfsport, der gefällt ihr über alle Maßen, auch hier gilt es doch ein Quäntchen Kreativität auszuleben. Einfach nur so hineinzuschlagen wäre ihr außerdem viel zu wenig.

Achtung, Hände weg

Stressige Freizeitbeschäftigung ist absolutes Gift für die Waage. Hektische Teamsportarten mit Menschen die ihr nicht besonders liegen oder gar ehrgeizige, kräfteraubende Wettkämpfe kann sie überhaupt nicht ausstehen.

Mit disharmonischen Menschen kann sie nicht umgehen. Sie bringen ihr Verdruss und ruinieren ihr das Wochenende oder einen Urlaub total. Disharmonie geht die Waage in der Freizeit aus dem Weg, sie möchte ihre Ruhe und Erholung in vollen Zügen genießen und dabei von niemandem außer Takt gebracht werden. Denn im Gegensatz zur Arbeitswelt, hat sie in ihrer Freizeit die Möglichkeit sich ihre Basis selbst aussuchen zu können und das macht sie je nach ihren Bedürfnissen sehr aktiv.

Urlaubsorte, die faszinieren

Stressige Touren mit mehreren Besichtigungen pro Tag sind nicht die Urlaubsvorstellungen der Waage, denn sie möchte sich im Urlaub entspannen können und dabei so richtig die Seele baumeln lassen. Ein gemütlicher Urlaub am Land liegt ihr. Egal ob es Altaussee ist oder der Schwarzwald, Natur und nette, unaufdringliche Menschen behagen ihr über alles.

Wohl fühlt sich die Waage auch auf einer Alm, bei täglichen kurzen und gemütlichen Wanderungen. Es sollte nur nicht anstrengend sein, ein Spaziergang rundet ihr Bewegungsbedürfnis durchaus ab. Ein Urlaub in der Toskana deckt sich absolut mit den Vorstellungen der Waage, denn die Kombination aus faszinierender Landschaft und allabendlichen Genüssen liegt ihr ganz und gar.
Wenn es nach Übersee gehen muss, dann fühlt sich die Waage in Neuseeland wohl. Sie leiht sich ein komfortables Auto aus und fährt nahezu ziellos durch die endlose Gegend und sucht sich täglich die schönsten Fotomotive. Eine Mischung aus einem gut kalkulierbaren Abenteuerurlaub, Gemütlichkeit und Genuss bringt ihr Herz zum Frohlocken.

Der Skorpion

Der Skorpion liebt selbst in seiner Freizeit die Herausforderung. Wenn er sich etwas vorgenommen hat, zieht er es auch durch. Er verfügt über hohe Energiereserven und diese müssen in der Freizeit so richtig abgebaut werden, das befreit den Skorpion und macht seinen Kopf frei für neue Aufgaben. Er liebt es in seiner Freizeit auf der enormen Angebotswelle des Wassermann-Zeitalters zu surfen und dessen vielfachen Verlockungen in Anspruch zu nehmen. Der Skorpion benötigt kaum Auszeiten, um sich in dieser schnelllebigen Zeit zu erholen. Er rennt mit dem Wassermann-Zeitalter mit und nützt es für sich richtig aus.

Der Skorpion ist ja ein Grenzgänger wie er im Buche steht. Das heißt auch, dass ihn Sportarten sehr ansprechen, die ihn ein wenig an seine eigenen physischen und psychischen Grenzen heranführen. Dazu kann zum Beispiel das Paragleiten gehören oder auch der Segelkunstflug. Hauptsache, es gibt ordentlich Risiko. Es sollte allerdings doch wieder kalkulierbar bleiben, denn ein selbstvernichtender Draufgänger ist auch der Skorpion bei der Auswahl seiner Hobbys nicht unbedingt.

Es darf sogar erotisch in der Freizeit des Skorpions zugehen. Schwimmen, Turmspringen, Gym-Posing oder einfach nur FKK, gibt ihm den erwarteten erotischen Kick. Wenn er dabei da oder dort auch noch kräftig flirten kann, ist sein Glück überhaupt perfekt.

Das bringts in der Freizeit

Asiatische Kampfsportarten liegen dem Skorpion und machen ihm gehörig Spaß. Selbst in der Akrobatik ist er ein Ass und geht dabei bis an seine körperlichen Grenzen. Die Kombination aus Körperbeherrschung und dem Studium von Bewegungsabläufen, macht es bei ihm aus, das reizt ihn und fordert ihn heraus.

Auch Fußball liegt dem Skorpion, da bringt er sehr viel Ausdauer und Begeisterung mit. Aber auch der Schisport liegt ihm, denn er ist sehr schnell und verfügt über eine gute Intuition und versteht es aus dem Bauch heraus sich innerhalb von Sekunden für den richtigen Weg zu entscheiden. Daher findet man auch unter Rennfahrern sehr viele Skorpione. Die Herausforderung des Autosports, ist wie auf den Skorpion persönlich zugeschnitten. Natürlich liegt ihm auch das Motorrad entsprechend und es sieht ja schließlich auch sexy aus, wenn er im Lederdress schnittig auf den Landstraßen dahindonnert.

Achtung, Hände weg

Der Skorpion braucht den bestimmten Kick und die Herausforderung. Eine langweilig verlebte Freizeit bringt ihm ganz und gar nichts, sie würde ihn ordentlich frustrieren. Der Skorpion muss seinem inneren Drang nachgeben und darf sich von den Erwartungen anderer in seiner Freizeit nicht vereinnahmen lassen.

Hobbys in den eigenen vier Wänden sind dem Skorpion viel zu wenig. Wenn schon Freizeit, dann muss es hinaus an die frische Luft und vor Publikum. Der Skorpion will auch gesehen werden und auf andere entsprechend wirken. Er möchte seine erotische Ausstrahlung an die Frau oder den Mann bringen und sich immer und immer wieder bestätigen lassen. Das funktioniert in den eigenen vier Wänden nicht.
Hände weg heißt es auch vor zuviel Risiko. Der Skorpion neigt ja dazu, seiner Freizeit ein Maximum an Kick und Speed zu verleihen, dabei darf der Bogen nicht immer wieder kräftig überspannt werden. Kalkuliertes Risiko wäre unbedingt zu empfehlen, sonst löst ein Krankenhausbesuch den nächsten ab.

Urlaubsorte, die faszinieren

Der Skorpion ist in seinem Urlaub beinahe überall zu finden, vorausgesetzt es gibt Tempo, exzellente sportliche Möglichkeiten und ein bombiges Abendprogramm. Sich im Urlaub nur zu erholen und sehr früh schlafen zu gehen ist keinesfalls die Intention des Skorpions. Er will Disco, Flirts, Alkohol und viel Spaß und das kann, wenn es nach ihm geht, täglich bis in den frühen Morgen dauern.
Besonders wohl fühlt er sich auf den Kanarischen Inseln, natürlich auch in Goya in Indien. Eine Reise lohnt sich für ihn auf alle Fälle nach wie vor nach Ibiza, natürlich auch nach Mykonos oder Miami.

Der Schütze

Der Schütze braucht in seiner Freizeit unbedingt die Natur. Sie ist ihm sehr wichtig und bringt ihn wieder „down to earth“. In der Natur fühlt sich der Schütze so richtig frei, da lebt er auf und fühlt sich wohl. Dabei ist es ihm nicht so wichtig, ob es hoch oben auf einer Alm ist, im Flachland oder an einem See. Wichtig ist ihm die frische Luft und ein großes Plus ist etwas unberührte Natur. Menschenmassen benötigt der Schütze in seiner Auszeit keine. Ein, zwei gute Freunde an seiner Seite genügen ihm vollkommen. Der Schütze ist extrem reisefreudig und würde in seiner Freizeit einfach mal durch ein ihm unbekanntes Land trampen. Dabei interessiert den Schützen immer der Blick hinter die Kulissen. Club-Urlaube, bei welchen man nicht besonders viel vom Land in dem man urlaubt mitbekommt liegen ihm ganz und gar nicht. Er will die Menschen des Landes persönlich kennen lernen, deren Sitten und Bräuche beobachten und er schließt dabei gelegentlich durchaus auch anregende Lebensfreundschaften.

Individuelle Freizeitgestaltung liegt dem Schützen sehr am Herzen. Wenn es darum geht seine Wochenenden zu planen, entzieht er sich dem Zug der Lemminge und geht meist in die entgegengesetzte Richtung. Gibt es gerade einen Trend zum Nordic Walken oder Golfen, wird er sich diesen Sportarten verschließen und etwas ganz anderes machen. Fahren alle in den Süden, fährt er in den Norden und umgekehrt. Der Schütze trampelt nicht mit auf den ausgetretenen Pfaden, sondern sucht sich liebend gerne seine individuellen Wege.

Das bringts in der Freizeit

Die Natur und sportliche Aktivitäten wie Rad fahren oder wandern schätzt der Schütze besonders. Die Natur hoch zu Ross zu erleben wäre sein absolutes Optimum. Natürlich liegt dem Schützen auch das Schifahren, einer der bekanntesten Schütze-Schifahrer ist zum Beispiel Hermann Maier. Sport in der Natur ist für den Schützen ein Muss! Frische Luft, sich dabei so richtig frei atmen zu können und die Energie der Natur einzusaugen, das ist seines.

Wenn der Schütze mit einem Paddelboot auf einem kleinen See seine Runden zieht, vergisst er sich und seine Welt. Da hat er nur noch Augen für die wundervolle Umgebung, er betrachtet jeden einzelnen Baum, jeden Vogel und jede einzelne Libelle, die das Boot umschwirrt. Kein Detail entgeht ihm und alles wird für Erzählungen am Abend oder nach dem Urlaub gespeichert.

Achtung, Hände weg

Den Schützen kann man nicht zuhause einsperren, man muss ihn hinaus lassen, an die frische Luft und in die Natur. Indoor-Aktivitäten in der Freizeit zu verleben wäre absolut falsch und würde den Schützen nur unglücklich und krank machen. Er muss unbedingt hinaus! Er ist kein Schachspieler, der Stunden sitzen kann und sich dabei verliert. Da schweift er bereits mit seinen Gedanken ab und treibt sich in seiner Fantasie viel lieber auf einer Wiese oder in einem Wald herum.

Natürlich ist der Schütze auch kaum für einen Fitnessclub geeignet. Ihm würde dabei nur die Decke auf den Kopf fallen und der Fitness-Effekt wäre gleich null. Eine Kletterwand entspricht eventuell noch am ehesten seinen Vorstellungen, wenn es unbedingt Indoor-Sport sein muss.

Urlaubsorte, die faszinieren

Den Schützen zieht es auf der Welt so ziemlich überall hin, vor allem an Urlaubsorte abseits des Üblichen, das kann Kambodscha sein oder die Philippinen genau so, wie eine der Westfriesischen Inseln oder das australische Outback. Der Schütze will etwas in seinem Urlaub erleben und damit ist nicht pure Unterhaltung gemeint, sondern vielmehr das Kennenlernen von unbekannten Gegenden, fremden Kulturen und Menschen. Er möchte etwas Besonderes erleben, zum Beispiel einen gemütlicher Ritt in der ungarischen Puszta, dem Sonnenuntergang entgegen. Das trifft so richtig den Geschmack des Schützen.

Der Steinbock

Der Steinbock ist nicht unbedingt das sportlichste oder bewegungsaktivste Sternzeichen. Wenn er sich allerdings zu gewissen sportlichen Aktivitäten in seiner Freizeit entschließt, ist er dabei sehr gewissenhaft und auch voller Ehrgeiz. Aber grundsätzlich muss er zu Bewegung animiert werden, denn von allein macht er im sportlichen Segment so gut wie nichts.

Sein Denken kann der Steinbock nie ausschalten. Selbst im Urlaub wälzt er Projekte und nimmt sich liebend gerne Unterlagen aus der Firma mit. Ein bisschen Arbeit zwischendurch braucht er sozusagen für seinen Gleichklang. Der Steinbock hat überhaupt kein Problem damit, seine Freizeit mit sich allein zu verbringen. Permanente Gesellschaft nervt ihn sogar und zum richtigen Entspannen benötigt er einige ruhige Stunden, um seinen eigenen Gedanken so richtig wohltuend nachhängen zu können.

Freizeit ist ihm generell nicht so wichtig. Viel lieber füllt er seinen Tag mit Arbeit und Pflichten aus, denn daraus zieht er durchaus seine Befriedigung. Wenn es unbedingt Freizeit sein muss, dann fühlt er sich in der Natur wohl, zum Beispiel auch im Garten. Bei Gartenarbeit kann der Steinbock wunderbar entspannen. Er ist ein absolut praktisches Sternzeichen und liebt es, gewisse Arbeiten in seiner Freizeit zu erledigen. Freizeit und Arbeit schließt sich bei ihm überhaupt nicht aus.

Das bringts in der Freizeit

Der Steinbock zeigt große Begeisterung für Golf und für die Natur im Allgemeinen. Er ist unter anderem auch ein sehr guter Bergsteiger. Diszipliniert besteigt er die höchsten Berge, um am Gipfel angelangt begeistert ins Tal zu blicken und sich am wunderbaren Ausblick zu ergötzen. Auch hier hält der Vergleich zur Tierwelt, denn in den Bergen fühlt sich der Steinbock pudelwohl.
Neben Bergwanderungen oder dem Bergsteigen ist der Steinbock am ehesten auf dem Fahrrad oder eine Spur gemütlicher, in einem schnittigen Sportwagen zu finden.

Achtung, Hände weg

Im Wasser fühlt sich der Steinbock nicht wohl. Einer Kahnpartie auf einem Fluss oder See kann er absolut nichts abgewinnen. Er will immer festen Boden unter seinen Füßen haben.
Team-Sport ist für den Steinbock ebenso ein Gräuel, denn er ist ein Einzelkämpfer und will, wenn überhaupt, alles in seiner ihm gerade genehmen Geschwindigkeit abspulen. Auch dem Kampfsport kann er sehr wenig abgewinnen. Es ist nicht seines, durch die Luft zu wirbeln und dabei permanent den Boden unter den Füßen zu verlieren. Der Steinbock braucht es absolut trittsicher, daher wird er auch im Flugsport auf Dauer keine Begeisterung finden.

Urlaubsorte, die faszinieren

Der Steinbock ist in der Wahl seiner Urlaubsorte durchaus flexibel. Der Aufenthaltsort muss ihn geistig anregen und zu viel Party sollte es auch nicht sein. Er ist kei-

nesfalls das Sternzeichen, das im Urlaub täglich auf die Piste geht und sich bis zum Sonnenaufgang vergnügt.
Denkt der Steinbock wirklich einmal an Urlaub, dann zieht sich sein Spektrum über einen Urlaub auf der Alm mit täglichen Ausflügen, bis hin zu einem zweitägigen Einkaufsbummel nach Rom oder Paris. Verfügt er über ein Haus mit Garten, dann kann es durchaus auch sein, dass der Steinbock sich dazu entschließt, zuhause zu bleiben und er seine Erfüllung in der Restauration des Hauses oder in der Bewirtschaftung seines Gartens findet. Andere Sternzeichen würden diesen Urlaub eher als unbefriedigend und wenig erholsam ansehen, dem Steinbock gefällt es aber.

Der Wassermann

Der Wassermann ist in seiner Freizeit ein richtiger Wirbelwind. So eilig wie das Wassermann-Zeitalter selbst, hat er es auch in seinen freien Stunden. Er möchte ja immer alles auf einmal machen und will auf keinen Fall etwas versäumen.
Er ist der begnadete Abenteurer, denn der Wassermann möchte Action und Spannung zugleich. Langeweile zum freien Wochenende oder im Urlaub kann er überhaupt nicht ausstehen. Regeneration bedeutet für ihn nicht, sich für einige Stunden in einer Hängematte zwischen zwei Bäumen baumeln zu lassen, sondern in einem Motorsegler gerade die französischen Alpen zu überqueren. Der Wassermann möchte etwas erleben und kann Stillstand in seiner Freizeit kaum vertragen. Allerdings so richtig kräfteraubender Aktivsport liegt dem Wassermann überhaupt nicht, dazu ist er viel zu ungeduldig, für regelmäßiges Training hat er weder Zeit noch Lust. Es fehlt dem Wassermann auch die Ausdauer, ein Training vielleicht sogar über Monate oder Jahre durchzuziehen. Da ist er bereits wieder bei ganz anderen Inhalten und probiert lieber wieder etwas Neues aus. So wie sich das Wassermann-Zeitalter oft sehr ungeduldig und kurzfristig bezüglich Mode und Trends verhält, so ist es natürlich auch beim

Wassermann. Er gibt sich so gut wie keinem Hobby ewig hin und liebt ständig neue Herausforderungen.

Es gibt kaum ein kreativeres Sternzeichen als den Wassermann. Er liebt es zu schreiben, zu zeichnen oder zu malen. In einem träumerischen Flow gleitet er dabei tief in seinen Gedanken versunken über das Papier und hält vieles von seinen Träumen in Farbe fest. Wenn er für das Resultat später auch noch bewundert wird, freut es ihn umso mehr.

Das bringts in der Freizeit

Den Boden unter den Füßen zu verlieren, das strebt der Wassermann in seiner Freizeit an. Er liebt es sich in die Lüfte zu erheben und zu schweben. Segelfliegen, Fallschirmspringen, Paragleiten, Drachenfliegen oder Ballonfahrten sind Hobbys, die sein Herz so richtig aufleben lassen. Weg von ausgetretenen Pfaden, hin zu einem ausgeklügelten Segelweitflug oder einer Ballonfahrt, die am frühen Morgen beginnt und im wunderschönsten Abendrot auf einer Wiese endet. Das sind Tage, die das Herz des Wassermanns so richtig aufleben lassen.
Der Wassermann liebt abenteuerlich verbrachte Freizeit über alles und geht zum Beispiel auch sehr gerne tauchen. Zu forschen und neue, ihm unbekannte Welten zu entdecken, das ist so richtig seines. Der Wassermann hat den Drang, sich in seinem Freizeitverhalten von allen anderen abzuheben, Breitensport findet er nicht besonders lustvoll, es muss schon etwas Besonderes sein.
Mindestens eine Ausnahme zu einem „gewöhnlichen“ Hobby gibt es allerdings für ihn. Er ist ein begnadeter Tänzer und liebt es, sich zu guter Musik, mit einem von ihm begehrten Tanzpartner, so richtig fallen zu lassen. Stunden könnte er sich treiben lassen und er taucht erst wieder aus seinen Träumen auf, wenn er merkt, dass er bereits

gänzlich erschöpft ist. Generell ist der Wassermann ein musisches Sternzeichen. Er liebt Musik und geht daher gerne in Konzerte oder in die Oper. Sein Musikgeschmack ist breit gestreut, denn Madonna weiß ihn genauso in Schwingungen zu versetzen wie die Wiener Philharmoniker mit Nikolaus Harnoncourt als Dirigent.

Achtung, Hände weg

Breitensport interessiert den Wassermann nicht und wird ihn auch nie in länger anhaltende Begeisterungsstürme versetzen können. Mit der Familie auf Fahrrädern um einen See zu fahren würde ihn entsetzlich langweilen und über kurz oder lang in einem Ballon flüchten lassen.

Anstrengender und kräfteraubender Sport wie Joggen, Mountainbiken, Rollerskaten und anderes führt nur zum Verdruss und befriedigt ganz und gar nicht. Der Wassermann möchte träumen und sich dabei mittels Technik in die Lüfte erheben. Natürlich ist er auch kein idealer Ansprechpartner für den Besuch eines Fitnessclubs. Auch Cluburlaub liegt dem Wassermann ganz und gar nicht. Er würde bereits nach zwei, drei Tagen seinen Koffer packen um auf eigene Faust das Land erkunden. Ein gesitteter Cluburlaub ist ihm viel zu langweilig und würde ihn einfach nur erdrücken. Der Wassermann muss unterwegs sein, das Land in dem er urlaubt erforschen und von Grund auf kennen lernen.

Urlaubsorte, die faszinieren

Der Wassermann liebt es, abseits der großen Urlaubsrouten seine Freizeit zu verbringen. Faszinierend findet er zum Beispiel Thailand per Bus zu erkunden, um nach ein oder zwei Tagen doch wieder auf kleine Flugzeuge umzusteigen, weil ihm der Bus allmählich zu langsam wird. Faszinierend findet er aber auch den Amazonas auf einer Fähre zu bereisen, um da, wo es ihm gerade gefällt an Land zu gehen und mitten unter Fremden ein paar eindrucksvolle Tage zu verleben. Durch seine grenzenlose Neugierde kennt er natürlich auch keine Berührungsängste und geht ohneweiteres auf jeden zu, den er auf seinen Reisen trifft.

China, Vietnam, Tibet, Nepal, Malaysien oder Indonesien faszinieren ihn mindestens genau so wie Tobago, St. Lucia oder andere karibische Inseln, die ihm das Paradies versprechen. In der Karibik liegt der Wassermann natürlich nicht am Strand auf der faulen Haut, sondern befindet sich liebend gern einige Meter unter dem Meeresspiegel, um sich die Welt unter Wasser anzusehen. Wenn man dem Wassermann zum Tauchgang eine Harpune in die Hand drückt, bringt er natürlich auch gleich sein Abendessen mit. Das sind Urlaube, die den Wassermann so richtig faszinieren.

Die Fische

Fische lieben das Theater. Hat der Fische-Mensch die Möglichkeit, schließt er sich einer Laienschauspieltruppe an und spielt dort wie um sein Leben. Kein anderes Sternzeichen empfindet das Wassermann-Zeitalter als so große Anstrengung wie die Fische. Dieses Zeitalter ist ihnen eindeutig zu schnell und viel zu rau. Im Theater beamt er sich sozusagen in andere Welten und lebt dort sein eigenes Tempo in Handlungen aus, die er zu beeinflussen weiß. Daher wird er nicht nur als Schauspieler agieren, sondern wenn möglich auch inszenieren, denn in dieser, seiner Traumwelt, möchte er den Ton angeben.

Nichts ist den Fischen in ihrer Freizeit wichtiger als etwas Geborgenheit und die Chance für einige Zeit inne halten zu können. Sie nützen ihre Freizeit, um aus dem Wassermann-Zeitalter und der damit verbundenen hohen Lebensgeschwindigkeit, zumindest für einige Momente auszusteigen. Sinnbildlich gesehen tauchen sie dabei ganz tief ab und sind beinahe für niemanden mehr erreichbar. Sie selektieren sehr bewusst die Menschen, die sie in ihrer freien Zeit und in den Urlaub begleiten dürfen. Solche Auszeiten sind den Fischen ungeheuer wichtig und stärken sie für die künftigen Anforderungen des Alltags.

Das bringts in der Freizeit

Entsprechend ihrem Sternzeichen lieben die Fische den Wassersport. Sie gehen sehr gerne schwimmen und das nicht nur im Sommer, auch im Winter. Im Hallenbad zieht der Fische-Geborene, sofern es seine Zeit zulässt, mindestens einmal die Woche seine Längen. Auch die angenehme Ruhe beim Angeln liebt er sehr. Da kann er völlig abschalten und muss nur darauf warten bis ein richtiger Fisch anbeißt.

Fußball gefällt den Fischen auch. Die Füße sind allerdings ihre gesundheitliche Schwachstelle und daher ist Fußball nicht unbedingt der ideale Sport. Einmal die Woche hobbymäßig drauflos zu kicken sollte allerdings kein Problem darstellen. Fische fühlen sich auch auf dem Fahrrad und im Fitnessstudio wohl. Letzteres behagt ihnen besonders, denn das Gemeinschaftserlebnis gibt ihnen Sicherheit, da fühlen sie sich sogar etwas geborgen.

Auch Waldspaziergänge oder Waldläufe gefallen den Fischen. Die Stille und Harmonie des Waldes fasziniert sie sehr, da können sie in aller Ruhe vor sich hinträumen und fühlen sich außerordentlich wohl. Wann immer es ihnen möglich ist, verschlägt es die Fische in den Wald, um auf weichen Waldwegen ausgiebig zu wandern, dabei die Natur zu beobachten und zu belauschen.

Achtung, Hände weg

Die Fische sind ein sehr sensibles Sternzeichen und lehnen daher auch alle aggressiven Sportarten ab. Kampfsportarten kommen bei ihnen nicht gut an, selbst einem Klettergarten wissen sie wenig abzugewinnen. Auch wenn die Gefahr eines Absturzes so gut wie nicht gegeben ist, im Hinterkopf ist sie da und ein solches Risiko können die Fische in ihrer Freizeit ganz und gar nicht gebrauchen.

Ansammlungen von lauten und überdrehten Menschen schlagen einen Fische-Geborenen sofort in die Flucht. Lärm stört sein Ruhebedürfnis gewaltig und daher möchte er sich dem auch keine Minute unnötig aussetzen. Fußball gefällt ihm ja auch nur auf Grund des Teamworks und des Zuspruchs, den er von den Mitspielern bekommt. Da darf es am Fußballplatz auch etwas lauter zugehen, denn da ist er sozusagen im Einsatz und das ist für ihn aus dieser Sicht vollkommen in Ordnung.

Urlaubsorte, die faszinieren

Fische wollen im Urlaub Ruhe, Harmonie und Geborgenheit. Unter diesen Umständen können sie abschalten und richtig entspannen. Sie brauchen keinen Urlaub wo Tag und Nacht Party angesagt ist.

Urlaubsorte, die die Fische-Geborene faszinieren, sind zum Beispiel Sizilien zur Zitronenblüte, Inseln wie Capri, Korsika, Menorca oder die kleinen Kanarischen Inseln wie Gomera oder Hierro. Soll es weiter weg gehen, fühlen sich Fische auf Samui in

Thailand bestimmt wohl oder auf einer der kleinen indonesischen Sunda-Inseln Timor oder Bali.

Großen Gefallen finden Fische auch an der finnischen Seenlandschaft oder an den einsamen Fjorden Norwegens. Viel Ruhe, Wasser, eine ansprechende Küstenlandschaft und eine unaufdringliche Gastfreundschaft können die perfekten Ingredienzen eines gelungenen Urlaubs sein. Sogar ein Urlaub auf einer kleinen, verlassenen Leuchtturminsel könnte diesem Romantiker ganz gut gefallen. Dazu bräuchte er allerdings die entsprechende Begleitung, denn allein würde er sich auf diesem Inselchen nur schrecklich einsam fühlen und sich vielleicht auch ein bisschen fürchten.

Epilog

Das Wassermann-Zeitalter hat für alle etwas. Noch nie gab es so viele Chancen für jeden von uns und noch nie war es einfacher, seine individuellen Träume zu verwirklichen als jetzt. „Man muss das Glück nur am Schopf packen!", heißt es ein bisschen naiv, aber es ist durchaus wahr, wenn man weiß wie es funktioniert. Ich bin sicher, Ihnen mit diesem Buch etwas Transparenz in die Welt der Sternzeichen und im Speziellen in die Perspektiven des Wassermann-Zeitalters gebracht zu haben. Eine Transparenz, die es Ihnen hoffentlich ermöglicht, die Stolperfallen dieses Zeitalters mit dem nötigen Geschick zu umgehen und von den Vorzügen dieser Zeit zu profitieren.

Nützen Sie den Auftakt dieses neuen Zeitalters, um Ihr persönliches Glück am Schopf zu packen!

Inhaltsverzeichnis

Die Sternzeichen im Wassermann-Zeitalter

H.C. Tautscher

Kalt geliebt

Roman

Um der erdrückenden Umklammerung der Mutter zu entkommen, heiratet Lisa übereilt ihren Freund Hannes. Seine Gewalttätigkeit lässt jedoch den Traum vom Glück schnell zum Albtraum werden. Doch erst als ihr Mann die gemeinsame Tochter missbraucht, findet Lisa die Kraft, sich zu wehren.

ISBN- 10 3-902211-26-1
ISBN- 13 978-6-902211-26-2

H.C. Tautscher

Lautlose Nähe

Roman

Die Fortsetzung des Erfolgsromans „Kalt geliebt" ist allen Frauen gewidmet, die wie Lisa von Angst getrieben glauben, den Verstand zu verlieren. Die systematische Verfolgung des Partners (Stalking) nach einer gescheiterten Beziehung ist heute noch ein großes Problem.

ISBN- 10 3-902211-28-8
ISBN- 13 978-6-902211-28-6